続

映画シナリオで学ぶ英語表現365

3語で気持ちを伝えるシンプルフレーズ

鶴岡公幸　佐藤千春　Matthew Wilson

IBC

カバーデザイン　石浜　寿根
photo: ©VGL/orion/amanaimages
本文デザイン　久保頼三郎

まえがき

昨今、Netflix や Amazon Prime などのネットで洋画を楽しむ社会人・学生が増え、外出先でも映画を観る機会が増えています。一方で海外出張、海外留学、海外旅行の機会が大幅に減少したため、英語学習に対するモチベーションがなかなか上がらないという声も聞きます。場所を選ばずに映画が見られる環境を英語学習にも生かすため、臨場感ある映画シナリオの英語を学ぶことを通じて、読者の英語表現力をアップさせることを目的とし、2022 年 2 月に『映画シナリオで学ぶ英語表現 365』を上梓しました。お蔭様で好評をいただいており、ポジティブなレビューを多数頂戴しておりますが、その一方で、使用されているフレーズが長いため覚えづらい、単語が難しい、などのご意見もありました。

そこで今回は、初心者でも無理なく英語表現を丸覚えできるようにわずか「1 語」「2 語」「3 語」でも通じる表現ばかりを集めました。長くて正確な英文を話そうとしてなかなか英語が口から出てこないという人が多いと思いますが、短い感情表現こそ、英語でのコミュニケーションを図る上での潤滑油になります。しかし、短い表現だからといっても侮れません。聞いてすぐに理解できる、とっさに口から出てくるかは、対人コミュニケーションにおいて大違いです。

本書が前作の姉妹版として皆様の英語学習の一助になることを願っています。

鶴岡　公幸

まえがき

私たちが使っている言葉には、発言する人の「喜び」や「驚き」、「怒り」などの様々な思いや感情が込められています。つまり、伝えたい「感情」があるから「言葉」が出てくるということです。映画はそのような「感情表現」の宝庫です。映画を見ていると、俳優の名演技と共に、シンプルな言葉が私たちの心を動かします。感情を伝えるには必ずしも長い文である必要はないということにも気づきます。

この本には、有名な映画の名シーンで使われているシンプルな３語以内の表現が、感情ごとに集約されています。映画のシーンを思い出しながら、フレーズを口に出してみましょう。とっさの一言として、多くの方々の英語でのコミュニケーションの役に立つことを願っています。

佐藤　千春

It is getting easier and easier for all of us around the world to watch the same movies. Most of those movies happen to be in English. Streaming services have given us the luxury of seeing these latest blockbusters without ever needing to leave the comfort of our own homes. A great tool to learn authentic English is at our fingertips. You can stop, rewind, and watch as many times as possible in order to understand certain phrases and expressions. But this is not enough.

With a reference book like this, you have the perfect companion to improve your language learning. Complete with explanations and examples to help clear up meanings, you should be improving your English comprehension in no time at all. Good luck and happy viewing.

Matthew Wilson

目次

Movies（50音順）

本書の構成について

- 本書は心理学者ロバート・プルチック（1927-2006）が提唱した「感情の輪」で示された『喜び、信頼、恐れ、驚き、悲しみ、嫌悪、怒り、予測（期待）』の8つの基本感情を参考として編著者らが分類した13章で構成されています。
- 場面説明では、その映画を観たことがない読者でも会話の文脈（context）ができるだけ理解できるよう解説しましたが、紙面スペースの関係で十分には説明しきれていない箇所もあります。気になる場面がありましたら、ぜひ映画を観て前後関係を確認してください。
- 英語表現は同じ単語、同じ慣用句でも使用される状況によって意味やニュアンスが異なります。従って、本書の説明は、映画の中での感情表現の意味を中心に解説しています。

第１章

賛成・同意

1 /『幸せのちから』 *The Pursuit of Happyness* 2006

Twistle : Listen, do you still wanna come in and talk?
Chris : Yes, sir. **Absolutely**.
Twistle : I'll tell you what. Come on by day after tomorrow, in the morning. We're interviewing for the internships.

トゥイッスル：まだ話す気はあるか？
クリス：ええ、もちろんです。
トゥイッスル：じゃあこうしよう。明後日の朝、来て欲しい。インターンシップの面接をやる。

場面説明

クリス・ガードナー（ウィル・スミス）は証券会社ディーン・ウィッターの養成コースを受講するため願書を提出しました。証券会社の人材課長のトゥイッスル（ブライアン・ホウ）からクリスに電話がかかってきた場面です。

【ボキャブラリー】
wanna「want toの省略」、**day after tomorrow**「明後日」

重要表現

Absolutely.
「もちろんです」

「完全に、絶対的に、まったくそのとおり」の意味で強調を表す副詞です。Absolutely yes.の省略形で「100％絶対に賛同します」の意味になります。

【例文】A : Are you going to participate in the seminar?
B : **Absolutely!**
A：そのセミナーに参加するの？
B：もちろんだよ！

POINT 「それは確かなの？」と相手に聞かれた際に「そうですとも！」と答えたい場合にはAbsolutely.がぴったりです。間投詞として一語で使用可能なので、日常生活やビジネスのあらゆる場面で活用されています。notと一緒に使うと、Absolutely not.（p.293）「絶対にそんなことはない」の意味になり、100％反対しているニュアンスになります。

2

『アルマゲドン』 *Armageddon* 1998

Astronaut : Houston, **affirmative**. Now try again.
Almost got it.

宇宙飛行士：ヒューストン、了解。もう一度やってみる。もう少しだ。

場面説明

宇宙飛行士がNASAと交信しながら、宇宙船の外で機材を修理しています。

【ボキャブラリー】
Houston「ヒューストン(NASAアメリカ航空宇宙局の本部がある都市)」

重要表現

Affirmative.
「了解」

通常、軍隊や警察等の現場で使われます。I understand.を非常にフォーマルにした表現です。

【例文】 A: Officer, I need you to give me all the eyewitness information that you have collected.
B: **Affirmative.**
A: お巡りさん、あなたが集めた目撃情報をすべて教えてください。
B: わかりました。

POINT 軍隊や警察等以外の場所で使う場合には、相手にとって皮肉に聞こえることもあります。

3 /『幸せの教室』 *Larry Crowne* 2011

Dell : So, did he close that deal?
Talia : **Almost.**

デル : それで彼は彼女とできちまったのか？
タリア : ほとんどね。

場面説明

ラリー（トム・ハンクス）とマーシー（ジュリア・ロバーツ）が男女の関係になっているかどうかを、ラリーの元同級生タリア（ググ・バサ＝ロー）に彼氏のデル（ウィルマー・バルデラマ）が尋ねている場面です。

重要表現

Almost.
「ほとんど」

副詞で「ほとんど」の意味ですが、日常的に単独で使用されることがよくあります。意味は文脈で変わります。

【例文】 Not yet. **Almost.**
もう少しだ。待て。
（映画「大逆転」（原題：Trading Places）より）

POINT 「あとちょっと」の意味です。射撃でわずかにそれたときや、クイズで正解とちょっとだけ違うときなどにぴったりです。またAlmost done.「ほぼ終わった」も併せて覚えておきましょう。

4

『レインメーカー』 *The Rainmaker* 1997

Baylor : I'd like to refresh the witness' recollection under rule 612. October 30th?

Lufkin : Apparently.

ベイラー ：規則612項により証人の記憶を喚起したい。10月30日ですね。
ラフキン ：そうらしい。

場面説明

大手保険会社グレート・ベネフィットの査定担当副社長ラフキン氏（マイケル・ジラルディン）が、ルディ・ベイラー弁護士（マット・デイモン）から、白血病を患ったドニーへの保険金の請求処理を担当した女性がいつ退職したのかについて尋ねられている場面です。

【ボキャブラリー】
recollection「記憶、回想」

重要表現

Apparently.
「どうやら」

「（一見したところ）～のようだ」「（外見から判断して）～のようだ」「（聞いた情報によると）どうも～らしい」というニュアンスです。

【例文】 A: I believe this is not his fault.
B: **Apparently.**
A: 彼の誤りではないと思う。
B: そのようですね。

POINT Clearly.、Evidently.、Obviously.の類語も併せて覚えていきましょう。

『インターンシップ』 *The Internship* 2013

Billy : A few seats left. First impression time.
Nick : **Bingo!**
Billy : We can do good here.

ビリー ：数席空いてる。第一印象をよくするチャンスだ。
ニック ：そのとおりだ！
ビリー ：頑張るぞ。

場面説明

中年のビリー（ビンス・ボーン）とニック（オーウェン・ウィルソン）はGoogle本社でのインターン生として採用されました。最初の研修が行われる会場に二人が到着します。一番前の席に座り印象づけようとしている場面です。

【ボキャブラリー】
first impression「第一印象」

重要表現

Bingo!
「当たりだ！」

数字をそろえるビンゴゲームで、数字が全てそろうとBingo! と言うことから、「そのとおりです、ぴったりです」の意味になります。

【例文】 A: Is this from that restaurant?
B: **Bingo!**
A: これってあのレストランの？
B: 大当たり！

POINT ビンゴゲームのイメージが強いですが、何かの予想が当たったり、何かがうまくいった時に「大当たり！」の意味で使うことができます。

『はじまりのうた』 *Begin Again* 2013

Gretta : I'll give you strings, but we definitely need piano. Fill in the guitars underneath.

Dan : Got it, I love it. **Done.**

グレタ ：ギターは任せて、でもピアノは絶対に要る。ギターの裏を埋めて。

ダン ：了解だ、いいね。決まりだ。

場面説明

恋人に裏切られたシンガーソングライターのグレタ（キーラ・ナイトレイ）は、音楽制作会社をクビになったばかりのダン（マーク・ラファロ）と一緒にデモCDを作成することにします。スタジオを借りる資金がないので様々な場所で録音することにします。

【ボキャブラリー】

strings「弦楽器、ギター」、**definitely**「間違いなく、絶対に」、**fill in**「（隙間などを）埋める」、**underneath**「下に、裏に」、**Got it.**「わかった、了解」

重要表現

Done.
「了解、決定だ」

doneには「終了だ、了解した、完了した、決定だ」の意味があります。話題になっている事柄が決定したことを表します。

【例文】 A: I'll go buy some food, you clean the room.
B: Sure. **Done.**
A: 私は食べ物を買いに行くから、あなたは掃除ね。
B: もちろん。決定。

POINT ここでのdoneは形容詞です。I am done.は「終わった」という意味や「疲れた」の意味もあります。

7 /『シェフ 三ツ星フードトラック始めました』 *Chef* 2014

Carl : They don't like me, because I got a lot of good write-ups when I started out.

Percy : They're haters.

Carl : Exactly.

カール : 奴らはパパが嫌いだ。駆け出しの頃、マスコミに褒められたからな。

パーシー : 憎み屋だ。

カール : そのとおりだ。

場面説明

ポップコーンを食べながらカール（ジョン・ファヴロー）と息子のパーシー（エムジェイ・アンソニー）は市場内を歩いています。二人は今晩取材に来るフードブロガーについて話をしています。

【ボキャブラリー】
write-up「（新聞・雑誌などの）記事」

重要表現

Exactly. 「そのとおり」	相手が言っている事柄に賛同する際の強調表現です。若者言葉の、「ほんとそれ」「それな！」に似たニュアンスがあります。

【例文】 A: They're losers.
B: **Exactly.**
A: 彼らは負け組だ。
B: そのとおりだ。

POINT exact「正確な」がもとになっています。また、Absolutely.（p.010）、Definitely.、Totally.は全て同じような意味です。「まさにそのとおりです」を意味します。

『ベスト・フレンズ・ウェディング』
My Best Friend's Wedding **1997**

Julianne : It is, because George likes to pretend that he's gay.
Michael : Uh, and why would you do that?
George : Oh, I find it attracts women.
Julianne : **Indeed**, yes. Worked for me.

ジュリアン ：ジョージはゲイのふりをするのが好きなの。
マイケル ：でもどうして？
ジョージ ：女にモテるから。
ジュリアン ：そうなの。このとおり。

場面説明

ジョージ（ルパート・エヴェレット）はジュリアン（ジュリア・ロバーツ）の依頼で、急遽婚約者のふりをさせられています。マイケル（ダーモット・マローニー）はジョージに嫉妬心を覚えています。

【ボキャブラリー】
pretend「～のふりをする」、**work for**「～にとって都合がいい、うまくいく」

重要表現

Indeed.
「そのとおり」

「まったく」「本当に」の意味です。

【例文】 A: The food here is excellent!
B: **Indeed**.
A: ここの料理は素晴らしい！
B: 全くそのとおり。

POINT 相手の発言に同意する表現です。Exactly.(p.016)、Absolutely.(p.010)、That's for sure.などと言い換えることが可能です。

『ウェディング・クラッシャーズ』 *Wedding Crashers* 2005

Jeremy : Let's keep an eye on the prize, let's focus and let's close some ass.

John : **Noted.**

ジェレミー：とにかく目標に集中して、きっちり仕留めろ！
ジョン　：了解！

場面説明

ジョン（オーウェン・ウィルソン）とジェレミー（ヴィンス・ヴォーン）は、財務長官ウィリアム（クリストファー・ウォーケン）の娘の挙式に侵入します。成り行きから二人は自宅にも招待されますが、ジョンは婚約者のいる次女クレア（レイチェル・マクアダムス）を本気で好きになってしまったため、ジェレミーは彼を励まします。

【ボキャブラリー】
keep an eye on「〜から目を離さない」

重要表現

Noted.
「分かった」

「分かりました」「了解です」のような、承諾・了承・肯定を意味する返答の言い方です。

【例文】 A: I am coming home late tonight.
B: **Noted**.
A: 今夜は帰宅が遅くなるよ。
B: 了解。

POINT O.K.、I got it.、I understand.、No problem. と同様に同意を表す表現です。

『ジーサンズ　はじめての強盗』 *Going in Style* 2017　/ 10

Willie　: Hey, you tell your mom… that her career isn't as important as seeing her family.
Kanika　: I will.
Willie　: **Promise?**
Kanika　: I promise.
Willie　: Good girl.

ウィリー　：おい、ママに伝えろ……仕事より家族が大切だぞ、ってな。
カニカ　：わかったわ。
ウィリー　：必ずだぞ？
カニカ　：約束するわ。
ウィリー　：いい子だ。

場面説明

ウィリー（モーガン・フリーマン）が、Skypeを使ったテレビ電話で孫娘のカニカ（アシュリー・アウフデルハイデ）と会話をしています。ウィリーはカニカからシャツと彼女の成長した姿の写真を贈られ、感動しています。

【ボキャブラリー】
career「経歴、仕事」

重要表現

Promise.
「約束します」

I promise.「断言するよ」「ほんとうだよ」「約束するわ」といった意味で、主語のIが省略されています。

【例文】 **Promise.** It'll never happen again.
約束します。二度とそんなことが起こらないと。

POINT　友人同士、家族同士など親しい間で使用するインフォーマルな表現です。

11 / 『パディントン』 *Paddington* 2014

Henry : Now, watch out. There are thieves, murderers and pickpockets on every platform. So follow us and do exactly as you're told.

Paddington : Right-o.

ヘンリー : 用心しろ。駅は泥棒や人殺し、スリだらけだ。私の後について、言われたとおりにすること。

パディントン : 了解です。

場面説明

地震で森の家を失ったクマのパディントンはロンドンに来ます。行くあてもありませんでしたが、偶然通りかかったブラウン一家に助けられます。一緒に地下鉄に乗る前の場面です。ブラウン一家の父親のヘンリー（ヒュー・ボネヴィル）がパディントンに注意しています。

【ボキャブラリー】

watch out「気をつける」、**thieves**「泥棒たち（thiefの複数形）」、**murderer**「人殺し」、**pickpocket**「スリ」、**exactly**「正確に」、**as you're told**「言われたとおりに」

重要表現

Right-o.
「わかりました」

主にイギリスで使われています。賛成や同意を表すカジュアルな表現で「了解です」の意味です。

【例文】 A: Do not speak here.
B: **Right-o.**
A: ここでは話をしないでね。
B: 了解。

POINT Righty-ho. やRighty ho. と記載する場合もあります。

『ドリーム』 *Hidden Figures* 2016

12

Control room : Approaching 16.11984.
John : Roger.

指令室 ：再突入した地点は、緯度16.11984。
ジョン ：了解。

場面説明

マーキュリー・アトラス6号の宇宙飛行士のジョン（グレン・パウエル）が、NASAの指令室からの指令に応答している場面です。

重要表現

Roger.
「了解」

「了解」「よし」「オーケー」を意味する間投詞です。元は無線用語でしたが、第2次世界大戦後、一般にも広まりました。

【例文】 A: Give me a hand?
B: **Roger**!
A: 手を貸してくれる？
B: 了解！

POINT

元々この Roger は、received（受信した）という意味の無線通信での返信でした。指示や命令を出されたときに受信したら Roger. と応えることに由来します。

13 / 『昼下りの情事』 *Love in the Afternoon* 1957

Claude : Good morning, Ariane.
Ariane : Good morning, Papa. Did you have a hard night?
Claude : So-so.
Ariane : Interesting case?
Claude : So-so.

クロード　：おはよう、アリアーヌ。
アリアーヌ：おはよう、パパ。昨晩は大変だった？
クロード　：まあまあだな。
アリアーヌ：面白い事例は？
クロード　：まあまあだな。

場面説明

父親のクロード（モーリス・シュヴァリエ）が、探偵の仕事から朝帰宅した時の、娘のアリアーヌ（オードリー・ヘップバーン）との会話です。アリアーヌは父クロードの仕事に関心を持っています。

重要表現

So-so.
「まあまあだ」

「大したことのない」「よくも悪くもない」「まずまずの」の意味です。

【例文】 A: Did you enjoy that movie?
B: **So-so.**
A: 映画を楽しまれましたか？
B: そこそこね。

POINT 使い易い表現ですが、使い過ぎには注意しましょう。

14

『はじまりのうた』 *Begin Again* 2013

Dave : God… It's… amazing, Gretta.
Gretta : Really?
Dave : **Totally**. Ambient sound, and… the city. That's it? No overdubs? Nothing?
Gretta : No, no, no, it's just the way you hear it.
Dave : God, it's so great.

デイブ ：いいね……。素晴らしいよ、グレタ。
グレタ ：本当？
デイブ ：完ぺきだよ。周囲の音、……街の喧騒。あれは？　オーバーダブは？　何も？
グレタ ：使ってないわ。聞こえてるままよ。
デイブ ：最高じゃん。

場面説明

シンガーソングライターであるグレタ（キーラ・ナイトレイ）は、恋人でありミュージシャンのデイヴ（アダム・レヴィーン）とニューヨークに来ていました。しかしデイブの浮気が発覚し別れます。二人が久しぶりに会って話をしている場面です。グレタはデイブに制作した曲を聞かせています。

【ボキャブラリー】
ambient「周囲の、取り巻く」、**overdub**「多重録音（する）、オーバーダブ（する）」

重要表現

Totally.
「全くそのとおりね」

カジュアルな表現です。強く賛成するニュアンスです。

【例文】 A: I love this movie!
B: **Totally**!
A: この映画大好き！
B: だよね！

POINT 主に若い女性が使う場合が多いようです。「だよね」「もちろん」の意味で使われます。

15 / 『ジュリー＆ジュリア』 *Julie & Julia* 2009

Louisette : We are Les Trois Gourmandes. One for all.
Julia : Yes, it's **absolutely true**, Louisette.

ルイーゼット：私たちは"グルメ三人衆"。一人は皆のために。
ジュリア　：そうね。あなたの言うとおりよ、ルイーゼット。

場面説明

レシピ本の執筆にあたり、3人の中で一番貢献の少ないルイーゼット（ヘレン・ケアリー）に対してジュリア（メリル・ストリープ）が食事をしながら話かけている場面です。

【ボキャブラリー】
Les Trois Gourmandes「1950年代にフランスのパリにジュリア・チャイルド、シモーヌ・ベック、ルイーゼット・ベルトールによって設立された料理学校」

重要表現

Absolutely true.
「全くそのとおり」

「100%（全く）正しい」の意味です。absolutelyの代わりにperfectly, entirely, completely, totally, fullyを使用することもできます。

【例文】 A: I heard that you saw a UFO last weekend. Is it true?
B: **Absolutely true**. It could have been a shooting star but whatever it was, it was beautiful.
A: 先週末にUFOを見たという話を聞きました。本当ですか？
B: 全く本当だよ。流れ星だったかもしれないけど、とにかくきれいだった。

POINT 反対語はAbsolutely not. (p.293) です。

16

『ジュリー&ジュリア』 *Julie & Julia* 2009

Julie : Do you think it's because I use the "F" word every so often?

Eric : **Could be**. Who knows?

ジュリー : (ジュリアが不快感を示したのは) 私が汚い言葉を使うからかしら?

エリック : かもな。わからないけど。

場面説明

ジュリー(エイミー・アダムス)は、自分の書いたブログに対してジュリア(メリル・ストリープ)が不快感を示していると耳にします。ジュリーはそのことについて夫のエリック(クリス・メッシーナ)と話しています。

【ボキャブラリー】

F word「下品な言葉とされるfで始まる語[Fuckなど]。英語圏では公の場で用いることがはばかられています」

重要表現

Could be.
「そうかもな」

「そうかも」「たぶん」を意味する仮定法表現です。「そうかもしれないが、そうでないかも」というニュアンスです。

【例文】 A: Is that your mother?
B: **Could be.**
A: あれって君のお母さん?
B: そうかもね。

POINT 意味が似たような"May be."と"Can be."がありますが、可能性の高い方から並べるとCan be. > May be. > Could be.となります。

17 /『ジーサンズ　はじめての強盗』 *Going in Style* 2017

Willie : I want to have a piece of pie whenever the hell I want a piece of pie. You know what I mean?

Joe : **Hear, hear.**

ウィリー : 食べたい時に好きなだけパイを食べたい。わかるか？

ジョー : 賛成。

場面説明

ジョー（マイケル・ケイン）とウィリー（モーガン・フリーマン）はニューヨークに住むシニアで友人です。同じ会社を退職し年金暮らしをしていましたが、年金がもらえなくなりお金に困っています。お金があったら何をするかの話をしています。

【ボキャブラリー】

the hell「全く（wheneverを強調している）」

重要表現

Hear, hear.
「賛成だ、そうだそうだ」

誰かが言ったことに強く同意する際に使います。「賛成」「そうだそうだ」「いいぞそのとおりだ」という意味です。

【例文】 A: When it's hot, I want shaved ice desserts.
B: **Hear, hear.**
A: 暑い時には、かき氷が食べたくなる。
B: そうだ、そうだ。

POINT 政治的な討論や公的な会議の場面で「そうだ、そうだ」のように使われていたものが、日常的に使われるようになりました。しばしば反語的・嘲笑的なニュアンスが含まれることもあります。

18

『迷い婚 —すべての迷える女性たちへ—』
Rumor Has It... 2005

Annie : Wow!
Sarah : I know.
Annie : Wow!
Sarah : I know.

アニー ：わあ～！
サラ ：でしょ。
アニー ：わあ！
サラ ：そうよ。

場面説明

サラ（ジェニファー・アニストン）は自分の祖母と母親とも関係があった男と寝たことを妹のアニー（ミーナ・スヴァーリ）に告げました。アニーは驚愕しています。しかし、姉妹で初めて本音をしゃべったことに二人とも安堵感を抱いています。

重要表現

I know.
「でしょ」

目的語の入らないI know.は「だよね」「わかる」のような共感の意味合いで使用します。

【例文】 A: Tom always dates different girls.
B: **I know.**
A: トムはいつも違う女性とデートしてる。
B: でしょ。

POINT I see.はその瞬間に「わかる」という意味ですが、I know.は既にその情報を「知っている」という意味なので、使い方を区別しましょう。

19 『ラスト・シフト』 *The Last Shift* 2020

Stanley : We'll get started on your paperwork.
Jevon : You run this show by yourself?
Stanley : Ah, **pretty much**.

スタンリー：それじゃ、手続きから始めよう。
ジェボン：（夜間は）一人勤務か？
スタンリー：ああ、ほとんどな。

場面説明

新任スタッフのジェボン（シェーン・ポール・マッギー）が初めて店舗にやってきました。スタンリー（リチャード・ジェンキンス）は38年間の勤務経験があり退職間近です。二人の会話です。

【ボキャブラリー】
run「（店舗などを）運営する」

重要表現

Pretty much. 「ほとんど」	「ほとんど」「大体」「大筋では」を意味する口語表現です。

【例文】 A: And that's it?
B: **Pretty much.**
A: で、それだけか？
B: そんなところです。
（映画「ザ・ファーム 法律事務所」（原題：The Firm）より）

POINT Pretty much. のprettyはveryの意味で、この意味の場合は通常、肯定文で使用されます。

20

『なんちゃって家族』 *We're the Millers* 2013

Don : We were picking up what you were putting down.

Eddie : Same page.

ドン　：お誘いだとピンときた。
エディ　：気持ちは同じよ。

場面説明

テントで寝ているドン（ニック・オファーマン）とエディ（キャスリン・ハーン）夫婦のところにデビッド（ジェイソン・サダイキス）とローズ（ジェニファー・アニストン）が忍び込んできました。ドンとエディがスワッピングと誤解して話しています。

【ボキャブラリー】
pick up「理解する」、**put down**「予定する」

重要表現

Same page.
「同感」

We are on the same page. の省略形です。相手の言動に対して同じであることを示す表現です。

【例文】 It's very important that all of us are on the **same page**.
我々全員が同じ立場であることがとても大切です。

POINT on the same pageが「同じ考え（意見）を持っている、共有している」という意味である一方、in the same boatは「同じ苦境にある」という意味です。

21 / 『レインメーカー』 *The Rainmaker* 1997

Baylor : When did she stop working for Great Benefit?
Lufkin : I don't remember the day.
Baylor : How about October 30th?
Lufkin : **Sounds close.**

ベイラー ：彼女はGB社をいつ退職されましたか？
ラフキン ：覚えていません。
ベイラー ：10月30日では？
ラフキン ：そのあたりでしょう。

場面説明

大手保険会社グレート・ベネフィットの査定担当副社長ラフキン氏（マイケル・ジラルディン）に対し、白血病を患ったドニーへの保険金支払いの保険請求処理を担当した女性がいつ退職したのかについてルディ・ベイラー弁護士（マット・デイモン）が尋ねている場面です。

重要表現

Sounds close.
「そのあたり」

正確ではないが「大体そのあたり」という意味です。

【例文】 A: How much did you earn, one million dollars?
B: **Sounds close.**
A: あなたはいくら稼いだのですか、100万ドル？
B: 大体そのくらいです。

POINT 相手に何か尋ねられ、正確にはわからない、正確ではない、あるいは答えたくないときに使用します。

22

『ジーサンズ　はじめての強盗』 *Going in Style* 2017

Willie　: Look at that. That's really something.
Joe　: **You bet**, kid.

ウィリー　：見ろ。ばっちりだ。
ジョー　：そうだな。

場面説明

ジョー（マイケル・ケイン）とウィリー（モーガン・フリーマン）はニューヨークに住むシニアで友人です。ウィリーの誕生日祝いにジョーとアルバート（アラン・アーキン）は時計をプレゼントしました。ウィリーは喜んで腕にはめています。

【ボキャブラリー】
That's really something.「それは大した物だ！、すごいね！」

重要表現

You bet.
「そうだな、同意だ」

betは「（お金を）賭ける」という意味の動詞です。「お金を賭けるぐらい確信がある」のニュアンスです。I bet.も同じような意味で、同意を意味します。

【例文】 A: We have to eat something first.
B: **You bet.**
A: まず何か食べた方がいいね。
B: そうだね。

POINT

You bet.は「もちろん」、「どういたしまして」の意味もあります。
例） A: Thanks for the gift.　プレゼントありがとう。
B: You bet!　どういたしまして！
You betcha.「もちろん」も同じ意味で、You bet I will.の略で、非常にカジュアルな表現です。軽薄な印象を与えてしまうかもしれないので親しい友人の間柄で使いましょう。

23 / 『ジーサンズ　はじめての強盗』 *Going in Style* 2017

Willie : Cops come, we lay down.
Joe : Hands in the air.
Willie : Two minutes tops.
Joe : Tops. **Give or take.**

ウィリー ：警察が来たら降参しよう。
ジョー ：手を上げてな。
ウィリー ：最長2分。
ジョー ：せいぜいな。誤差はあれど。

場面説明

ジョー（マイケル・ケイン）、アルバート（アラン・アーキン）、ウィリー（モーガン・フリーマン）の3人が銀行強盗を決行する前夜、アルバートは寝てしまいましたが、ジョーとウィリーが2人で話をしています。

【ボキャブラリー】
cop「警官」、**lay down**「（武器などを）捨てる、明け渡す、降参する」、**tops**「多くても、最高でも」

重要表現

Give or take.
「だいたいな」

giveには「自分のものを相手にあげる、与える」、takeには「自分ものとして何かを取り込む、取ってくる」ニュアンスがあります。「引いたり足したりする誤差はあるけれど」という意味になります。

【例文】 A: How long does it take by car?
B: About 2 hours. **Give or take.**
A: 車でどのぐらいかかるの？
B: 約2時間。だいたいね。

POINT giveとtakeを使った表現に、give and takeがあります。直訳すると「自分のものを相手にあげて、相手から何かをもらう」、つまりは「お互い助け合う、相互支援」の意味になります。

24

『チア・アップ！』 *Poms* 2019

Martha : So, Chloe, I've been working on an idea. Something that, I don't know, would make us stand out. You know?

Chloe : Trust me, you guys are gonna stand out.

Martha : Yeah, but I do want you to bear with me. All right? You can do it.

Chloe : Okay. Okay, **I'm down.**

マーサ ：クロエ、ずっと考えてたんだけど。何か、目立つ動きを入れたくて。

クロエ ：心配しなくても目立つわ。

マーサ ：そうなんだけど、見てほしい。いい？ 見てくれるわね。

クロエ ：ええ。わかった、そうしましょう。

場面説明

高齢者のみのチアダンスクラブで活動しているマーサ（ダイアン・キートン）たち8名は、チアダンスの全米大会に出場しようと練習しています。コーチになってもらった女子高校生のクロエ（アリーシャ・ボー）に、マーサが振り付けの一部を提案している場面です。

【ボキャブラリー】

work on「取り掛かる」、**stand out**「目立つ」、**bear with me**「ちょっと待って、お付き合いください」

重要表現

I'm down.
「いいよ、そうしよう」

相手の誘いにのったり、相手の意見に賛成する際の表現です。「いいね、そうしよう」という意味です。

【例文】 A: If we stay at this cheaper hotel, we'll have more money to spend at the casino.
B: OK. **I'm down.**
A: この安いホテルに泊まれば、カジノで使えるお金が増えますね。
B: いいよ。そうしよう。

POINT カジュアルな表現で、若者の間でよく使われているスラングです。このセリフを言ったクロエはアメリカの女子高校生です。

25 /『めぐり逢い』 *An Affair to Remember* 1957

Kenneth : Terry, look at me. Can't you see I'm in love?
Terry : **So am I.**

ケネス : テリー、僕を見てくれ。本気で愛している。
テリー : 私もなの（私もニッキーを本気で愛しているの）。

場面説明

テリー（デボラ・カー）は、恋人のケネス（リチャード・デニング）から告白されています。しかしテリーは、船旅で出逢ったニッキー（ケーリー・グラント）を本気で好きになってしまったことを告白しています。

重要表現

So am I.
「私もよ」

誰かが言ったことに対して「私もそうした」と同調するときに使うフレーズです。今回は相手が、I'm in love.のようにbe動詞を使っているのでSo am I.と返しています。相手が一般動詞を使用していたらSo do(did) I.となります。

【例文】 A: I'm an economics major.
B: **So am I.**
A: 私は経済学専攻です。
B: 私もです。

POINT 同じ意味を表すカジュアルな表現として、Me too.があります。

26

『アルマゲドン』 *Armageddon* 1998

A.J. : Does that mean that there's a job that Mr. All-Go-No-Quit-Big-Nuts Harry Stamper can't handle by himself and needs my expert advice?

Harry : Something like that, yeah.

A.J. : Well, no, no, no, no, no, no. I mean, is it **something like that**, or is it that?

A.J. :つまり、「何でも屋」のハリー・スタンパーさんが一人ではできない仕事で、俺の専門的なアドバイスが必要だということなのか？

ハリー :そんな感じだ。

A.J. :いやいや、そんなことはないでしょ。つまり、そんな感じなのか、それともあれか？

場面説明

ハリー（ブルース・ウィルス）は、NASAから巨大な小惑星を爆破して世界を救うよう依頼されています。その任務を果たすには、最近解雇したばかりのA.J.（ベン・アフレック）の協力が必要です。ハリーがA.J.に頼んでいる場面です。

【ボキャブラリー】
can't handle「対応できない」、**expert**「専門的な」

重要表現

Something like that.
「そんな感じです」

ある人のコメントや発言に対しておおむね同意していることを伝える際に使われます。曖昧な表現です。何かヒントを与えたいときにも使用します。

【例文】 A: So, let me guess. You forgot your girlfriend's birthday and now you need money to buy her a cake. Right?
B: **Something like that.**
A: では、当ててみましょうか。あなたは恋人の誕生日を忘れていて、今ケーキを買うお金が必要なんですね。そうでしょう？
B: そんな感じですね。

POINT 通常、曖昧な状態のまま、ある情報を秘密にしておきたいときに言う言葉です。

27 『スクール・オブ・ロック』 *School of Rock* 2003

Dewey : Good, okay. No, that's bad. That's like George of the Jungle. Play it up here on the cymbal, but really light.

(Freddy is playing the cymbal.)

Dewey : Oh, **that's it**! Okay, keep going with that.

デューイ ：いいぞ、よし。いや、それじゃダメだ。それじゃジャングル・ジョージみたいだ。上のシンバルで演奏するんだ。でもほんの軽くな。

（フレディがシンバルを叩いています）

デューイ ：ほら、それだ！　いいぞ、それを続けて。

場面説明

代理教師のデューイ（ジャック・ブラック）は教室で子供たちとロック音楽を演奏しようとしています。男子生徒のフレディ（ケヴィン・クラーク）にスティックを手渡し、演奏指導をしています。

【ボキャブラリー】

George of the Jungle「アフリカのジャングルを舞台にしたドタバタコメディの主人公の名前」

重要表現

That's it.
「そのとおり」

ネイティブがよく使う「それです」「そのとおり」「それそれ」といった意味です。

【例文】 A: Is this your jacket?
B: **That's it.**
A: これはあなたの上着ですか？
B: そのとおりです。

POINT この表現は「それだけです」「以上」の意味でも使用されます。

『幸せのレシピ』 *No Reservations* 2007

28

Kate : I bet she's just saying that to annoy me. She's just saying that to annoy me. Isn't she?

Men : Whatever you say, Chef.

ケイト ：嫌味な言い方。私への嫌がらせよ。でしょ？
男性スタッフ ：さようで、シェフ。

場面説明

ケイト（キャサリン・ゼタ＝ジョーンズ）はマンハッタンのレストランで料理長を務めています。料理の腕は確かで、多くのファンがついています。人とのコミュニケーションが苦手なケイトは、客と揉めることも多くあります。オーナーであるポーラ（パトリシア・クラークソン）からの叱責にケイトが怒っています。

【ボキャブラリー】
I bet「きっと～にちがいない」、**annoy**「悩ます、苛立たせる」

重要表現

Whatever you say.
「あなたの言うとおりです、わかりました」

相手の言ったことや提案に同意する際に使うことができます。無条件に受け入れるニュアンスです。

【例文】 A: I want a new oven. Can we get one?
B: **Whatever you say.**
A: 新しいオーブンが欲しいな。買ってもいい？
B: はいはい、どうぞ。

POINT 直訳すると「あなたの言ったことはなんでも」の意味になります。「全てあなたに従います」というニュアンスです。このシーンでは言い争いや揉め事を避けたいために「はいはい、わかりました」という投げやりな気持ちで使っています。

29 / 『アルマゲドン』 *Armageddon* 1998

Harry : You all right, Max?
Max : I, I don't... I, I don't... Whatever you think.

ハリー : 大丈夫か、マックス？
マックス : 僕は、僕は……僕は……君に任せます。

場面説明

ハリー（ブルース・ウィルス）の仲間たちは、命がけの作戦を聞かされたばかりです。それぞれがその作戦に参加する、しないの意思表示をしている場面です。マックス（ケン・キャンベル）はなかなかYesと言えず、ハリーに決断を委ねています。

重要表現

Whatever you think.
「あなたに任せます」

「あなたが決めたことなら、どんなことでも私は従います」という意味になります。

【例文】 A: Chinese food? Italian? It's your birthday. Where do you want to eat?
B: **Whatever you think.** I'm happy to go anywhere.
A: 中華？ イタリアン？ 君の誕生日だ。どこで食べたい？
B: あなたに任せるわ。どこでもいいよ。

POINT Whatever you think is best.や Whatever you decide is fine with me.は、Whatever you think.を丁寧にした表現です。また、似た表現にWhatever you want.「君の望みどおり」もあります。

/ 30

『42 〜世界を変えた男〜』 *42* 2013

Brock : Wendell, always good to see you.
Wendell : You as well.

ブロック ：ウェンデル、いつもどうも。
ウェンデル：こちらこそ。

場面説明

人種差別や隔離政策が公然と行われていた1947年、ドジャーズの傘下のマイナー・リーグに入団することになった黒人のジャッキー（チャドウィック・ボーズマン）は春のキャンプに参加します。黒人記者のウェンデル（アンドレ・ホランド）は、世話をしてくれるブロックのところにジャッキーを連れてきました。

【ボキャブラリー】
Good to see you.「お会いできて嬉しいです」

重要表現

You as well.
「私もです」

as wellは「同様に、同じく」の意味です。You too.と同じ意味になります。「（私は）あなたと同じです」の意味です。この場面のセリフは、I'm always good to see you as well. のyou as wellだけを残した表現です。「同様に、私はあなたに会えて嬉しいです」の意味です。

【例文】 A: I'm happy to meet you.
B: **You as well.**
A: 会えて嬉しいよ。
B: 私もよ。

POINT Me too.も「私もです」の意味ですが、Nice to meet you.やGood to see you.のように目的語にyouが使われている挨拶では使うことができません。その場合はYou too.で答えます。

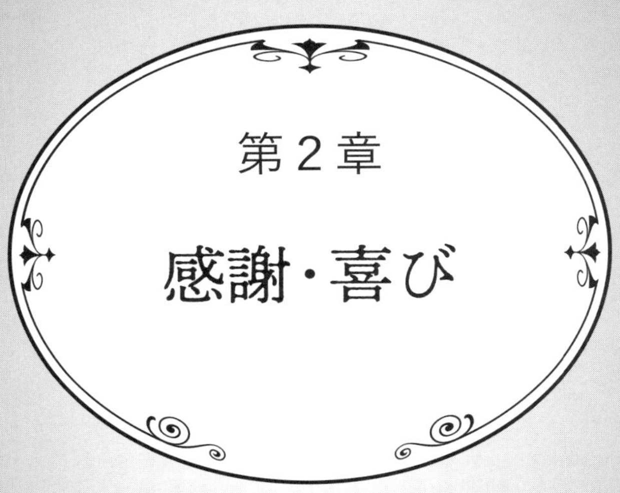

第2章

感謝・喜び

31 / 『ローマの休日』 *Roman Holiday* 1953

Ann : **Charmed.**
Joe : **Charmed**, too.
Ann : You may sit down.

アン : お会いできて光栄ですわ。
ジョー : こちらこそ。
アン : 座って結構です。

場面説明

アン王女（オードリー・ヘップバーン）は酔っぱらってベンチの上で寝ています。そこに新聞記者のジョー（グレゴリー・ペック）が偶然通りかかりました。アン王女は寝ぼけています。

重要表現

Charmed.
「お会いできて光栄です」

人を紹介されたときの表現で、「お会いできて幸運だ」の意味の形容詞です。やや古い表現です。

【例文】 Mr. President. **Charmed.**
大統領、お会いできて光栄です。

POINT 人や人生などが魔法で守られているかのごとく素晴らしく幸運である、という意味です。

32

『ローマの休日』 *Roman Holiday* 1953

Joe : Hey, hey, hey, hey. Hey, wake up.
Ann : Thank you very much. **Delighted.**
Joe : Wake up.
Ann : No, thank you.

ジョー : おい、ちょっと、ちょっと、ちょっと。起きろよ。
アン : 本当にありがとうございます。嬉しく思います。
ジョー : 起きるんだ。
アン : いえ、結構です。

場面説明

アン王女（オードリー・ヘップバーン）が酔っぱらってベンチの上で寝ていたところに新聞記者のジョー（グレゴリー・ペック）が偶然通りかかりました。ジョーはアン王女を起こそうとしますが、アン女王は寝ぼけています。

【ボキャブラリー】
wake up「起床する」

重要表現

Delighted.
「嬉しく存じます」

I'm delighted.の省略形です。日常会話ではI'mがよく省略されます。

【例文】 A: Hello. I don't believe we've met. Pleased to meet you.
B: **Delighted.**
A: I've been a big fan of yours for years!
A: こんにちは。お会いしたことはないですよね。お会いできて嬉しいです。
B: 嬉しいです。
A: 何年も前からあなたの大ファンです！

POINT

delightは名詞で「喜び」を意味し、動詞は「喜ばせる」を意味します。形容詞delightfulは「楽しい」を意味し、物事に対して使われます。形容詞delightedは「喜んでいる、嬉しい」を意味し、人に対して使われます。
例）The movie was delightful.「その映画は楽しかった」
例）I am delighted to meet you.「あなたに会えて嬉しい」

33 / 『アイ・アム・サム』 *I Am Sam* 2001

Sam : **Golly**, 'cause I thought… I… maybe… I must have misunderstood you.
Rita : I told you that when we first met.
Sam : You said you would be my lawyer?
Rita : Yes, Sam, I told you.

サム : やった、だって、僕……君のこと……いやもしかして……いやきっと誤解していたんだ。
リタ : 最初にお会いしたときに言ったわよ。
サム : 僕の弁護士になってくれるって？
リタ : ええ、サム、そう言ったじゃない。

場面説明

リタ（ミッシェル・ファイファー）は他の同僚たちに自分の嘘がバレることを避けるため、サム（ショーン・ペン）が勘違いしていたことにしようとします。その結果、無料奉仕（pro bono）で弁護を引き受けると言ってしまいます。

【ボキャブラリー】
lawyer「弁護士」

重要表現

Golly.
「やった」

「おや」「まあ」「あれ」などを表す間投詞です。みだりに神(God)の名を使用するのを避けるための代用語です。

【例文】 **Golly**, I misplaced my glasses.
あれ、眼鏡を置き忘れちゃった。

POINT Gosh、Goodness、Geeなども同様です。

/34

『インターンシップ』 *The Internship* 2013

Sid : T.G.I.F., Nooglers!
Interns : (shouts and applause)
Sid : All right! Easy, easy. It's okay.

シド ：花金だ！ ニューグラー！
インターン生達 ：（歓声と拍手）
シド ：いいね！ 興奮しないで。落ち着いて。

場面説明

インターンの研修の最終日。今から正社員になるチームの発表があります。シド（エリック・アンドレ）がステージに立ち、アナウンスしています。

【ボキャブラリー】
Nooglers「Googleの新入社員のこと（ニューグラーと呼ばれている）」、**Easy.**「（興奮している人に対して）落ち着いて」

重要表現

T.G.I.F!
「花金だ！」

Thank God It's Friday! を略した表現です。「待ちに待った金曜日！」「花金だ！」の意味で使われます。

【例文】 A: **T.G.I.F!** Let's go drinking!
B: That sounds great!
A: 花金だ！ 浴びるほど飲むぞ！
B: いいね！

POINT Happy Friday! も同じような意味のフレーズです。また、最近はSNSなどで、FridayとYAY（イェーイ！）をあわせたFriYAY（フライイエイ）が使われています。

35 / 『インターンシップ』 *The Internship* 2013

Yo-Yo : My name is Yo-Yo Santos.
Billy : Yo-Yo, **high five**!

ヨーヨー ：名前はヨーヨー・サントス。
ビリー ：ヨーヨー、ハイタッチ！

場面説明

Googleのインターンの研修に参加しています。同じチームになったメンバーが自己紹介をしている場面です。自己紹介をしたヨーヨー（トビット・ラファエル）に対し、ビリー（ビンス・ボーン）が両手をあげてハイタッチをしようとしています。

重要表現

High five.
「よろしく、やったね」

手を高く上げてお互いの手を合わせることを意味します。ここでは挨拶の意味で使っています。

【例文】 A: I made it!
B: Great! **High five**!
A: やった！
B: すごいね！ ハイタッチ！

POINT 日本では「ハイタッチ」と言いますが、和製英語で通じませんので注意しましょう。「やったね、よくできたね」のニュアンスでも使うことができます。

36

『ホリデイ』 *The Holiday* 2006

Miles : What are you up to this Christmas Eve?
Iris : Not much. But a little bit I was gonna go down to the video shop, and get the next movie on Arthur's list.
Miles : Do you want some company?
Iris : **Love some.**

マイルズ ：イブの予定は？
アイリス ：別にないわ。でもお薦めの映画を借りにビデオ店に行く予定だったの。アーサーのリストにある次の映画をね。
マイルズ ：付き合おうか？
アイリス ：嬉しいわ。

場面説明

失恋で傷心のアイリス（ケイト・ウィンスレット）は不慣れな街でクリスマスを過ごしています。知り合いになった元映画脚本家のアーサー（イーライ・ウォラック）から勧められた映画を見て過ごそうと思っていたところに、マイルズ（ジャック・ブラック）から電話がかかってきます。一人でクリスマス・イブを過ごすアイリスにとって、マイルズの誘いはありがたいものでした。

【ボキャブラリー】
What are you up to～？「～に何する予定？（予定を聞くカジュアルな言い方）」、**gonna**「going toの短縮形」、**company**「仲間」

重要表現

Love some.
「お願いします」

I'd love some.のI'dが省略された表現です。誰かが提案してくれたものを受け入れるときに使います。Yes.より丁寧でポジティブな言い回しです。

【例文】 A: Would you like a glass of wine?
B: **Love some.**
A: ワインを一杯いかがですか。
B: はい、いただきます。

POINT lovesomeは形容詞で「美しい」の意味になります。

37 / 『ホリデイ』 *The Holiday* 2006

Miles : You know, I've never been to England. I've never been to Europe.

Iris : No?

Miles : If I come over there, will you go out with me on New Year's Eve?

Iris : **Love to.**

マイルズ ：イギリスには行ったことない。ヨーロッパにも。

アイリス ：一度も？

マイルズ ：もし向こうに行ったら、大晦日を一緒に過ごしてもらえるかな？

アイリス ：もちろんよ。

場面説明

アイリス（ケイト・ウィンスレット）は何年も苦しんだ元カレとの関係を断ち切ります。また、マイルズ（ジャック・ブラック）も元カノとの関係を断ち切ります。クリスマスが終わるとロンドンに帰るアイリスに、マイルズが話している場面です。

重要表現

Love to. 「もちろん」	Love to.はOf course.と同様に、同意を表す表現です。 I would love to. または I'd love to. が短縮されたものです。

【例文】 A: Would you join my birthday party tonight?
B: **Love to.**
A: 今夜、私の誕生日会に参加してもらえないかな？
B: もちろんだよ。

POINT 「是非に」という積極的なニュアンスです。

38

『SING/シング』 *Sing* 2016

Eddie : Can we please just get out of here? We can't afford any of this.
Moon : Yes, I know, and that's why I brought sandwiches.
Eddie : Uh... That's not allowed.
Moon : Okay, look. I got cream cheese, I got banana...
(Waiter kicks Moon out of the restaurant.)
Eddie : You okay?
Moon : Yep. **Never better.**

エディ ：店を出ないか？ 高すぎるよ。
ムーン ：そうだな、だから持ってきた、サンドイッチをね。
エディ ：マジかよ……やばいよ。
ムーン ：ほら、チーズに、バナナに……。
（ウエイターがムーンをレストランからつまみ出します）
エディ ：大丈夫？
ムーン ：ああ。絶好調さ。

場面説明

ネズミのムーンは友人である羊のエディと高級レストランに来ました。テーブルにはカトラリーが並べられています。ムーンが新しい事業の話で興奮してテーブルを叩くと、スプーンが飛んで別の客の頭に当たってしまいました。まずいと思ったエディが店を出ようと提案しますが、ムーンは今度は持参したサンドイッチを食べ始めました。ムーンはウエイターから外に投げ出されますが、新しい事業にワクワクしていて全く気にしていません。

【ボキャブラリー】
Yep.「はい」、**afford**「時間的、経済的に余裕がある」

重要表現

Never better. 「絶好調さ」	I've never been better.の省略形です。「今までにないほどいい、幸せ、健康、満足している」のような意味です。

【例文】 A: Are you ready?
B: **Never better**!
A: 準備できた？
B: 絶好調さ！

POINT Couldn't be better! も同じように「絶好調だ」を意味するフレーズです。反対に、Could be better.は「あまり良くない、改善の余地あり」を意味します。

39 / 『めぐり逢い』 *An Affair to Remember* 1957

Nickie : I like the idea all right. It's a nice offer. But I can't make it this afternoon.

Lois : Well, if you can't do that... I wish I could.

Nickie : **Thanks anyway.**

ニッキー ：いい考えだね。ご提案ありがとう。でも今日の午後は都合がつかないんだ。

ロイス ：もしも無理なら……都合がつけば嬉しかったわ。

ニッキー ：ともかくありがとう。

場面説明

久しぶりにニューヨークに戻ったニッキー（ケーリー・グラント）にロイス（ネヴァ・パターソン）が電話をかけてきた場面です。

【ボキャブラリー】

make it「都合がつく」

重要表現

Thanks anyway.
「とにかくありがとう」

「ともかくありがとう」と、相手がしてくれたことに対して、実際には役には立たなかったけど感謝の気持ちを伝えたい時に使用します。

【例文】 A: How can I get to Tokyo Station?
B: I'm sorry I'm not from around here.
A: OK. **Thanks anyway.**
A: 東京駅にはどうやって行きますか？
B: すいません。この辺りは無案内なので。
A: わかりました。ともかくありがとう。

POINT Thank you anyway. は同じ意味の、より丁寧な表現です。

『ジョイ・ラック・クラブ』 *The Joy Luck Club* 1993

Lena : Don't worry. **Everything's fine.** He's very nice to me.

Ying-Ying : Nice. Very nice.

リーナ ：心配しないで。全てうまくいっているわ。彼はとてもやさしいのよ。

インイン ：良かったわね。とても良かったわ。

場面説明

前夫から受けたDVの影響で娘リーナ（ローレン・トム）の結婚生活について、母親のインイン（フランス・ニュイエン）が心配しています。そんな母親に娘が話しかけています。

重要表現

Everything's fine.
「万事うまくいっています」

心配している相手に対して、「全て（何もかも）うまくいっている」と言う決まり文句です。

【例文】 A: All set?
B: Sure. **Everything's fine.**
A: 全てお揃いですか？
B: はい、大丈夫です。

POINT ホテルやレストランなどで給仕に声をかけられ返答するときによく使用します。

41 / 『ジーサンズ　はじめての強盗』 *Going in Style* 2017

Joe : You feeling good?
Willie : Yeah. Yeah. **Good as gold.**
Joe : Me too.

ジョー ：気分は？
ウィリー ：ああ、絶好調だ。
ジョー ：私もだ。

場面説明

ジョー（マイケル・ケイン）とウィリー（モーガン・フリーマン）はニューヨークに住み同じ職場に勤務してきた長年の友人です。年金資金が支払われなくなることを知り銀行強盗を決意します。この会話は実行予定日の前日就寝前に交わされたものです。

【ボキャブラリー】
feel good「気分が良い」

重要表現

Good as gold.
「絶好調だ」

Goldは、金属の中では金が一番良いものとされていることから、何かが本物であることや信頼できることを意味します。直訳すると「金と同じくらい良い」の意味です。今回の場面では「とてもいい、絶好調」の意味で使われています。

【例文】 A: Our show will start soon. Are you ready?
B: **Good as gold.**
A: 我々のショーがまもなく始まるぞ。準備はいい？
B: 絶好調だ。

POINT 子供の様子を説明する場合は、「とても行儀が良い」という意味で使われます。

『マネーボール』 *Moneyball* 2011

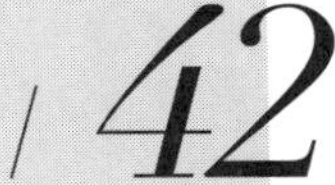

Scott : I've only ever played catcher.

Billy : You're not a catcher anymore. If you were, then mine wouldn't have been the only call you got when your contract expired at midnight.

Scott : Yeah. Hey, listen, no, **I appreciate it.**

Billy : You're welcome.

スコット ：キャッチャーしかやったことがないですが。

ビリー ：もうキャッチャーじゃない。もしそうなら、契約が切れた夜中に、電話がかかってくることはなかっただろうね。

スコット ：はい、ええ、あの、いえ、感謝します。

ビリー ：どういたしまして。

場面説明

アスレチックスGMのビリー（ブラッド・ピット）はロッキーズで捕手をしていたスコット・ハッテバーグ（クリス・プラット）の自宅まで行き、一塁手として獲得したい旨を伝えています。

【ボキャブラリー】

anymore「もはや」、**contract**「契約」、**expire**「（期限が）切れる」

重要表現

I appreciate it.
「感謝しています」

appreciateは「感謝する」を意味する動詞です。ビジネスでの頻出単語です。

【例文】 Thank you for your generous donation. **I appreciate it.**
ご寛大な寄付に感謝しております。ありがとうございます。

POINT

appreciateは、thankよりもよりフォーマルな印象を与えます。appreciateのあとはitやyour helpなどの目的語が続きます。人を目的語にすることはできませんので気をつけましょう。
例）×I appreciate you.

43 / 『パディントン』 *Paddington* 2014

Mr. Curry : You must be a long way from home.
Paddington : I'm from Darkest Peru.
Mr. Curry : Oh.
Henry : Don't worry, Mr. Curry, he's going.
Mr. Curry : **Just as well.** Don't want to be kept up by any of your loud jungle music.

カリー氏 ：遠いところから来たんだね。
パディントン：暗黒の地、ペルー。
カリー氏 ：ほう。
ヘンリー ：ご心配なさらずに、カリーさん。もういなくなる。
カリー氏 ：ちょうどよかった。ジャングル音楽で起こされちゃかなわん。

場面説明

地震で森の家を失ったクマのパディントンはロンドンに来ます。偶然通りかかったブラウン一家に声をかけてもらい、一晩泊めてもらいますが、トイレを壊したりと大騒ぎです。次の日の朝、隣人のカリー氏（ピーター・カパルディ）が一家に声をかけます。夫のヘンリー（ヒュー・ボネヴィル）が対応しています。

【ボキャブラリー】
Darkest Peru「暗黒の地、ペルー」、**be kept up**「起こされる」

重要表現

Just as well. 「ちょうどよかった」	期待していなかったことが起きた時に「好都合だ、ラッキーだ」の意味で使うことができるフレーズです。

【例文】 A: I'm going to the post office.
B: **Just as well.** Can you pick up some eggs on your way home?
A: 郵便局に行ってくるよ。
B: ちょうどよかった。帰りに卵を買ってきてくれない？

POINT It is just as well that ～ .の省略です。「ちょうどよく～した」のように使います。

『はじまりのうた』 *Begin Again* 2013

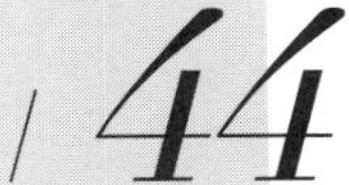

Gretta : I'm gonna go home and think about it, and I'll call you either way tomorrow. OK?

Dan : Good answer.

Gretta : Yeah. It was very nice to meet you.

Dan : Yes, pleasure. **Pleasure's mine.**

グレタ ：帰って考えて、どちらにしても明日電話するわ。いい？

ダン ：いい答えだ。

グレタ ：そうね。会えてよかった。

ダン ：ああ、よかった。こちらこそ。

場面説明

音楽制作会社をクビになったばかりのダン（マーク・ラファロ）はシンガーソングライターのグレタ（キーラ・ナイトレイ）と出会います。グレタの歌を聞いたダンは契約したいと言います。グレタは一旦考えさせてほしいと言い、地下鉄の駅に向かって帰る場面です。

【ボキャブラリー】

either way「どちらにしても」

重要表現

Pleasure is mine.
「こちらこそ」

相手からなにか嬉しいと言われたことに対して「その喜びは私も持っています」、「私も嬉しいです」という意味で使います。

【例文】 A: Thank you very much for your advice.
B: **Pleasure's mine.**
A: 助言ありがとうございます。
B: どういたしまして。

POINT 「喜びは私のものです」が直訳です。The pleasure is mine. または The pleasure is all mine. ともいいます。フォーマルなニュアンスがあります。

第3章

許可・許容

『ラブ・アクチュアリー』 *Love Actually* 2003

David : Yeah... Ahm... Mary, I've been thinking. Can we move the Japanese ambassador to four o'clock tomorrow?

Mary : **Certainly**, sir.

デイヴィッド：ああ……ええと。考えていたんだけどね、メアリー。日本大使との予定を明日の4時に動かせないかな？

メアリー：承知しました、閣下。

場面説明

英国首相のデイヴィッド（ヒュー・グラント）はロック音楽にのって踊っています。そこに彼の秘書メアリー（メグ・ウィン・オーウェン）が入ってきますが、デイヴィッドはしばらく気づきません。やがて気づいたデイヴィッドが指示を出しています。

【ボキャブラリー】
ambassador「大使」

重要表現

Certainly.
「承知しました」

「確かに」「承知しました」「いいですとも」などの意味です。

【例文】 A: Can I place an order now?
B: **Certainly.**
A: 今注文しても宜しいですか？
B: もちろんです。

POINT とても丁寧な表現で、友人・知人同士よりは接客業などでよく使用されています。

46

『チア・アップ！』 *Poms* 2019

Ben : Can I ask you something?
Martha : Yeah, **shoot**. Yeah.
Ben : Why did you move to Sun Springs?
Martha : I don't know. I guess I just wanted to get away. I wanted to simplify my life.

ベン ：質問してもいい？
マーサ ：ええ、どうぞ。いいわよ。
ベン ：なぜサン・スプリングスの街に来たの？
マーサ ：さあ。ただ逃げ出したかったのかもね。人生をシンプルにしたかったのよ。

場面説明

マーサ（ダイアン・キートン）はシェリル（ジャッキー・ウィーヴァー）の孫のベン（チャーリー・ターハン）に車の運転を教えていました。縦列駐車の練習で車をぶつけてしまったので、一旦休憩しています。

【ボキャブラリー】
Sun Springs「映画の舞台の街の名前」、**get away**「逃げる」、**simplify**「単純にする、シンプルにする」

重要表現

Shoot.
「どんどん言って」

shootには「撃つ、発射する」の意味がありますが、「相手からの質問などをどんどん受け付けます」「さっさと質問して」「どうぞ」の意味でも使われます。

【例文】 A: I'm not sure if it's OK to ask you this question...
B: It's OK, **Shoot.** Sure.
A: この質問をあなたにしてもいいのかわからないけど……
B: いいよ。質問して。もちろん。

POINT 似たような表現に、Fire away.「さあ、どうぞ始めてください」があります。この表現も本来は「撃て」の意味です。質問を一方的に受けるような意味になります。また、Shoot.は口語の間投詞「しまった、ちぇっ、くそっ」の意味でも使われます。

47 / 『アイ・アム・サム』 *I Am Sam* 2001

Rita : In fact, any child who said they hated their parents because they don't want to take a bath would be a prime candidate for foster care?

Mr. Turner : Objection, Your Honor.

McNeilly : **Sustained.**

リタ ：つまり、お風呂に入りたくないからといって親に向かって大嫌いという子供は皆、養護施設行きの最有力候補者になるということでしょうか？

ターナー ：異議あり。裁判長。

マクニーリー：認めます。

場面説明

弁護士のリタ（ミッシェル・ファイファー）と検事のターナー（リチャード・シフ）の法廷での攻防場面です。裁判長のマクニーリー（ケン・ジェンキンス）がターナーの異議を認めます。

【ボキャブラリー】

your honor「判事や市長などに呼びかけるときの言葉」、**prime**「主要な」、**candidate**「候補者、～になりそうな人」、**foster care**「養護施設」

重要表現

Sustained.
「認めます」

検事、弁護士がObjection.「異議あり」と言った際に、裁判長、判事がそれを認める場合に言う裁判の決まり文句です。

【例文】 A: Objection. It's his parenting.
B: **Sustained.**
A: 異議あり。彼の親としての能力の問題です。
B: 認めます。

POINT sustain「～を支える」という意味から、「（検事や弁護士からの）異議を認める」という意味になりました。

『赤ちゃんはトップレディがお好き』 *Baby Boom* 1987

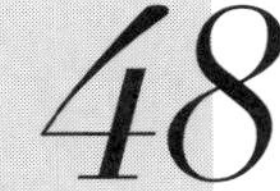

Fritz : Do you realize what you're giving up?
J.C. : **Yup.**
Fritz : There's nothing we can do to change your mind?
J.C. : Mmmm, nope.

フリッツ ：自ら（チャンスを）逃してしまっていいのか？
J.C. ：はい。
フリッツ ：何をしても君の気持ちは変わらないってことか？
J.C. ：んー、変わりません。

場面説明

J.C.（ダイアン・キートン）は破格の待遇条件を提示されたにもかかわらず断ります。元上司のフリッツ（サミュエル・ワナメイカー）が驚いて、J.C.に問いただしている場面です。

【ボキャブラリー】
realize「理解する、了解する」、**nope**「いいえ」

重要表現

Yup.
「はい」

「うん」「ああ」「いいよ」などの意味です。返答としてのYes.のくだけた言い方です。

【例文】 A: We managed to actually stay friends.
B: **Yup.**
A: 友達のままだし。
B: そのとおり。
（映画「ステイ・フレンズ」（原題：Friends with Benefits）より）

POINT Yup yup. と連続して「うんうん」という風に使われている事もあります。反対に Nope.（p.291）は「いいえ」という表現です。

49 / 『チア・アップ！』 *Poms* 2019

Chloe : You make mash-ups, right?
Ben : Yeah, yeah, I can.
Chloe : Could you maybe cut something together for us?
Ben : Yeah, **for sure**.
Chloe : Oh, yes! Thank you so much!

クロエ ：マッシュアップできるよね？
ベン ：ああ、できるよ。
クロエ ：それで曲作ってくれないかな？
ベン ：ああ、もちろんいいよ。
クロエ ：よかった！ ありがとう！

場面説明

マーサ（ダイアン・キートン）たちの高齢者チアダンスクラブのコーチになった高校生チアリーダーのクロエ（アリーシャ・ボー）が、ベン（チャーリー・ターハン）に音楽の編集をお願いしています。

【ボキャブラリー】
mash-ups「マッシュアップ（音楽などの編集作業のこと）」

重要表現

For sure.
「もちろん」

相手からの依頼に対して快諾する表現です。Of course.「もちろん」と同じようなニュアンスで使うことができます。

【例文】 A: Could you pick me up?
B: Yeah, **for sure.**
A: 車で迎えに来てくれないかな？
B: ああ、いいよ。

POINT 相手が言ったことに対して「それは間違いがない、確かなことだ」という意味でも使われます。

『博士の異常な愛情 または私は如何にして心配するのを止めて水爆を愛するようになったか』 *Dr. Strangelove or: How I Learned to Stop Worrying and Love the Bomb* 1964

Turgidson : Mr. President, there are one or two points I'd like to make, if I may.

Muffley : **Go ahead**, General.

タージドソン将軍 ：大統領、いくつか申し上げることがあるのですが。
マフリー大統領 ：言いたまえ、将軍。

場面説明

司令官リッパー准将（スターリング・ヘイドン）がソ連が襲ってくるという妄想に取り憑かれて報復核攻撃を命令したため、爆撃機が出撃体制に入ってしまいます。このことを知ったアメリカ政府の首脳部がペンタゴンの会議室に集まって対策を練っています。タージドソン将軍（ジョージ・C・スコット）がマフリー大統領（ピーター・セラーズ）に意見している場面です。

【ボキャブラリー】
General「将軍」、**if I may**「よろしければ（提案や質問をする際に文頭や文末につけて使う）」

重要表現

Go ahead.
「さあどうぞ」

go aheadは「先に進める、前進する」の意味です。相手に何かを先に譲ったり、何かをするように促したりする際には「どうぞ」という意味で使われます。

【例文】 A: Could I ask something?
B: **Go ahead.**
A: 質問してもいい？
B: どうぞ。

POINT 入口やエレベーターなどで順番を譲る時など、「先にどうぞ」の意味でも使うことができます。ただし、After you.(p.079)やYou first.(p.066)の方が丁寧な表現になります。

51 / 『ジーサンズ　はじめての強盗』 *Going in Style* 2017

Albert　: I have bad luck. I'll probably live to be 100.
Willie　: Then you can do both eulogies.
Albert　: **Got it.**

アルバート：運悪く、100まで生きるな。
ウィリアム：じゃ、弔辞を頼む。
アルバート：わかった。

場面説明

ジョー（マイケル・ケイン）、アルバート（アラン・アーキン）、ウィリー（モーガン・フリーマン）の３人はニューヨークに住むシニアで友人です。同じ会社を退職し、年金暮らしをしていました。しかし、年金がもらえなくなりお金に困っています。あと何年生きるか、話をしているところです。

【ボキャブラリー】
probably「多分」、**eulogy**「追悼、弔辞」

重要表現

Got it.
「わかった」

I got it.やYou got it.の省略表現です。getは、ある考えや概念を理解することです。「了解」の意味になります。

【例文】 A: We'll meet at Shinjuku Station at 10 a.m. tomorrow.
B: **Got it.**
A: 明日午前10時に新宿駅で会おうね。
B: 了解。

POINT
You got it.は相手から頼み事をされたことに対して「了解した」ことを意味します。I got it.は相手が言ったことが理解できたときに使うフレーズで、I understand.をよりカジュアルにした表現です。野球で守備についている野手同士がフライをとるときのかけ声としてGot it.と言います。

『めぐり逢い』 *An Affair to Remember* 1957

52

Nickie : Now, before we go, you must play the piano for us.
Grandmother : Oh, no, Nicolo. Come along. No, no, no.
Nickie : Please do.
Grandmother : Look at my hands.
Nickie : **No excuses.**

ニッキー ：行く前にピアノを弾いてくれるよね。
祖母 ：いやよ。もう行きましょう。ダメダメ。
ニッキー ：お願いだよ。
祖母 ：もう手が動かないわ。
ニッキー ：言い訳しないで。

場面説明

祖母ジャノウ（キャスリーン・ネスビット）の家を離れる前にニッキー（ケーリー・グラント）は元ピアニストの祖母にピアノを弾いてくれるようにお願いしています。

【ボキャブラリー】
come along「（一緒に）来る、同伴する」

重要表現

No excuses.
「言い訳なし」

言い訳をしようとしている人に「言い訳はダメ！」と言うときの決まり文句です。excuseは「言い訳」という名詞です。

【例文】 A: I had no time to do homework last night.
B: **No excuses.**
A: 昨晩、宿題をする時間が全くありませんでした。
B: 言い訳なし！

POINT make excusesは「言い訳をする」という意味です。Don't make excuses.「言い訳しないで」と言います。他にThat's no excuse.「それは言い訳にならない」も併せて覚えておきましょう。

53 /『ビリーブ　未来への大逆転』 *On the Basis of Sex* 2018

Mel : I gave you this opportunity for the good of the cause not for your own personal glory.

Ruth : You think you gave this to me?!

Mel : In fact I did. Jesus Ruth, get your emotions in check.

Ruth : **You first.**

メル ：弁論の機会を与えてやったんだ、君個人の栄光のためじゃない。

ルース ：あなたが与えた?!

メル ：そうさ。ルース、少し落ち着け。

ルース ：あなたが先よ。

場面説明

訴訟のリハーサルでうまく弁論できなかった弁護士のルース（フェリシティ・ジョーンズ）。本番の訴訟で出番がなくなりそうになり、アメリカ自由人権協会のメル（ジャスティン・セロー）に直談判に来ています。

【ボキャブラリー】

opportunity「機会」、**for the good of**「～の利益のために」、**cause**「一因」、**personal**「個人的な」、**glory**「栄光」、**in fact**「実際に」、**emotion**「感情」、**in check**「支配下にいる」

重要表現

You first.
「お先にどうぞ」

直訳は「あなたが最初です」になります。何かをする時に相手に順番を譲る表現です。同じ意味にAfter you.（p.079）がありますがAfter you.の方が丁寧です。

【例文】 A: You want ketchup? Here you are.
B: **You first.**
A: ケチャップ欲しい？　はいどうぞ。
B: お先にどうぞ。

POINT この場面ではメルから「落ち着け」と言われたルースが、「あなたが先に落ち着きなさい」という意味で使っています。

『バック・トゥ・ザ・フューチャー』
Back to the Future **1985**

Marty : Whoa! Listen, you gotta help me.
Woman : Don't stop, Wilbur. Drive!
Marty : **Can't be.** This is nuts.

マーティ　：ちょっと待って！　聞いて、助けて。
女性　：止まらないで、ウィルバー。運転して！
マーティ　：ありえない。こんなのおかしいよ。

場面説明

タイムスリップしてしまったマーティ（マイケル・J・フォックス）は、奇妙な衣装を着たまま、道路で車を止めようとしています。近くを通りかかった女性は、あまりにもマーティが怪しく見えたため、運転している夫のウィルバーに運転を続けるよう叫んでいます。

【ボキャブラリー】
gotta「(=have got to) しなければならない」、**nuts**「おかしい」

重要表現

Can't be. 「ありえない」	It can't be real.「現実にはありえない」という表現の短縮形です。

【例文】 A: **Can't be.**
B: What happened?
A: My ex-girlfriend is having dinner with my friend.
A: ありえない。
B: どうしたの？
A: 元カノが僕の友達と一緒に食事してる。

POINT この表現は何が「ありえない」のかが曖昧な表現です。誰かと一緒にいるときに使う場合は、詳しく説明する必要があります。

55 / 『マネーボール』 *Moneyball* 2011

Billy　: That's Pete. **Grab a seat.** I'll be right back.

ビリー　：ピートだ。座ってくれ。すぐ戻る。

場面説明

ビリー（ブラッド・ピット）はインディアンスから引き抜いたピーター（ジョナ・ヒル）をスタッフ会議で紹介しています。

重要表現

Grab a seat.
「着席して」

grab a seatは、「座る」「腰を下ろす」「席を確保する」を意味する口語表現です。

【例文】 A: Hello, Jim? **Grab a seat.**
B: Thank you. Sorry I'm late for the interview.
A: No problem. Thank you for coming in, in this snowstorm.
A: こんにちは、ジム？ 座ってください。
B: ありがとうございます。インタビューに遅れてしまってすみません。
A: 大丈夫です。この吹雪の中、来ていただいてありがとうございます。

POINT grabの代わりにtakeやhaveを使用しても同じ意味です。

『マイ・インターン』 *The Intern* 2015 /56

Becky : Can you pick her up this morning?
Ben : Sure.
Becky : You know where she lives?
Ben : I was there yesterday.
Becky : Okay, so you remember.
Ben : Yeah.
Becky : And you're hearing me, right?
Ben : **Loud and clear**, boss.

ベッキー ：今日の朝彼女を迎えに行ける？
ベン ：もちろん。
ベッキー ：どこに住んでるかわかる？
ベン ：昨日行ったよ。
ベッキー ：じゃあ覚えてるね。
ベン ：もちろん。
ベッキー ：私の話わかってるわね？
ベン ：ええ、はっきりと、ボス。

場面説明

ベン（ロバート・デ・ニーロ）はファッションサイト運営会社のシニア・インターンです。夜中ベンが寝ていたところに同僚のベッキー（クリスティーナ・シェラー）から電話がかかってきました。ベッキーは、高齢者であるベンが耳が遠くて聞こえていないのではと不安になり確認しています。

【ボキャブラリー】
pick someone up「人を車で迎えに行く」

重要表現

Loud and clear.
「はっきりと聞こえています、了解です」

loudは「大きい」、clearは「明瞭な」の意味です。相手の発言や指示の内容がはっきり聞こえていることを伝える表現です。「了解」を意味する決まり文句です。

【例文】 A: Can you hear me?
B: **Loud and clear.**
A: 聞こえますか？
B: はっきりと。

POINT I hear you loud and clear.の省略形です。元々は無線での会話で使用されていました。

57 /『めぐり逢い』 *An Affair to Remember* 1957

Robert Q Lewis : Make yourself comfortable.
Nickie : Thank you.

ロバート・Q・ルイス：お気楽にお願いします。
ニッキー：ありがとう。

場面説明

ニッキー（ケーリー・グラント）は女友達のロイス（ネヴァ・パターソン）が住む豪邸に戻りました。いきなり生放送番組に登場することになり、TV番組の司会者であるロバート・Q・ルイス（本人）と共演します。

重要表現

Make yourself comfortable.
「お気軽にしてください」

「お楽になさってください」「おくつろぎください」「気を楽にしてね」くらいの意味です。

【例文】 A: Thank you for inviting me.
B: You're welcome. Please **make yourself comfortable.**
A: ご招待ありがとうございます。
B: ようこそ。お気楽になさってください。

POINT Please make yourself at home.も同じ意味です。

58

『インターンシップ』 *The Internship* **2013**

Lyle　: Um... Mr. Chetty? I don't have a group.
Chetty　: You'll mentor the leftovers. Which it would seem includes your two charity cases. **Off you go.**

ライル　：あの……チェティーさん？ 僕一人です。
チェティー：残りをまとめろ。君が情けをかけた２人もな。行ってこい。

場面説明

Googleのインターンの研修の初日です。５分でチームを作るのですが、中年のビリー（ビンス・ボーン）とニック（オーウェン・ウィルソン）をはじめ、数人がチームを作れずにいます。それを見たGoogleの若手社員のライル（ジョシュ・ブレナー）が上司のチェティー（アーシフ・マンドヴィ）に話しかけます。

【ボキャブラリー】
mentor「（指導者として）導く」、**leftovers**「残り物」、**include**「含める」、**charity case**「福祉対象者」

重要表現

Off you go.
「行っていいよ」

何かを始める際に、「さあ取り掛かってください」や「始めてください」のような「許可」のニュアンスで使われます。状況によっては、「シッシッ」とか「あっちへ行け」というような、冷たいニュアンスにもなり得る表現です。

【例文】 A: I'd like to go home early today.
B: **Off you go.**
A: 早く帰りたいんですが。
B: 行っていいよ。

POINT you をweに変えて、Off we go.になると、Let's go.と同じく「行きましょう」の意味になります。

59 / 『幸せの教室』 *Larry Crowne* 2011

Mercy : Good luck, everybody. This is your final.
You're dismissed.

マーシー : 皆、頑張って。これが期末試験よ。今日は終了。

場面説明

パブリックスピーチの授業を担当しているマーシー（ジュリア・ロバーツ）が期末試験の課題を説明しています。テーマは抽選で決まり、学生一人一人に異なる課題が与えられています。

【ボキャブラリー】
dismiss「解散する」

重要表現

You're dismissed.
「これで解散」

You are free to go. やYou can leave.と同じ意味です。

【例文】 **You're dismissed** for today.
今日はこれで解散です。

POINT 議長が会議の終了時や、先生が授業の終わりを告げる時によく使う表現です。

第4章

挨拶・声がけ

60 / 『インターンシップ』 *The Internship* 2013

Nick : Where are you going?
Dana : Oh, I have a meeting. But you know that. **Cheerio!**
Nick : Cheerio.

ニック : どこにいくの？
ダナ : 会議よ。知ってるでしょ？ じゃあまた！
ニック : じゃあね。

場面説明

Googleのインターンの研修に参加しているニック（オーウェン・ウィルソン）は、正社員のダナ（ローズ・バーン）に惚れているので見かけるとすぐに声をかけます。

重要表現

Cheerio!
「じゃあまたね！」

親しい間柄で、「またね！」「乾杯！」「おめでとう！」などの掛け声として使われます。

【例文】 A: **Cheerio**, have a nice weekend!
B: **Cheerio!**
A: またね、良い週末を！
B: またね！

POINT 主にイギリスで使われていた、古い表現です。

/ 61

『恋するレシピ 〜理想のオトコの作り方〜』
Failure to Launch 2006

Tripp : Cheers, Paula!
Paula : Cheers!

トリップ ：乾杯、ポーラ！
ポーラ ：乾杯！

場面説明

トリップ（マシュー・マコノヒー）はポーラ（サラ・ジェシカ・パーカー）を日本食レストランに誘います。二人は日本酒で乾杯しています。

重要表現

Cheers!
「乾杯！」

「乾杯」の行為そのものは名詞でtoastといいます。一方、パーティーや会食などでの「乾杯！」の際に発する言葉が間投詞のCheers! になります。またBottoms up! は「ぐいっと飲んで！」「飲み干して！」「一気！」「乾杯！」という意味で使用します。

【例文】 To your health. **Cheers!**
あなたの健康を祈って。乾杯！

POINT 「ありがとう」「さようなら」の意味で使用することもあります。

『42 ～世界を変えた男～』 *42* 2013

Hermanski : I'm Hermanski. Welcome to Brooklyn.
Jackie : **Greetings.**
Ralph : Hey, man. Ralph Branca.
Jackie : **Greetings.**
Ralph : **Greetings.**

ハーマンスキー：ハーマンスキーだ。ブルックリンにようこそ。
ジャッキー：よろしく。
ラルフ：やあ。ラルフ・ブランカだ。
ジャッキー：よろしく。
ラルフ：どうも。

場面説明

人種差別や隔離政策が公然と行われていた1947年、黒人初の大リーガー、ジャッキー（チャドウィック・ボーズマン）がブルックリン・ドジャーズに入団しました。初めてロッカールームに入ったジャッキーに、白人選手のハーマンスキー（ブレイク・サンダース）とラルフ（ハミッシュ・リンクレイター）が声をかけた場面です。

重要表現

Greetings.
「どうも」

Hello.と同じように使うことができます。フォーマルな言い方で「挨拶申し上げます」のニュアンスがあります。

【例文】 A: I'm Kris. **Greetings.**
B: Hi. I'm Julia. **Greetings.**
A: クリスです。どうも。
B: こんにちは。ジュリアです。よろしく。

POINT greeting（単数形）では「挨拶」という行為の概念になりますが、greetings（複数形）にすることで「挨拶の言葉」の意味になります。メールを書く際、受信者が不明の場合にDear,の代わりにGreetings,から書き始めることができます。

『マスク』 *The Mask* 1994

Stanley : Hey! Hey, **mister!** Hold on. I know CPR.

スタンリー：おい！ おい、ミスター！ 待てよ。俺は心肺蘇生法を知ってるぞ。

場面説明

橋の上に立っていたスタンリー（ジム・キャリー）は、水に浮かんでいる人がほとんど動いていないのを見て、駆け下りて助けようとしています。

【ボキャブラリー】

Hold on.「待って」、**CPR**「心肺蘇生（CardioPulmonary Resuscitationの略）」

重要表現

Mister.
「きみ」

男性に使われる挨拶や呼びかけの言葉です。

【例文】 Excuse me, **mister.** I think you dropped your wallet.
失礼します。財布を落としたようですね。

POINT 失礼には当たりませんが、カジュアルなニュアンスがあります。sirほど丁寧ではないので、状況によっては相手を不快にさせる可能性があります。

64 / 『SING/シング』 *Sing* 2016

Judith : Mr. Moon, none of your shows have ever worked. None of them! You've had your chances. Now, settle your accounts, or we will repossess this property.

Moon : Okay. **Toodle-oo.**

Miss Crawly : What are you going to do, Mr. Moon?

Moon : Honestly, uh… I have no idea.

ジュディス : ムーンさん、あなたのショーはどれも失敗ばかり。どれもです！ 機会はあったはずよ。さあ、清算してください、でないとこの物件を差し押さえます。

ムーン : 了解。じゃあね。

ミス・クローリー : どうするんですか、ムーンさん？

ムーン : 正直言って……お手上げだ。

場面説明

舞台に魅せられて劇場主になったコアラのバスター・ムーンですが、劇場の運営は厳しい状態です。リャマの銀行員のジュディスが、借金を返さないムーンのところに取り立てに来ています。ムーンは返金できると強気に返事をしていますが、内心は不安でいっぱいです。秘書のミス・クローリーも心配で声をかけています。

【ボキャブラリー】

none of「～はひとつもない」、**settle one's accounts**「決算する、清算する」、**repossess**「(代金不払いの商品、賃貸料不払いの土地家屋などを)取り返す」、**property**「所有物、財産」

重要表現

Toodle-oo.
「またね」

Goodbyeと同じ意味です。元はフランス語とされていて、古い表現です。

【例文】 A: I have to go home, see you.
B: **Toodle-oo.**
A: もう帰らなきゃ、またね。
B: じゃあね。

POINT とてもカジュアルな表現です。Ta-ta.も同じく「じゃあね、またね、バイバイ」を意味します。

『42 ～世界を変えた男～』 *42* 2013

Rachel　: Where are the other wives staying?
Wendell : There are no other wives. You're the only one that Mr. Rickey allowed to spring training.
Rachel　: Thank you.
Wendell : **After you.**

レイチェル：他の選手の妻たちはどこに？
ウェンデル：他の妻はいない。リッキー氏の配慮で春季キャンプに同行するのは君だけだ。
レイチェル：ありがとう。
ウェンデル：先にどうぞ。

場面説明

黒人記者のウェンデル（アンドレ・ホランド）は、ドジャーズの傘下のマイナー・リーグに入団することになった黒人のジャッキー（チャドウィック・ボーズマン）と妻のレイチェル（ニコール・ベハーリー）を世話をしてくれる黒人活動家の自宅に二人を連れてきました。到着し、車から降りた際の会話です。ウェンデルがレイチェルに先に行くように道をゆずっています。

【ボキャブラリー】
wives「wife（妻）の複数形」、**allow**「許可する」

重要表現

After you.
「先にどうぞ」

相手に順番を譲る際の表現です。I'll go after you.を省略した表現です。「（私は）あなたの後でいいです」の意味になり謙虚さが含まれています。

【例文】 A: **After you.** I'm not in a hurry.
B: Thank you.
A: お先にどうぞ。急いでないので。
B: ありがとう。

POINT ドアやエレベーター、レジの列待ちなど、日常的な場面でよく使われます。同じ意味のフレーズとしてYou first.（p.066）もあります。

66 / 『めぐり逢い』 *An Affair to Remember* 1957

Nickie : Well, in case I don't see you again, Miss. McKay, **happy landing!**

Terry : Thank you. Mr. Ferrante.

ニッキー ：もうお会いできないかも。マッケーさん、ご無事な旅を！

テリー ：フランテさん、どうもありがとう。

場面説明

船内での人目を憚りながらも愛を深め合う二人ですが、テリー（デボラ・カー）の船室におもわぬ訪問者が来たためニッキー（ケーリー・グラント）は形式的な挨拶をしています。

【ボキャブラリー】

in case「～かもしれない、～の場合に備えて」

重要表現

Happy landing!
「ご無事な旅を！」

飛行機や船で旅立つ人に対して「ご無事な着陸を！」「さようなら！」「いってらっしゃい！」の意味で使います。

【例文】 A: I will leave Tokyo for London tonight.
B: Oh, **happy landing!**
A: 今晩、東京をたってロンドンに向います。
B: いってらっしゃい！

POINT 昔は船旅が多かったので、フランス語のBon voyage.が使用されていましたが、現代では海外旅行はほとんど飛行機なので、この表現のほうが一般的です。

/67

『アイ・アム・サム』 *I Am Sam* 2001

Doctor : And it's a girl!
Gertie : Oh, yes. Oh. It's okay.
Sam : **Hi, there.**
Gertie : What's her name?

医者 ：女の子ですよ！
ガーティ ：よしよし。ほら。大丈夫ですよ。
サム ：こんにちは。
ガーティ ：この子の名前は？

場面説明

病院で女児が生まれました。看護師のガーティ（キンバリー・スコット）は赤ん坊を受け取り、きれいにしてから毛布にくるんでいます。サム（ショーン・ペン）が赤ちゃんに挨拶している場面です。

重要表現

Hi, there.
「こんにちは」

家族や友達、同僚など仲の良い相手に対してHi.と同じ意味として使うことができる、とてもフレンドリーな挨拶表現です。Hi.やHello.をカジュアルにした、気軽な挨拶言葉です。

【例文】 A: **Hi, there.** How are you doing?
B: Pretty good. How about you?
A: やあ、元気？
B: 元気だよ。君はどう？

POINT この表現のthereは、「やあ」、「どうも」のように相手に注目を促すような意味になり、特別な意味はありません。

68 / 『逃亡者』 *The Fugitive* 1993

Kimble : What are you, a football player? A baseball player?

Joel : Football.

Kimble : **Hold on,** son.

キンブル ：坊やは何の選手かな、フットボールの選手かい？　それとも野球の選手かい？

ジョエル ：フットボールだよ。

キンブル ：がんばるんだぞ、坊や。

場面説明

掃除夫に扮した外科医のキンブル（ハリソン・フォード）が、緊急搬送されてきた少年を搬送しながら励ましている場面です。

重要表現

Hold on.
「がんばれ」

困難にめげずに「踏みとどまる」「がんばる」の意味になります。Hang on. や Not give up. も同じ意味です。

【例文】 Don't give up, **hold on!**
あきらめるな、がんばれ！

POINT hold onには、「つかまる」「電話を切らずに待つ」という意味もあります。

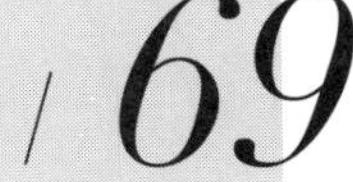

『ステップフォード・ワイフ』 *The Stepford Wives* 2004

Joanna : Goodbye, everybody. **All the best!**

ジョアンナ：皆さん、さようなら。元気でね！

場面説明

ジョアンナ（ニコール・キッドマン）はニューヨークでやり手のテレビ・プロデューサーとして働いていましたが、過激な番組が原因で辞任させられてしまいます。すっかり意気消沈していますが、気丈なふりをして会社のエレベータに乗りながら大きな声で叫んでいる場面です。

重要表現

All the best!
「ではごきげんよう！」

手紙やEメールの最後や別れ際に、相手の成功を祈って書かれます。話し言葉でも使われます。

【例文】 You'll make a good teacher someday. **All the best!**
君はいつか良い先生になるよ。好運を祈る！

POINT

Good luck!、Best wishes!、Fingers crossed! などが類似表現です。また丁寧に表現するなら、Wish you all the best!、All the best to you! も覚えておきましょう。

70 /『SING/シング』 *Sing* 2016

Moon : You just gotta add some moves and a little bit of…

(Moon is dancing and singing)

Moon : **Go for it!**

Ash : Oh, you mean like this?

(Ash is dancing and singing)

Moon : There you go. You're a natural.

ムーン ：あとは振り付けを加えて……。

（ムーンが踊って歌っている）

ムーン ：やってみて！

アッシュ ：こんな感じ？

（アッシュが踊って歌っている）

ムーン ：ほらね。バッチリだ。

場面説明

劇場の支配人であるコアラのムーンは素人オーディションを開催し、合格者にコンサートの練習をさせています。合格者の一人のハリネズミのアッシュに、カーリー・レイ・ジェプセンの曲、Call Me Maybeを踊り付きで歌うように指示しています。

【ボキャブラリー】

gotta「(=have got to=have to)〜しなければならない」、**add**「加える」、**There you go.**「(自分の予想が合っていたとき)ほらね、そのとおりだ」

重要表現

Go for it!
「やってみなよ！ 大丈夫だよ！ がんばれ！」

直訳すると「それに向かって行け！」です。何かを達成するため、必要なエネルギーを注ぐようなイメージです。誰かを励ましたい時や勇気を与えたい時に使われます。

【例文】 A: There's Mariko. I think I will ask her out.
B: **Go for it!**
A: OK, here I go.
A: マリコがいる。デートに誘ってみようかな。
B: がんばれよ！
A: そうだな、行くぞ。

POINT 友人や親しい知人の間で使われるカジュアルな表現です。

71

『ビリーブ　未来への大逆転』 *On the Basis of Sex* 2018

Ruth　: Then take James with you. Will you be all right?

Jane　: We'll survive somehow. **Go kick ass.**

ルース　：ジェームスをよろしくね。大丈夫？

ジェーン　：心配ないよ。頑張ってきて。

場面説明

ルース（フェリシティ・ジョーンズ）は性差別が違憲であると認めさせるため、裁判で戦うことを決意します。家族に見送られながらタクシーに乗り込むところです。しばらく家を留守にするので、娘のジェーン（ケイリー・スピーニー）にまだ幼い息子のジェームス（カラム・ショーニカー）の面倒を頼んでいます。

【ボキャブラリー】

take A with B「Bと一緒にAを連れて行く」、**survive**「生き残る」、**somehow**「なんとかして」

重要表現

Go kick ass.
「やっつけてきてね」

kick assには「敵をやっつける、全力を尽くす、良い成績をおさめる」などの意味があります。今回は「絶対に裁判に勝つために頑張ってね」と強い願望が込められています。

【例文】 A: It's time! I'm off to take an exam.
B: **Go kick ass!**
A: 時間だ！ 試験に行ってくる。
B: 頑張ってきて！

POINT　assは「ケツ」を意味します。直訳は「ケツを蹴りに行け」の意味になります。かなりカジュアルな表現なので親しい間柄でのみ使用しましょう。

72 『フィールド・オブ・ドリームス』 *Field of Dreams* 1989

The Voice : Go the distance. Go the distance.
Terence : What's the matter?
Ray : You didn't see them?
Terence : See what?

声 ：最後までやり遂げるのだ。やり遂げるのだ。
テレンス ：どうしたんだ？
レイ ：見ました？
テレンス ：何を？

場面説明

レイ（ケビン・コスナー）がテレンス（ジェームズ・アール・ジョーンズ）と野球観戦をしています。レイには奇妙な声が聞こえていますが、テレンスには全く聞こえていないようです。レイは混乱し周りを見まわします。さらに、スタジアムのスコアボードには元野球選手アーチー・ムーンライト・グラハム（バート・ランカスター）の名前とミネソタ州チザムと書かれていますが、テレンスには全く見えてないようです。

【ボキャブラリー】
What's the matter?「何か問題でも？」

重要表現

Go the distance.
「最後までやり抜け」

「最後まで頑張る、やり通す」の意味です。野球では「完投する」、ボクシングでは「最終ラウンドまで闘い抜く」などの意味になります。

【例文】 **Go the distance.** Yes, you can.
最後まで頑張って。きっとできるよ。

POINT go the distanceには「最後の一線を越える」「刑務所送りになる」の意味もあります。

73

『ファウンダー ハンバーガー帝国のヒミツ』
The Founder 2016

Cashier : Welcome to McDonald's, may I take your order?
Ray : Um, yes… Hamburger, fries, and a Coca-Cola.
Cashier : 45 cents, please.
Cashier : And five cents is your change. **Here you are.**

店員 ：マクドナルドにようこそ。ご注文は？
レイ ：ああ、ハンバーガー、フライドポテト、コカ・コーラ。
店員 ：45セントお願いします。
店員 ：5セントのお釣りです。はい、どうぞ。

場面説明

マクドナルド兄弟が運営するドライブインレストランを初めて訪問したレイ（マイケル・キートン）がハンバーガーなどを注文している場面です。注文から受け取りまでのスピードに驚愕しています。

【ボキャブラリー】
take one's order「注文をとる」、**change**「おつり」

重要表現

Here you are.
「はい、どうぞ」

人にものを渡すときの決まり文句です。Here it is. や Here you go.も同義です。

【例文】 A: Can you pass the salt, please?
B: **Here you are.**
A: お塩を取ってくれる？
B: はい、どうぞ。

POINT プレゼントを渡すとき、お会計でお釣りを渡すとき、食卓で塩やコショーなどを渡すとき、レストランで働いてる人がメニューをお客様に渡すときなど、様々な場面で使えます。なお、Here we are.は「さあ、到着しました」という意味で全く異なります。

74 / 『ユー・ガット・メール』 *You've Got Mail* 1998

Joe : **I know you! I know you.** Hello, Annabel, little girl.

Annabel : Hi.

Joe : How are you?

ジョー ：知った顔だ！ 君を知ってるぞ。こんにちは、アナベル。

アナベル ：ハーイ。

ジョー ：元気だったかい？

場面説明

アナベル（ハリー・ハーシュ）はジョー（トム・ハンクス）よりもはるかに年下ですが、祖父の娘であるため、ジョーの叔母にあたります。二人は久しぶりに再会し、喜んでいます。

重要表現

I know you.
「知った顔だ」

「私はあなたを知っている」が直訳ですが、文脈によって意味は様々です。

【例文】 Wendy Lawson. **I know you.**
ウエンディ・ローソンさん。知ってますよ。

POINT 実際に会ったことがある相手、会ったことはないがうわさなどで知っている人など、どちらでも使用できます。

『赤ちゃんはトップレディがお好き』 *Baby Boom* 1987 / 75

Steven　: J. C.? I'm home.

スティーブン：J.C.？ ただいま。

場面説明

同棲しているJ.C.（ダイアン・キートン）の彼氏、スティーブン（ハロルド・レイミス）が帰宅し、J.C.に声をかけている場面です。

重要表現

I'm home.
「ただいま」

帰宅した際にいるはずの家族の姿が見えない場合や、しばらく家を離れていた人が戻ってきた場合に使われます。

【例文】 Hey Dad, **I'm home.**
（久しぶりに実家に帰って）お父さん、ただいま。

POINT 日本語の「ただいま」のように、仕事・学校から家に帰ってきてお母さんの顔を見て言う場合は、Hi, Mom! くらいが普通です。

76 / 『めぐり逢い』 *An Affair to Remember* 1957

Terry : Here you are. **Keep the change.**
Taxi driver : What's the rush, lady?

テリー ：到着したわ。おつりは取っておいて。
タクシー運転手：何を急いでおられるのですか？

場面説明

テリー（デボラ・カー）はニッキー（ケーリー・グラント）との、エンパイアステートビルの屋上で再会するという約束に、時間ギリギリで駆けつけました。テリーとタクシー運転手の会話です。

【ボキャブラリー】
What's the rush?「何を急いでいるの？」

重要表現

Keep the change.
「おつりは取っておいて」

「おつりは取っておいて」「おつりはいらないわ」の決まり文句です。

【例文】 A: $4.50, please.
B: **Keep the change.**
A: 4ドル50セントです。
B: おつりは取っておいて。

POINT アメリカではタクシー代など現金での授受の場合、小銭は受け取らないことがよくあります。

77

『パディントン』 *Paddington* 2014

Mary : **Tell you what**, Paddington.
Paddington : Mmm?
Mary : It's not far to my friend's antiques shop. Why don't we walk?

メアリー　　：こうしましょう、パディントン。
パディントン：ん？
メアリー　　：友達の骨董店が近いの。歩きましょう。

場面説明

一人でロンドンに来たクマのパディントンは偶然通りかかったブラウン一家に助けられます。母親のメアリー（サリー・ホーキンス）はパディントンがある探検家を探していると知り、一緒に探そうとしています。

【ボキャブラリー】
antiques shop「骨董品店」、**Why don't we〜?**「〜しませんか？」

重要表現

Tell you what.
「あのね、ちょっと聞いて」

何かを思いついた時、「今からその思いついたことを言いますよ」という前置きとして使われます。

【例文】 A: Everything looks delicious. I can't decide what to order.
B: **Tell you what.** Why don't we order a few things, and share them!
A: 全部美味しそう。何を注文しようか決めれないな。
B: こうしましょう。いくつか頼んでシェアしましょう！

POINT I'll tell you what I think.「私が思ったことを言いますね」を省略した表現です。

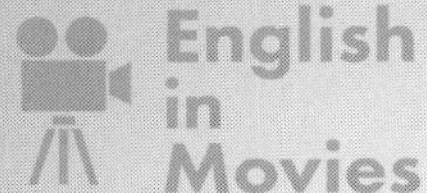

第 5 章

希望・意思

78 / 『バック・トゥ・ザ・フューチャー』 *Back to the Future* 1985

Doc : Please note, Einstein's clock is in precise synchronization with my control watch. Got it?

Marty : Right. **Check**, Doc.

Doc : Good.

ドク : アインシュタインの時計は、私のコントロールウォッチとちゃんと同じ時間を示しているな、覚えてるんだぞ。わかったか？

マーティ : はい。了解、ドク。

ドク : よし。

場面説明

犬のアインシュタインでタイムスリップの実験を始めようとしているドク（クリストファー・ロイド）は、犬の持っている時計と自分の持っている時計が同じ時間であることを確認しています。これはタイムスリップしたことを証明する重要事項なので、マーティ（マイケル・J・フォックス）は全てビデオに記録しています。

【ボキャブラリー】

Please note「重要な情報を言う前に使うフレーズ」、**precise**「正確な」、**synchronization**「同期」

重要表現

Check.
「了解」

アメリカでよく使われます。何かの仕事や任務を終えると、やることリストにチェックすることからこの意味になりました。

【例文】 A: I need you to make sure that all the tables have the correct arrangement of glasses and cutlery. Got it?

B: **Check.**

A: 全てのテーブルにグラスとカトラリーが正しく配置されているか確認してほしい。わかった？

B: 了解です。

POINT 自分より目上の人であっても、誰に対しても使うことができます。「賛成」「よろしい」「そのとおり」「承知した」「OK」という意味の間投詞です。

79

『シェフ 三ツ星フードトラック始めました』 *Chef* 2014

Percy : We should go there sometime.
Carl : **Definitely.**
Percy : For real?
Carl : Yeah, I mean not now.

パーシー ：いつかそこ（ニューオリンズ）に行くべきだね。
カール ：必ず。
パーシー ：本当？
カール ：ああ、今じゃないけどな。

場面説明

南部のニューオリンズについて、カール（ジョン・ファヴロー）と息子のパーシー（エムジェイ・アンソニー）が、豚肉の燻製ソーセージの入ったサンドウィッチを食べながら話しています。

【ボキャブラリー】
For real?「本当に？」

重要表現

Definitely.
「必ず」

「確実に、確かに、そうですとも」を意味します。

【例文】 A: Could you join my birthday party?
B: **Definitely.**
A: 私の誕生日パーティーに参加いただけますか？
B: 必ず参加します。

POINT Absolutely.（p.010）には「完全に、100%」、Definitely. には「疑いようもない」というニュアンスが含まれます。

80 / 『リトル・ダンサー』 *Billy Elliot* 2000

Billy : I'll miss you, Miss.
Mrs. Wilkinson : No, you won't.
Billy : I will. **Honest.**
Mrs. Wilkinson : This is when you go out and find life… and all those other things. The best of luck, Billy.

ビリー ：感謝しています、先生。
ウィルキンソン先生：どうだか。
ビリー ：本当です。忘れません。
ウィルキンソン先生：今があなたの人生のスタートよ……しっかり。幸運を祈ってるわ、ビリー。

場面説明

ロンドンのロイヤル・バレエ学校に合格したビリー（ジェイミー・ベル）が、一からバレエを教えてくれたウィルキンソン先生（ジュリー・ウォルターズ）に合格の報告にきたシーンです。

【ボキャブラリー】
This is when「今が〜の時だ」、**go out**「外に出る」、**The best of luck.**「幸運を祈る」

重要表現

Honest.
「本当です、間違いないです」

本当なのか、相手が疑っていると思われる際に、「本当だよ」の意味で使うことができます。

【例文】 A: Is it true what you say?
B: **Honest!**
A: あなたが言ってること、本当？
B: 本当だってば！

POINT 「本当だよ」を表す表現として、I promise you. も便利な表現です。また、疑問形のHonestly?「本当？」もよく使われます。Really? と同じような意味になります。

81

『ソウルフル・ワールド』 *Soul* 2020

22	: Meh. Meh. Meh. Meh.
Joe	: Well, I think that's everything.
22	: Sorry.
Joe	: You told me you'd try.
22	: I did. I'm telling the truth.

22番	:別に。別に。別に。別に。
ジョー	:まあ、これで全部だと思うよ。
22番	:ごめんね。
ジョー	:やってみるって言ったじゃない。
22番	:やったよ。本当なんだ

場面説明

夢を見つけられずずっとソウル（魂）の世界にいる22番は、何に興味を持つのか、興奮するのかを知るため、いろいろな体験をしてみます。しかし、何をやっても面白くなく、それがジョーを苛立たせています。

【ボキャブラリー】
tell the truth「事実を言う」

重要表現

Meh.「別に」　何かに対して興味がないことを表すシンプルなコメントです。

【例文】 A: So, what'd you think of the movie?
B: **Meh.**
A: Really? I loved it.
A: じゃあ、映画を観た感想はどうだった？
B: 別に。
A: そうなの？ 僕は大好きだよ。

POINT この表現は、「まあまあ」よりもネガティブなニュアンスが強くなることがあるので、注意して使用する必要があります。

82 / 『ジョジョ・ラビット』 *Jojo Rabbit* 2019

Jojo : Start telling me about your kind.
Elsa : Obviously we are demons who love money, right?
Jojo : **Obviously.** Everyone knows that.

ジョジョ :ユダヤ人の特徴を話せ。
エルサ :私たちは金の亡者、でしょ？
ジョジョ :明らかにな。有名な話だ。

場面説明

ジョジョ（ローマン・グリフィン・デイヴィス）はナチスを盲信しているドイツ人少年です。ジョジョの母親（スカーレット・ヨハンソン）は家の隠し部屋にユダヤ人のエルサ（トーマシン・マッケンジー）をかくまっていました。ジョジョは通報しない条件として、ユダヤ人の秘密を話せとエルサに言います。ジョジョはエルサの言葉をメモしながら聞いています。

【ボキャブラリー】
demon「悪人、極悪人」

重要表現

Obviously.
「明らかに、当然だ」

当然と思えることを強調したい時に使います。口語でよく使われます。

【例文】 A: I should apologize to her in person, right?
B: **Obviously.**
A: 彼女に直接謝るべきかな？
B: 当然よ。

POINT obviousが「明白な」の意味の形容詞であるとおり、誰がどう見ても明白で、はっきりしていることに対して使われます。

『チア・アップ！』 *Poms* 2019

Martha: We're starting a cheerleading club at Sun Springs.
Sheryl : Is that the set-up or the punchline?
Martha: No, no, no. I'm really serious, right? I mean, I have to join a club. I don't like any of their clubs, so... I'm creating my own. Yes, come on, **seriously**!
Sheryl : You do know how old you are.

マーサ　：チアリーディングを始めるの、サン・スプリングスでね。
シェリル　：何かの冗談？
マーサ　：違うわ、違うのよ、違うの。真面目によ。クラブに入らなきゃいけないのに入りたいクラブがなきゃ、……自分で作ればいいのよ。ええ、本気よ！
シェリル　：歳わかってる？

場面説明

癌で余命長くはないマーサ（ダイアン・キートン）は高齢者のみの街、サン・スプリングスに引っ越してきました。友達になったシェリル（ジャッキー・ウィーヴァー）に、チアダンスクラブを立ち上げようと誘っています。

【ボキャブラリー】
set-up「たくらみ、企て」、**punchline**「（ジョークなどの）オチ」

重要表現

Seriously. 「本当です」	「真面目に、真剣に」の意味の副詞です。I am serious.「私はマジです、本当です」と同じ意味になります。疑問文で、Seriously?「本当に？　マジで？」としても使うことができます。

【例文】 A: I've heard he's leaving the company.
B: **Seriously?**
A: 彼、会社辞めるんだって。
B: マジで？

POINT カジュアルな場面でも、ビジネスの場面でも両方で使うことができる表現です。

84 / 『素晴らしきかな、人生』 *Collateral Beauty* 2016

Howard : Uh, it's Christmas Eve.
Madeleine : Mmm-hmm.
Howard : And you're alone.
Madeleine : **By choice.**
Howard : Can I ruin that?

ハワード ：あー、今夜はイブだ。
マデリン ：そうね。
ハワード ：なのに君は一人。
マデリン ：あえてね。
ハワード ：邪魔してもいい？

場面説明

幼い子供を亡くしたハワード（ウィル・スミス）は、マデリン（ナオミ・ハリス）が開催している、子を亡くした親のためのグループセラピーに参加するようになります。クリスマスイブの夜、ハワードが、マデリンの自宅を訪問します。

【ボキャブラリー】
ruin「破壊する、壊す」

重要表現

By choice.
「あえてね、わざとね」

「自分自身の意志で」「好んで」の意味があります。

【例文】 A: You haven't solved this question yet.
B: **By choice.**
A: この問題まだ解いてないね。
B: あえてね。

POINT 「自らの選択によって」のニュアンスがあるため、誰に指図されたのでなく、自分の意志で行っているという意味になります。

85

『ホリデイ』 *The Holiday* **2006**

Graham : So, Amanda. You're not married, are you?
Amanda: Why? Do I look not married?
Graham : No, it was just a backwards way of asking if you are married.
Amanda: No, not at all. Don't know what that means. I mean, no, I'm not married.
Graham : **Me, either.**

グレアム　：アマンダ、君は独身だろ？
アマンダ　：なぜ？　そう見える？
グレアム　：いや、結婚していないか遠まわしに聞いたのさ。
アマンダ　：全然してないわ。変な答えね。結婚してないわ。
グレアム　：僕もだ。

場面説明

アマンダ（キャメロン・ディアス）は訳あってアイリス（ケイト・ウィンスレット）とお互いの家を交換しています。それを知らなかったアイリスの兄のグレアム（ジュード・ロウ）が夜、酔っぱらって訪ねてきました。初対面同士のアマンダとグレアムの会話です。

【ボキャブラリー】
backwards「前後反対の、真逆の」、**not at all**「全くない」

重要表現

Me, either.
「私もです」

「私もです」の意味ですが、Me, too. が肯定的な内容に賛同するのに対し、Me, either. は相手が否定的な話をした時に使用します。

【例文】 A: I will not go to the party.
B: **Me, either.**
A: 私はパーティーへ行かないつもりです。
B: 私もです（私も行くつもりはありません）。

POINT eitherは、「（２つのうちの）どちらか一方の」、neitherは、「（２つのうちの）どちらでもない」、というときに使用しますので、区別しましょう。

86 / 『アイ・アム・サム』 *I Am Sam* 2001

Rita : Can we get you something to drink?
Sam : Is it for free?
Rita : My treat.

リタ ：何かお飲みになりますか？
サム ：タダなの？
リタ ：私のおごりよ。

場面説明

リタ（ミッシェル・ファイファー）の弁護士事務所での場面です。リタはサム（ショーン・ペン）が事務所に勝手に入ってきて椅子に座っていることに気がつきます。サムは立ち上がってリタと握手をし、リタはアシスタントにサムの飲み物を頼んでいます。

重要表現

My treat.
「私のおごりです」

treatは「おごり」「ごちそう」「もてなし」の意味があります。所有格を変えて Your treat.「あなたのおごり」、His(Her) treat.「彼（彼女）のおごり」と表現することが可能です。My treat. と同じ意味で「僕のおごりね」It's on me. もよく使われますので、併せて覚えておきましょう。店の無料サービスの場合は It's on the house. と言います。

【例文】 A: Why don't you join us? **My treat.**
B: Thanks.
A: あなたも参加しない？ 私のおごりよ。
B: ありがとう。

POINT This is my treat.は丁寧な表現で「私がお支払いします」という意味で使用します。

87

『ジーサンズ　はじめての強盗』 *Going in Style* 2017

Willie : We take exactly what's owed on the pension, right?
Joe : That's all I want.
Willie : Not a penny more.
Joe : **My word.**

ウィリー : 年金の分だけきっちり奪おう。
ジョー : そのつもりだ。
ウィリー : それ以上は一銭もいらない。
ジョー : 約束する。

場面説明

ジョー（マイケル・ケイン）とウィリー（モーガン・フリーマン）はニューヨークに住むシニアで友人です。同じ会社を退職し年金暮らしでしたが、年金がもらえなくなりお金に困っています。そこで、銀行強盗をしようと計画します。

【ボキャブラリー】
exactly「正確に、きっちり」、**be owed**「支払ってもらう義務がある」、**pension**「年金」、**penny**「ペニー（１セント銅貨）」

重要表現

My word.
「約束だ」

wordには「約束、誓言」の意味もあります。You have my word.の省略形です。「私の言葉どおり約束するよ」というニュアンスです。

【例文】 A: You're late again. This is the second time.
B: Sorry. I won't be late again. **My word.**
A: また遅刻だね。これで２回目だよ。
B: ごめん。２度としないよ。約束する。

POINT On my word.やUpon my word.も同じ意味になります。また、My word.は、My gosh.やMy goodness.と同じように驚きを表す表現として使われる時もあります。

88 / 『ローマの休日』 *Roman Holiday* 1953

Joe : I think you got a bad sprain there…
Irving : **Never mind!** I got a bad sprain, Joe!

ジョー : ここがひどく腫れたみたいだ……。
アーヴィング : ひどく腫れていようがそんなこと構うもんか、ジョー！

場面説明

ジョー（グレゴリー・ペック）と友人のカメラマンであるアーヴィング（エディ・アルバート）は、アン王女（オードリー・ヘップバーン）に自分たちの本当の職業を知られないようギクシャクしたやり取りを繰り返します。

【ボキャブラリー】
sprain「捻挫、捻挫箇所の腫れ」

重要表現

Never mind.
「気にしないで」

一般的にはお礼やお詫びをしている相手に対して使用します。相手に「私にとっては大したことないですよ、だから気にしないでください」というニュアンスで使います。

【例文】 A: I'm so sorry I lost your face mask.
B: **Never mind.** I can buy another one anytime.
A: あなたのマスクを紛失してしまって本当にごめんなさい。
B: 気にしないで。いつでも新しいの買えるから。

POINT Never mind.が単独で使用されるときは「気にするな、心配ご無用」の意味です。

『インターンシップ』 *The Internship* 2013

Chetty : In spite of your obvious and astonishing limitations… you never gave up on that dream. So… gentlemen and lady…

Graham : Whoa, whoa, hold on. Chetty, **no offense**, you're a glorified babysitter.

チェティー：明らかに驚くほどのハンディキャップがあるにもかかわらず……君達は夢を諦めなかった。では……みなさん……。

グラハム：おい、おい、待てよ。チェティー、悪気はないが、あんたはただの子守だ。

場面説明

インターンの研修の最終日、正社員になる優勝チームの発表の直前、中年二人が所属するチームライルが会場に滑り込んできて課題を提出しました。Googleのインターンの責任者のチェティー（アーシフ・マンドヴィ）は、フランチャイズになる可能性のあるピザ屋に目をつけたチームライルが優勝だと発表しようとします。しかし、インターン生のグラハム（マックス・ミンゲラ）が邪魔をします。

【ボキャブラリー】

in spite of「～にもかかわらず」、**obvious**「明らかな」、**astonishing**「驚くべき」、**limitation**「制限」、**give up**「諦める」、**whoa**「ちょっと」、**hold on**「待って」、**glorified**「見せかけの」

重要表現

No offense.
「悪気はない」

何か相手に対して失礼になりそうなことや意にそぐわないようなことを言う時に、前置きとして使います。「悪気はないんだ、気を悪くしないでね」の意味です。

【例文】 A: How about this dish I cooked?
B: **No offense**, but it is too salty.
A: 私が作ったこの料理どう？
B: 気を悪くしてほしくないんだけれど、しょっぱすぎるよ。

POINT スポーツで攻撃側をオフェンスと言うとおり、offenceは「攻撃」の意味です。No offence. は直訳すると「攻撃ではない」になり、「攻撃するつもりはない、悪気はない」の意味にります。

90 / 『サブリナ』 *Sabrina* 1995

Sabrina : And you're David.
David : I sure am. One of the lesser Larrabees.
Sabrina : Oh, in what way lesser?
David : Pretty much every way. But, please, **no pity.**

サブリナ　　：あなたはデイヴィッド。
デイヴィッド：そのとおり。ララビー家のみそっかす。
サブリナ　　：あら、どういう意味かしら？
デイヴィッド：あらゆる意味でさ。でもいいんだ。憐れみはご無用さ。

場面説明

パリから数年ぶりに帰国したサブリナ（ジュリア・オーモンド）は以前とまるで違って美しく洗練されています。そのため、デイヴィッド（グレッグ・キニア）は同乗させながらもサブリナに全く気がつきません。

【ボキャブラリー】
lesser「より劣ったほうの」

重要表現

No pity.
「憐れみはご無用」

pityは（弱い立場にある人の不幸や苦痛などに対する）哀れみ、同情、残念な気持ちを意味します。

【例文】 I've grown up. **No pity!**
僕は大人だよ。同情は無用！

POINT no pityは「情けをかけないで」というニュアンスです。

『リトル・ミス・サンシャイン』 *Little Miss Sunshine* 2006 / 91

Sheryl : Richard! I was told explicitly not to leave Frank by himself. No offence, Frank.

Frank : **None taken.**

シェリル ：リチャード！　フランクを1人にしないようにはっきり言われたの。怒らないで、フランク。

フランク ：怒ってないよ。

場面説明

シェリル（トニ・コレット）の兄のフランク（スティーヴ・カレル）は自殺未遂事件を起こして病院から退院したばかりで目が離せません。シェリルが夫のリチャード（グレッグ・キニア）にそのことを説明しています。

【ボキャブラリー】

explicitly「明白に」、**No offence.**「気を悪くしないでね」

重要表現

None taken.
「怒ってないよ」

No offense.「攻撃するつもりはないんだ」「悪意はないんだ」に対する応答の決まり文句です。

【例文】 A: No offence. I don't like sushi.
B: **None taken.**
A: 気を悪くしないでね。寿司は好きじゃないんです。
B: 大丈夫ですよ。

POINT No offence.（p.105）「攻撃するつもりはない」に対して「その攻撃を受け取ってないよ」つまり「大丈夫だよ」「気にしてないよ」という意味でNone taken.と言います。

92 / 『ホリデイ』 *The Holiday* 2006

Iris : Yes, hello.
Miles : It's Miles. Am I in trouble?
Iris : Oh, Miles. Hi.
Miles : What are you up to Christmas Eve?
Iris : **Not much.**

アイリス ：もしもし。
マイルズ ：マイルズだ。迷惑？
アイリス ：あら、マイルズ。こんにちは。
マイルズ ：クリスマスイヴの予定は？
アイリス ：別にないわ。

場面説明

アイリス（ケイト・ウィンスレット）にマイルズ（ジャック・ブラック）から電話がかかってきました。直前にアマンダ（キャメロン・ディアス）と兄のグレアム（ジュード・ロウ）とキャッチホンを使って3人で電話をしていたため、アイリスは混乱し、そっけない態度で電話に出てしまいます。

【ボキャブラリー】
be up to do「〜する予定である」

重要表現

Not much.
「あまりない」

相手の言うことに対して、「特にない」というときの表現です。Not really. とも言います。

【例文】 A: Hi, what's up?
B: **Not much.**
A: やあ、どうしてる？
B: 別に。

POINT Nothing much. も同義です。

『マネーボール』 *Moneyball* 2011

93

Billy : Okay, **straight up**. Garcia for Guthrie. No kicker.

Mark : No kicker?

Billy : **Straight up.**

ビリー ：よし。率直に言おう。単なるトレードだ。ガスリーとガルシアの。金はなし。

マーク ：金はなし？

ビリー ：そのとおり。

場面説明

ビリー（ブラッド・ピット）がインディアンスのGMマーク（リード・ダイアモンド）と金銭抜きの交換トレードを交渉している場面です。

【ボキャブラリー】

No kicker.「誰もお金で売られない」

重要表現

Straight up.
「正直に（言おう）」

口語表現で単独で使用され、「正直に」「本当に」「率直に」の意味です。

【例文】 **Straight up.** I want to go to bed.
正直に言う。もう寝たい。

POINT Straight with you.「正直に言う」=Be honest.も併せて覚えておきましょう。

94 『ベスト・フレンズ・ウェディング』
My Best Friend's Wedding 1997

George : Look, tell him you love him. **Bite the bullet.**

ジョージ ：いいかい、彼に愛を告白するんだ。勇気を出して。

場面説明

ジュリアン（ジュリア・ロバーツ）は元彼のマイケル（ダーモット・マローニー）に自分の素直な気持ちを打ち明けられません。ジュリアンの友人で仕事仲間のジョージ（ルパート・エヴェレット）が、そんな彼女にアドバイスをしています。

重要表現

Bite the bullet.
「やるしかない」

先延ばしにしたり、避けて通っていたことを、ついに「観念して行う」といった意味です。「やるしかない」というニュアンスです。

【例文】 A: What should I do about Lisa?
B: I think you have to **bite the bullet.** Call her now to break up with her.
A: You're right. Can I ask you to leave, at least?
A: リサはどうしたらいいんだろう？
B: やるしかないでしょう。今すぐ彼女に電話して別れるんだ。
A: そうだね。せめて帰ってくれないかな？

POINT Bite the bullet.の直訳は「弾丸を噛め」です。この言葉は、麻酔がなかった時代に患者が弾丸を歯に挟んで痛みをこらえたことが起源と言われますが、真相は不明です。

95

『ドリーム』 *Hidden Figures* 2016

Dorothy : Ladies, not one more peep about work.
Mary : **Deal me in.**

ドロシー : 仕事のことは一切口にしないで(一杯飲まない?)。
メアリー : 大賛成。

場面説明

職場におけるあからさまな黒人差別について愚痴っているメアリー(ジャネール・モネイ)に、ドロシー(オクタヴィア・スペンサー)がお酒の入った瓶を見せながら語りかけている場面です。

【ボキャブラリー】
peep「一言」

重要表現

Deal me in. 「私も混ぜて」	カードゲームのトランプから派生した表現です。dealには「カードを配る」の意味があり、直訳は「私にカードを配って」です。既に行われているゲームに途中参加したいとき、Deal me in.と表現します。

【例文】 I want to play. **Deal me in.**
私もやりたい。混ぜて。

POINT トランプに限らず、ゲームでもプロジェクトでも、自分も参加したいとき使用します。

96 / 『ジョイ・ラック・クラブ』 *The Joy Luck Club* 1993

Man : Come on, **do or die**. Right here. Come on, **do or die**. Come on!

男性 : さあ、こっちに、死ぬ覚悟でな。こっちだ。さあ、勝負だぞ。皆、こっちだ！

場面説明

大勢の老若男女が大広間に集まって、TVでアメフト観戦をしようとしています。

重要表現

Do or die.
「死ぬ覚悟でやれ」

do or dieは、何かを成功させるために「死ぬ気でやる」という意味で使われます。

【例文】 The final test is tomorrow. **Do or die.**
最終テストは明日。死ぬ覚悟でやれ。

POINT do-or-dieは形容詞として「生死を伴う」の意味です。

97

『はじまりのうた』 *Begin Again* 2013

Dan : I haven't signed anybody in seven years.
My label's completely lost all faith in me.
Gretta : So why did you give me your card?
Dan : **Force of habit.**

ダン ：7年間誰とも契約していない。レーベルの信頼は完全に失った。
グレタ：なぜ名刺を？
ダン ：癖だ。

場面説明

自分で作詞作曲した曲を歌っていたグレタ（キーラ・ナイトレイ）に、ダン（マーク・ラファロ）が「契約したい」と名刺を渡して声をかけました。しかしグレタは断ります。諦められないダンは会場の外でグレタにもう一度声をかけています。ダンは、実は音楽制作会社をクビになったばかりで、しかもしばらくヒット曲を出していないことも告げています。

【ボキャブラリー】
completely「完全に」、**lose faith in**「～への信頼を失う」

重要表現

Force of habit.
「癖だ」

直訳は「習慣の力」です。習慣とは何かを繰り返し行うことなので、繰り返しているうちに「癖」のように何も考えなくてもやってしまうことを表します。

【例文】 A: Why did you turn right at this corner? We should turn left to go to the bookstore.
B: This is my commuting route. **Force of habit.**
A: 何でこの角を右に曲がったの？ 本屋は左に曲がらないと。
B: 俺の通勤路なんだよ。癖だね。

POINT ダンが音楽制作会社をクビになっているのにグレタに名刺を渡すという行為から、習慣として行われたものであって深く考えていなかったというニュアンスが伝わる表現です。

98 / 『リトル・ミス・サンシャイン』 *Little Miss Sunshine* 2006

Edwin : I had second-degree burns on my johnson, I kid you not.

Frank : Really.

Edwin : **Forget about it.**

エドウィン：自分のアレに第2度の火傷を負わせてしまったようだった。冗談ではないぞ。

フランク：そうなんですか。

エドウィン：どうでもいいことだが。

場面説明

口汚い退役軍人のエドウィン（アラン・アーキン）は、息子の妻の兄で同居しているフランク（スティーヴ・カレル）に昔の女性関係について話をしています。

【ボキャブラリー】

second-degree burns「第2度の火傷」、**johnson**「ペニス」

重要表現

Forget about it.
「まあいいや」

自分にとって都合の悪いことを言われた時に「そんなの忘れてよ」という意味で使ったり、相手を慰めて「気にしないで」という意味で使ったりします。また、こちらの言ったことを相手が聞き取れず、聞き返された時に「別に何もないよ。今のは忘れて」という意味で使う場合もあります。

【例文】 A: What did you say?
B: Nothing in particular. **Forget about it.**
A: 何を言われましたか？
B: 別に何も。気にしないで。

POINT 相手から礼を言われた時に、You're welcome.「どういたしまして」の意味で使う場合もあります。「そんな大したことじゃないよ」というニュアンスです。

99

『素晴らしきかな、人生』 *Collateral Beauty* 2016

Whit : Listen, listen, listen. Seriously…I have to ask you to reconsider what you said last night. We need you one more time. Just give us one more scene.

Amy : **I am out.**

ホイット ：聞いてくれ、聞いて、聞いてくれ。マジで……。昨夜の発言を考え直してくれないか。もう一回だけ必要なんだ。もう1シーンだけでいい。

エイミー ：私は降りるわ。

場面説明

ハワード（ウィル・スミス）は会社経営者ですが、子供を亡くしたことから何もかも全て投げ出してしまっています。ハワードの同僚であり友人のホイット（エドワード・ノートン）は、会社の倒産を防ぐためにもハワードを立ち直らせなければと、3人の役者たちを雇いました。その役者の一人のエイミー（キーラ・ナイトレイ）はもう辞めると言い出しましたが、ホイットはそれを止めています。

【ボキャブラリー】
seriously「真面目に」、**reconsider**「考え直す」

重要表現

I am out.
「私はやめる」

何かの予定や計画を、「自分は抜ける」「自分はやらない」の意味になります。

【例文】 A: Do you wanna go drinking?
B: I'm too tired. **I am out.**
A: 飲みに行かない？
B: すごく疲れてるんだ。やめとくよ。

POINT I am in. (p.124)は「私もやる、私も参加する」の意味になります。

100 / 『バック・トゥ・ザ・フューチャー』
Back to the Future **1985**

Lorraine McFly : Marty, will we ever see you again?
Marty : I guarantee it.

ロレイン・マクフライ ：マーティ、また会えるの？
マーティ ：絶対だよ。

場面説明

マーティ（マイケル・J・フォックス）は過去に戻って両親の関係を救い、両親が結婚してマーティが生まれるという現実に戻すことができました。マーティとまだ若い頃の母のロレイン（リー・トンプソン）との別れのシーンです。マーティは年を取ったら未来で会えるので、「絶対だ」と口にしています。

重要表現

I guarantee it.
「絶対だよ」

guaranteeは、「保証する」という意味です。つまり、何かを絶対的に信頼して、それに耐えるというニュアンスがあります。

【例文】Go to Disneyland during a weekday and it will be less crowded. **I guarantee it.**
平日にディズニーランドに行けば、それほど混んでいない。確かだよ。

POINT I guarantee.も同じ意味で使われることが多いです。

101

『昼下りの情事』 *Love in the Afternoon* 1957

Flannagan : Is he jealous?
Ariane : Let me put it this way, if he knew I was here tonight…
Flannagan : But he doesn't.
Ariane : **I hope not.**

フラナガン：（君が同居している男は）嫉妬深い？
アリアーヌ：言い換えれば、もし私が今晩ここにいることを知ったら……
フラナガン：でも知らないさ。
アリアーヌ：知らないといいけど。

場面説明

翌日、ホテルの部屋に来るようにフラナガン（ゲーリー・クーパー）から言われ、アリアーヌ（オードリー・ヘップバーン）は当惑しています。

【ボキャブラリー】
jealous「嫉妬深い」、**Let me put it this way.**「言い方を換えると」

重要表現

I hope not.
「そうでないといい」

相手の言葉を受けて自分の希望を表現する短い相づち表現です。

【例文】 A: I'm afraid it might rain.
B: **I hope not.**
A: 雨が降りそうだね。
B: 降らないといいけど。

POINT I hope not.の反対で「そうだといいけど」はI hope so.（p.118）と言います。なおI don't hope so.とは言いません。

102 / 『クィーン』 *The Queen* 2006

Elizabeth : Congratulations!
Tony : Thank you, Ma'am.
Elizabeth : Your children must be very proud.
Tony : **I hope so.**

エリザベス：おめでとう！
トニー：ありがとうございます、陛下。
エリザベス：お子さんたちも誇りに思われているでしょう。
トニー：そうだといいですが。

場面説明

英国の新首相に就任したトニー・ブレア（マイケル・シーン）がエリザベス女王（ヘレン・ミレン）に就任の挨拶をするためバッキンガム宮殿を訪れ、謁見している場面です。

【ボキャブラリー】
Congratulations.「おめでとう」、**ma'am**「女王様、王女様」（王族の女性に対する呼びかけ）

重要表現

I hope so.
「そうだといいですが」

相手の発言を受けて自分の希望を表現する短い相づち。I hope it.とは言いません。

【例文】 A: Do you think you'll pass the final exam?
B: **I hope so.**
A: 期末試験に合格すると思いますか？
B: そうだといいですけど。

POINT 反対に「そうでないといい」はI hope not.（p.117）と言います。

『バリー・リンドン』 *Barry Lyndon* 1975

/ 103

Barry : If I meet him again, you will find out who is the best man. I'll fight him Captain as he is.

Nora : Oh, don't be so silly!

Barry : **I mean it.**

Nora : But Captain Quinn is already known as a valiant soldier.

バリー ：今度彼に会ったら、誰が一番の男かわかるさ。キャプテンの彼と闘う。

ノラ ：まあ、バカね！

バリー ：本気だ。

ノラ ：彼はすでに勇名をはせた軍人よ。

場面説明

ノラ（ゲイ・ハミルトン）は従兄弟のバリー（ライアン・オニール）が自分に惹かれているのを知り、思わせぶりな態度を取ります。やがて2人は恋人になりました。ある日、イギリス軍が2人の街に来ます。ノラはイギリス軍のジョン・クイン大尉（レオナルド・ロッシーター）に惹かれ、何度も一緒にダンスを踊ります。その帰り道、嫉妬心を隠せないバリーがノラと話しています。

【ボキャブラリー】

valiant「勇敢な、勇ましい」

重要表現

I mean it.
「本気だ」

meanは「意味する」という意味の動詞ですが、「本気で〜と言っている、本気である」の意味もあります。

【例文】 A: You are the best partner I've ever worked with.
B: Shut up. You're just joking.
A: **I mean it.** You're the best!
A: 君は私がこれまで一緒に仕事をしてきた中で最高のパートナーだ。
B: やめてよ。冗談でしょう？
A: 本気だよ。君は最高だよ！

POINT 何かを言った後に使われます。itは述べたことを示していて、「今言ったことは本気だ」という意味になります。

104 / 『ローマの休日』 *Roman Holiday* 1953

Ann : I was looking at all the people out here. It must be fun to live in a place like this.

Joe : Yeah, it has its moments. I can give you a running commentary on each apartment.

Ann : **I must go.**

アン : 外にいる人たちを眺めていたの。こういう場所で暮らすのって楽しいでしょうね。

ジョー : ああ、そういうとこもあるよ。それぞれのアパートについてざっと解説してあげようか。

アン : もう行かないと。

場面説明

アン王女（オードリー・ヘップバーン）はジョー（グレゴリー・ペック）のアパートの周りを眺め、普段見慣れない家庭的な風景を楽しんでいます。

【ボキャブラリー】

running commentary「実況中継」

重要表現

I must go.
「行かないと」

「おいとましないと」の意味です。I think I should be going now. と言い換えることができます。

【例文】 A: Why don't you have another cup of coffee?
B: **I must go.**
A: コーヒーをもう一杯如何ですか？
B: おいとましないといけません。

POINT 時間的制約があり急いでいるときに使用することが多い表現です。

105

『素晴らしきかな、人生』 *Collateral Beauty* 2016

Howard : **I promise you**, as long as I am here, your family will be cared for.

Simon : Thank you.

ハワード ：約束する。僕がいる限り、君の家族は面倒見る。

サイモン ：ありがとう。

場面説明

ハワード（ウィル・スミス）は子供を亡くした後仕事にも無関心になり、自身の会社を倒産させるか、買収されるかの選択を余儀なくされています。会社のために働いてくれたサイモン（マイケル・ペーニャ）が重い病気で余命が長くはないのを知っていたハワードは、社員の人生とその家族を守るために買収を決意します。

【ボキャブラリー】

as long as「～する限り」

重要表現

I promise you.
「断言するよ」

「約束するよ、断言するよ」と、自分が言ったことは嘘ではなく本当だ、と断言する際に使います。

【例文】 A: You haven't cleaned up yet.
B: **I promise you.** I'll do it right now.
A: まだ掃除やってないね。
B: 約束する。今からするよ。

POINT 口語で使われます。「本当だから信じてくれ」の意味があります。

106 / 『ジョイ・ラック・クラブ』 *The Joy Luck Club* 1993

Suyuan : Since your baby time... I wear this next to my heart. Now you wear next to yours. It will help you know. **I see you. I see you.**

スーユアン：お前が赤ん坊の頃から……肌身離さず付けていたの。今度はお前が付けて。きっとわかるわ。私にはわかるの。あなたのことがわかっているのよ。

場面説明

娘のジューン（ミンナ・ウェン）は、母親が自分に期待ばかりして全く理解してくれないという不満を持っていました。母親のスーユアン（キュウ・チン）が娘のジューンに、ずっとわかっている、と語っている場面です。

【ボキャブラリー】
wear「身に付けている」

重要表現

I see you.
「わかっている」

直訳すると「私にはあなたが見える」ですが、「君の言うことはわかるよ」の意味でも使用します。

【例文】**I see you.** But please listen to me.
君の言いたいことはわかるけど、僕の話も聞いてくれ。

POINT 相手の言動、立場、気持ちなどについて幅広い文脈で使用されます。

『マネーボール』 *Moneyball* 2011

107

Justice : Where on the field is the dollar I'm paying for soda?

Peter : It's hard to see exactly, but it's there, yeah.

Justice : Yeah, it's hard to see. **I'm done.**

ジャスティス：ソーダの小銭が野球の何になる？

ピーター：わかりにくいけど、何かになるんだよ。

ジャスティス：ああ、わかりにくいな。もういい。

場面説明

移籍してきた中心選手のジャスティス（スティーヴン・ビショップ）が、クラブハウスのソーダがなぜ1ドルかかるのかをピーター（ジョナ・ヒル）に尋ねている場面です。

【ボキャブラリー】

exactly「正確に」

重要表現

I'm done.
「もういい」

とても便利なフレーズで、食事などが「終わった」「準備ができた」、状況などに「飽きた、疲れた」「話はついた」、など場面によっていろいろな意味になります。

【例文】 A: What are you doing?
B: **I'm done.**
A: 何をしているの？
B: 終わったよ。

POINT I'm done. は「完了しました」「できました」「終わりました」という意味合いで、日常会話でもよく使われます。

108 / 『ステイ・フレンズ』 *Friends with Benefits* 2011

Dylan : **I'm in.**
Jamie : What?
Dylan : You sold me.
Jamie : Really?
Dylan : I'll take the job.
Jamie : Oh, my God!

ディラン ：いいよ。
ジェイミー：え？
ディラン ：君に負けたよ。
ジェイミー：本当？
ディラン ：受けるよ。
ジェイミー：やった！

場面説明

N.Y.を拠点に人材ヘッドハンティングをしているジェイミー（ミラ・クニス）は、L.A.で活躍する敏腕アート・デイレクターのディラン（ジャスティン・ティンバーレイク）を転職させることに成功します。

【ボキャブラリー】
sell「納得させる、説得する」

重要表現

I'm in.
「参加します」

話題になっていることに対して「私もまぜて」「参加するよ」「やります」「私も入れて」という意味で使われます。「自分も仲間に入る」というニュアンスです。

【例文】 A: We don't have enough members.
B: **I'm in!**
A: メンバーが足りないんだよね。
B: 私が入るよ！

POINT Count me in.も「私もまぜて」の意味になります。話題に上っていることに、自分も参加したいという意向を表明するときに使います。I'm out.（p.115）は「私はやめとく」という逆の意味です。

109

『悲しみよこんにちは』 *Bonjour Tristesse* 1958

Cecile　: You're terribly serious, aren't you?
Philippe : Yes, **I am serious.**

セシル　　：あなたって本当に真面目なのね？
フィリップ：そうだよ。

場面説明

自宅近くの海岸で横転したボートに乗っていたフィリップ（ジェフリー・ホーン）を助けるため海に飛び込んだセシル（ジーン・セバーグ）は、彼がロースクールの休暇中のひと夏をここで過ごしていることを知ります。

【ボキャブラリー】
terribly「非常に」

重要表現

I'm serious.
「マジだよ」

直訳すると「私は本気です」の意味ですが、文脈によってニュアンスが変わります。

【例文】 I always tell my students that—and **I'm serious!**
私はいつも学生たちに言っています—しかも本気で!

POINT 自分の言動が「本気」であることを相手に理解させるために使用します。

110 / 『恋は突然に。』 *Catch & Release* 2006

Fritz　: I'm... I'm starving.

フリッツ　：僕は……あの……お腹空いたよ。

場面説明

釣りから戻ってきた夜中、ベッドの中でグレイ（ジェニファー・ガーナー）にフリッツ（ティモシー・オルファント）が言います。もっと深刻なことを言い出す雰囲気の中でのひとことです。その後、二人は笑い出します。

重要表現

I'm starving. 「腹が減った」	直訳すると「私は飢えている」ですが、I'm hungry.「お腹がペコペコ」と同じ意味でよく使用されます。

【例文】**I'm starving.** Is it pizza time yet?
腹ペコだよ。まだピザの時間じゃないの？

POINT　I'm starved.も同じ意味ですが、I'm starving.のほうがよく使われます。

『幸せのレシピ』 *No Reservations* **2007**

111

Paula : Kate, the Petersons are here. They wanna tell you how brilliant you are.
Kate : Brilliant chefs belong in the kitchen.
Paula : At least say hello. You know they're some of my best customers.
Kate : **In a minute.**

ポーラ ：ケイト、ピーターソン様がお呼びよ。どれだけ素晴らしいか伝えたいって。
ケイト ：素晴らしいシェフは手が離せないの。
ポーラ ：顔だけ見せて。お得意様よ。
ケイト ：今行く。

場面説明

ケイト(キャサリン・ゼタ＝ジョーンズ)はマンハッタンのレストランで料理長を務めています。オーナーであるポーラ（パトリシア・クラークソン）がケイトに話しかけています。人とのコミュニケーションが苦手なケイトは、直接お客様と話すことにあまり乗り気ではありません。

【ボキャブラリー】
brilliant「素晴らしい、見事な」、**chef**「シェフ」、**belong in**「〜に属する」、**at least**「少なくても」

重要表現

In a minute.
「すぐに」

この表現のinは「〜後」の意味です。また、a minuteは「1分」という意味のほかに、「短い時間、ちょっとの間、瞬間」という意味もあります。この表現では1分という本当の時間の長さではなく、「少しの時間」を意味しています。

【例文】 A: Can you do me a favor?
B: **In a minute.**
A: お願いがあるんだけど。
B: 今行く。

POINT In just a minute.やVery soon.も同じ意味で使われます。

112 / 『昼下りの情事』 *Love in the Afternoon* 1957

Flannagan : Tell me... do you remember the first man in your life?

Ariane : **Let me see**... It's all a little blurry. I'm... Must have had too much of this domestic champagne.

フラナガン：人生で最初の男性のことを覚えているか……教えてくれよ。

アリアーヌ：さあどうかしら……、はっきりしないわね。私……シャンパンを飲み過ぎたみたい。

場面説明

男女の関係について経験の乏しいアリアーヌ（オードリー・ヘップバーン）が、経験豊富なフラナガン（ゲーリー・クーパー）に話を合わせようとしています。

【ボキャブラリー】

blurry「ぼやけている」、**domestic**「国産の」

重要表現

Let me see.
「さてと」

「ええと」「どれどれ」「そうね」のような繋ぎの表現です。話す前に考える時間が欲しいことを相手に伝える表現です。考えるときに沈黙にならないよう、会話の間をつなぐ役割を担っています。特に人が思案しているときや何かを思い出そうとしているとき、次に言う言葉を熟慮しているときに使うことが多くあります。

【例文】**Let me see.** OK, I will make it.
そうね。わかった、都合をつけるわ。

POINT 会話では通常、Let me see.の後に少し間をあけます。同じ使い方をする表現にLet me think.やLet's see.があります。

『シェフ 三ツ星フードトラック始めました』
Chef 2014

113

Carl : Where's Tony?

Martin : Tony and I were out late last night. But don't worry, he's gonna be here.

Carl : You got this?

Martin : Yes. He's not gonna flake. **Neither am I.**

カール ：トニーはどこだ？

マーティン：トニーと僕は昨晩飲みに行きました。でもご心配なく。まもなく出勤します。

カール ：大丈夫か？

マーティン：はい、彼はいい加減な男じゃありません。僕もですが。

場面説明

シェフのカール（ジョン・ファヴロー）は部下のシェフのトニー（ボビー・カナヴェイル）が厨房にいないことに気づきます。カールが、親友でありもう一人の部下のシェフ、マーティン（ジョン・レグイザモ）にトニーのことを尋ねている場面です。

【ボキャブラリー】
flake「信用できない人物」

重要表現

Neither am I.
「私もそうではありません」

否定を表す意見に対して「私もそうではありません」と、同意する応答です。同意する文章がbe動詞を使っている場合はNeither am I.となり、一般動詞を使っている場合はNeither do I.「私もそうしません」となります。

【例文】 A: I'm not a vegetarian.
B: **Neither am I.**
A: 私は菜食主義者ではありません。
B: 私もです。

POINT I'm not either.と言うこともできます。

114 / 『マイ・インターン』 *The Intern* 2015

Ben : On my way, boss.
Becky : Hmm. Boss.

ベン : 今行きます、ボス。
ベッキー : ボスですって。

場面説明

ベン（ロバート・デ・ニーロ）はジュールズ（アン・ハサウェイ）がCEOを務める会社のシニア・インターンです。ベッキー（クリスティーナ・シェラー）はジュールズの秘書なので、ベンはベッキーをボスと呼びました。

重要表現

On my way.
「今行きます」

I'm on my way.の省略形です。onには「動作の途中」のニュアンスがあります。直訳すると「私は今向かっている最中です」となり、「すぐに行きます」の意味で使うことができます。

【例文】 A: Where are you? I'm in front of the restaurant.
B: **On my way.**
A: どこにいるの？ 私レストランの前にいるんだけど。
B: 今向かってるよ。

POINT On my way to ～. で「～に行く途中です」の意味になります。ただし、「家に帰る途中です」はOn my way home.となりtoは不要です。

『ミス・シェパードをお手本に』
The Lady in the Van 2015

/ 115

Mrs. Williams : I don't even know your name.
Miss Shepherd : It's Miss Shepherd. But I wouldn't want it bandied about. I'm in an incognito position, possibly.
Mrs. Williams : **Safe with me.**

ウィリアムズ夫人 ：あなたのお名前は存じ上げないけど。
ミス・シェパード ：ミス・シェパードよ。でも名前は言いふらさないで。できるだけ匿名でいたいから。
ウィリアムズ夫人 ：誰にも言わないわ。

場面説明

ウィリアムズ夫人（フランシス・デ・ラ・トゥーア）は、路上駐車のバンの中で生活する老婆のミス・シェパード（マギー・スミス）と初めて言葉を交わします。

【ボキャブラリー】
bandy「不用意に使う」、**incognito**「匿名の」

重要表現

Safe with me.
「秘密は守る」

Your secret is safe with me.の省略形です。be safe with ～は「～に任せて安心だ」なので「あなたの秘密は私に任せて安心です」の意味になります。つまり、「あなたの秘密は誰にも言わない、秘密は漏らさない」という意味の口語表現です。

【例文】 Don't worry. Your secret is **safe with me.**
心配しないで。誰にも話さないから。

POINT My lips are sealed.「誰にも言わないよ」も同様の意味です。

116 / 『バック・トゥ・ザ・フューチャー』
Back to the Future 1985

Marty : You know, Doc, you left your equipment on all week.

Doc : My equipment? **That reminds me**, Marty. You better not hook up to the amplifier.

マーティ ：あのさ、ドク、今週はずっと機材をつけっぱなしだったでしょ。

ドク ：機材？　そういえば、マーティ。アンプに接続しないほうがいいぞ。

場面説明

マーティ（マイケル・J・フォックス）はドク（クリストファー・ロイド）の留守中、彼の機材で遊んでいます。ドクはマーティに頼みごとをするために電話をかけてきました。

【ボキャブラリー】
leave on「つけっぱなし」、**hook up**「繋がる」

重要表現

That reminds me.
「それで思い出した」

何かのきっかけで大事なことを思い出した際に使えるフレーズです。

【例文】 Oh, **that reminds me.** Your mother called this morning and wanted you to call her back. Sorry, I totally forgot to tell you.
ああ、そういえばそうだった。今朝、お母さんから電話があって、折り返し電話するように言われたんだ。ごめん、言うのすっかり忘れてた。

POINT 「そう言えば」のように軽く使うことができます。

117

『シェフ 三ツ星フードトラック始めました』
Chef 2014

Marvin : **Truth be told**, food trucks are a good idea. You know what I mean?

Carl : I think we take it back to something simple. Let me see if I got something to say anymore. I don't even know.

Marvin : It's no problem.

Carl : I'll pay you back.

マーヴィン：実を言うと、キッチンカーはいいアイデアだ。わかるか？
カール　　：シンプルに考えよう。もっと言うことがないか考えさせてくれ。全く知らないし。
マーヴィン：金の心配はいらない。
カール　　：金は返す。

場面説明

カール（ジョン・ファヴロー）が前妻の最初の夫であるマーヴィン（ロバート・ジョン・ダウニー・ジュニア）の会社を訪問しています。フードトラックはよいビジネスであると言われている場面です。

【ボキャブラリー】
anymore「もはや」

重要表現

Truth be told.
「正直に言うと」

If truth be told.のifが省略された表現です。「実を言うと」「真実を明かすと」「率直に言って」の意味で使われます。

【例文】**Truth be told.** You cannot pass the bar exam.
率直に言おう。君は司法試験に合格できない。

POINT 同じタイトルのTVドラマが米国で配信されています。2022年11月現在、日本では『真相 —Truth Be Told』という題名でApple TV+で配信されていました。

118 / 『メイド・イン・マンハッタン』 *Maid in Manhattan* 2002

Marisa : Marisa Ventura. Housekeeping.
Chris : Chris Marshall. Candidate for Senate. I'd appreciate your vote.
Marisa : **We'll see.**

マリサ : マリサ・ベンチュラ。メイドです。
クリス : クリス・マーシャル。上院議員候補です。一票いただければ幸いです。
マリッサ : 考えてみます。

場面説明

マリサ（ジェニファー・ロペス）とクリス（レイフ・ファインズ）が報道陣から追いかけられています。報道陣をシャットアウトするため、ホテルの従業員休憩室に入りドアにロックをしました。ドア越しから報道陣からの質問が聞こえる中、マリサとクリスはわざとらしく自己紹介をしてお互いの愛情を確かめ合っています。

【ボキャブラリー】
candidate「候補者」、**Senate**「（米国の）上院」、**appreciate**「感謝する」、**vote**「投票」

重要表現

We'll see.
「考えてみます」

「考えてみます」「じきにわかるよ」「なるようになるさ」など様々な意味になります。YesでもNoでもない、答えを曖昧にしたいときに使用します。

【例文】 A: I'm so sorry, I won't cheat on you again.
B: **We'll see.**
A: 本当にごめん。二度と浮気はしないから。
B: さあどうかしら。

POINT We'll see.は「今のところ、私にもあなたにもわからないけれど、その時がくれば、私にもあなたにもわかるだろう」という意味合いで、「いずれわかるよ」という意味になります。

第 6 章

要求・提案

119 / 『赤ちゃんはトップレディがお好き』 *Baby Boom* 1987

J.C. : I need the P and L's on Atlantic Overseas. I also need the latest ZBB's and PBB's, and Robin, I want you to get me the CEO of IBC, ASAP.

J.C. : アトランティックオーバーシーズの損益計算書をお願い。最新のZBBとPBBもね。ロビン、IBCの最高経営責任者を見つけて、大至急ね。

場面説明

やり手の経営コンサルタントであるJ.C.（ダイアン・キートン）が慌ただしく部下に仕事の指示をしている場面です。

【ボキャブラリー】

P and L「=profit and loss 損益（計算書）」、**ZBB**「=zero-based budgeting ゼロベース予算（予算をゼロから検討すること）」、**PBB**「=performance-based budgeting（業績評価に基づく予算編成）」

重要表現

ASAP.
「出来るだけ早く」

As soon as possible.の省略で、「できるだけ早く」の意味です。

【例文】 A: How soon do you need the new schedule?
B: **ASAP.**
A: I'm on it!
A: 新しいスケジュールはどのくらいで必要ですか？
B: 大至急です。
A: 任せてください！

POINT メールやチャットなどでも一般的によく使われます。asapと小文字で表したりA.S.A.P.とドットをつける場合もあります。読み方は「エイ・エス・エイ・ピー」「エイサップ」「アサップ」とも発音されます。

120

『アルマゲドン』 *Armageddon* 1998

A.J. : Harry! Hey, just cool down. What are you doing? Harry, stop! Cut it out. All right, now, listen. **Man-to-man.** I'm serious. I love her.

Harry : Way wrong answer.

A.J. ：ハリー！ おい、ちょっと落ち着けよ。何してるんだ？ ハリー、やめろ！ やめろよ。いいか、よく聞け。率直に言うぞ。俺は本気だ。彼女を愛してるんだ。

ハリー ：間違った答えだ。

場面説明

ハリー（ブルース・ウィリス）はA.J.（ベン・アフレック）が娘と一緒にいることが気に食わず、銃を持ってA.J.を追い回しています。ハリーに追い詰められたA.J.は、ハリーの善良な性格に訴えかけようとしています。

【ボキャブラリー】

Cool down.「落ち着いて」、**Cut it out.**「止めろ」、**way**「とても」

重要表現

Man-to-man.
「率直に言う」

地位やその他の事情を差し置いた状況を意味します。相手の感情に訴えかけようとするニュアンスがあります。

【例文】 A: I need to sit down with my roommate and have a **man-to-man** talk about cleaning.
B: What if he refuses to do any cleaning?
A: I may ask him to move out.
A: ルームメイトと掃除について直接の話し合いが必要だな。
B: もし彼が掃除を拒否したらどうする？
A: 退去してもらうかもしれないね。

POINT man-to-man talkという表現は、何か重大なことについて率直に話し合うことを意味し、相手に理性的であることを求めています。

121 / 『ローマの休日』 *Roman Holiday* 1953

Joe : **Say**… Come with me.

(Joe takes Ann to a certain place.)

Joe : The Mouth of Truth. The legend is that if you're given to lying and put your hand in there, it'll be bitten off.

Ann : Oh, what a horrid idea.

Joe : Let's see you do it.

ジョー ：そうだ……。ついておいで。

（ジョーはアンをある場所に連れて行く）

ジョー ："真実の口"だ。言い伝えではウソつきがここに手を入れると食いちぎられる。

アン ：恐ろしいわね。

ジョー ：試してみて。

場面説明

ジョー（グレゴリー・ペック）はサンタ・マリア教会の近くにいることに気がつき、ある考えを思いつきます。彼はアン王女（オードリー・ヘップバーン）の腕をとり、話しかけます。

【ボキャブラリー】

The Mouth of Truth「真実の口（イタリア、ローマにある石の彫刻）」、**bitten**「bite（噛む）の過去分詞」、**horrid**「恐ろしい」

重要表現

Say.
「そうだな」

Say.は「さあ」「そうだ」などを意味する間投詞です。

【例文】 A: How many pizzas do you think we need for the party?
B: **Say,** five. We can always order more if we need to.
A: パーティーに必要なピザは何枚かな？
B: そうだな、5枚でいいよ。必要ならいつでも追加注文できるよ。

POINT 例文のようにsayがカンマで挟まれていたらfor exampleの意味で使用されることが多いようです。

『マイ・インターン』 *The Intern* 2015

122

Cameron : Let's just take a look at the list. Explore it, then decide. **Baby steps.**

キャメロン：まずはリストを見てみて。調べて、それから決めればいい。少しずつやればいいんだよ。

場面説明

ジュールズ（アン・ハサウェイ）はファッションサイトの運営会社のCEOです。同僚のキャメロン（アンドリュー・ラネルズ）が、急成長する会社の状況を鑑み、外部から役員を入れるべきだと助言している場面です。涙を流すジュールズに優しく伝えています。

【ボキャブラリー】

explore「調査する」、**decide**「決める」

重要表現

Baby steps.
「少しずつやればいいんだよ」

babyは「赤ちゃん」、step「歩み」のとおり、赤ちゃんの歩みのように「ゆっくりと少しずつ」を意味します。

【例文】 A: This is too hard for me!
B: **Baby steps.**
A: こんなの私には難しすぎるわ！
B: 少しずつでいいんだよ。

POINT 何か困難を感じている人に対して使うことができます。「大丈夫だよ」「安心して」「ゆっくりいこう」という励ましのニュアンスがあります。

123 / 『マネーボール』 *Moneyball* 2011

Billy : We're losing Giambi, Damon, Isringhausen. **Done deal.** We're in trouble.

Steve : You'll find new guys.

ビリー : ジアンビー、デイモン、イズリングハウゼンを失う。移籍は決定です。困っています。

スティーブ : 新しい選手を探せばいいさ。

場面説明

ビリー（プラッド・ピット）は主力選手が抜けたままでは来期は戦えないことを球団オーナーのスティーブ（ボビー・コティック）に話します。しかしスティーブはつれない返事をします。

【ボキャブラリー】

be in trouble「苦難におちいっている」

重要表現

Done deal. 「既に決まったことだ」	It's a done deal.のIt's a が省略されています。「完了した取引」「すでに決まったこと」「既成事実」といった意味です。

【例文】 A: Could you reconsider this issue?
B: **Done deal.**
A: 本件について再考いただけますか？
B: もう済んだ話だ。

POINT 物事がうまくいっていて、「それはもう決まったも同然だ」と自信を覗かせたり、あるいは、「それはもう決まってしまったことなので仕方がない」と説明する時などに使います。

124

『アルマゲドン』 *Armageddon* 1998

Rockhound : I swear to God, she never told me her age.
Harry : It's all right. Relax. It's about me.
Rockhound : Oh. **Forget it!**

ロックハウンド ：神に誓って、彼女はオレに年齢を言ってない。
ハリー ：大丈夫だ。落ちつけ。僕のことだ。
ロックハウンド ：ああ、今のは忘れてくれ！

場面説明

ハリー（ブルース・ウィリス）が働いている石油採掘場に軍人がやってきました。ロックハウンド（スティーヴ・ブシェミ）は、ハリーの娘のグレース（リヴ・タイラー）との関係について探りに来たと勘違いしています。しかしそうではないと知ったロックハウンドは、ハリーに今自分が話したことは忘れるように頼んでいます。

【ボキャブラリー】
I swear to God.「神に誓って、絶対に」

重要表現

Forget it.
「忘れてくれ」

あまりに些細なことに対して「そんなことは忘れてもいい」というニュアンスがあります。

【例文】 A: I'm sorry. I wasn't listening. What did you just say?
B: **Forget it.** I'll talk to you later.
A: 申し訳ありません。聞いてませんでした。今なんて言ったんですか？
B: 気にしないで。後で話すよ。

POINT 強気でぶっきらぼうな印象を与えてしまうので、友人や親しい知人にだけ使うべき表現です。

125 / 『めぐり逢い』 *An Affair to Remember* 1957

Grandmother : He is very talented.
Terry : **Forgive me.** You see, I had no means of knowing.

祖母　：彼（ニッキー）は画才があるのよ。
テリー　：すみません。（彼が絵を描くことを）存じ上げなかったので。

場面説明

テリー（デボラ・カー）がニッキー（ケーリー・グラント）の描いた絵の素晴らしさに驚いています。その様子を見たニッキーの祖母ジャノウ（キャスリーン・ネスビット）が、ニッキーについて説明している場面です。

【ボキャブラリー】
talented「才能のある」、**you see**「ご承知のとおり、だって〜ですから」

重要表現

Forgive me.
「お許しください」

「お許しください」という意味で、自分の行為や無知などについて相手に許しを乞うというニュアンスです。

【例文】**Forgive me**, but I don't want to live with you.
申し訳ないけど、もうあなたと一緒に生活したくありません。

POINT I'm sorry. より重く謝罪の気持ちを伝えるニュアンスです。

『パディントン』 *Paddington* **2014**

126

Paddington : Mrs. Bird, you saved me.
(Paddington jumped to hug Mrs. Bird.)
Mrs. Bird : Oh!
Jonathan : Paddington!
Mrs. Bird : **Go easy.** I have a dreadful headache.

パディントン ：バードさん、命の恩人です！
（パディントンはバード夫人に抱きつきました。）
バード夫人 ：あら！
ジョナサン ：パディントン！
バード夫人 ：やめとくれ。ひどい頭痛がするよ。

場面説明

パディントンはミリセント（ニコール・キッドマン）から捕まり銃で撃たれそうになりますが、家政婦のバード夫人（ジュリー・ウォルターズ）に助けられます。パディントンが嬉しくてバード夫人に抱きついている場面です。バード夫人は警護員にお酒を飲ませ、警護員が眠っている間に助けに来たので自身も酔っぱらっており、2日酔い状態です。

【ボキャブラリー】
save「守る」、**dreadful**「ものすごい、ひどい」、**headache**「頭痛」

重要表現

Go easy.
「手加減してね」

相手に対して、自分のことを批判したり罰を与えたりしないで「優しくしてね」「ほどほどにしてね」「手加減してね」の意味で使うことができます。

【例文】 A: Let's play shogi.
B: **Go easy.**
A: 将棋やろうよ。
B: 手加減してくれよ。

POINT easyには「簡単な」の意味だけでなく、「寛大な、厳しくない」の意味もあります。go easy on～で「～をほどほどにする」の意味になります。

127 / 『はじまりのうた』 *Begin Again* 2013

Gretta : I'm being fucking horrendous right now, which is exactly why I need to, um… I need to go home.

Steve : That's exactly why you need to come with me. Come on. **I insist.**

Gretta : Uh…

Steve : Pick that up and come with me. You're coming. I'm not leaving you here.

グレタ　：私は今、とてもひどい状態なの。だから、うーん……家に帰りたいの。

スティーブ：だからこそ一緒に来てほしいんだ。さあ。頼むから。

グレタ　：んー……。

スティーブ：バック持って、一緒に来るんだ。君を置いていけないよ。

場面説明

グレタ（キーラ・ナイトレイ）は恋人とニューヨークに来ていましたが、恋人に裏切られます。失恋で傷心のグレタは友人スティーブ（ジェームズ・コーデン）のところに身を寄せています。スティーブは失恋で傷心のグレタをライブに誘っています。

【ボキャブラリー】

horrendous「恐ろしい、ものすごい、ゾッとさせる」

重要表現

I insist.
「是非とも、どうしても、頼むから」

相手が反対していたとしても、絶対にしてほしいと懇願する時に使います。「是非、どうしても」の意味です。

【例文】 Don't cry here! **I insist.**
ここで泣かないで！　頼むから。

POINT 「あなたがどうしてもと言うのなら、お言葉に甘えて」という意味は、If you insist.になります。

『ビリーブ　未来への大逆転』
On the Basis of Sex **2018**

Martin : Tom Maller is barely evolved. He started walking upright last week.

Ruth : You always do that. You act like it doesn't matter. But all the little brush-offs, the dismissive pats on the head… **It matters,** Marty.

マーティン：トム・マラーは頭が古い。先週から歩き始めた原始人だ。

ルース　：あなたはいつもそう。どうでもいいみたいに。ちょっとした無視をされたり、軽蔑的に頭をなでられたり……。見過ごせないわ、マーティ。

場面説明

ルース（フェリシティ・ジョーンズ）は夫であり弁護士であるマーティン（アーミー・ハマー）の会社のパーティーに同伴します。マーティンのボスのトム（ジョン・ラルストン）はルースの意見を聞き流し、女性を軽視した言葉を言いました。パーティー帰りのルースとマーティンの会話です。

【ボキャブラリー】
barely「ほとんどない」、**be evolved**「進化する」、**upright**「真っ直ぐ立った、直立した」、**act**「行動する」、**It doesn't matter.**「そんなの問題じゃない」、**brush-off**「無視、拒絶」、**the dismissive**「軽蔑的な」、**pat**「軽くたたくこと」

重要表現

It matters.
「重要なことだ」

matterは名詞としては「問題」の意味がありますが、ここでは動詞「問題となる、重要である」の意味で使われています。

【例文】 A: **It matters!**
B: What matters?
A: 問題だわ！
B: 何が問題なんだ？

POINT この場面では、It doesn't matter.も使われています。「そんなの問題じゃない、重要じゃない」を表す表現です。

129 / 『バッド・ティーチャー』 *Bad Teacher* 2011

Garrett : Sweat shirt was my dad's. That's all he left me... When he left.

Elizabeth : There's a reason he didn't pack it. **Just saying.**

ガレット ：スエットシャツはお父さんのもの。去っていったとき僕に残した全てさ。

エリザベス：ダサイから置いていっただけ、とか。

場面説明

同級生の女の子に恋をしているガレット（マシュー・エバンス）に対して、服がダサイから振り向いてもらえるはずがないと、エリザベス（キャメロン・ディアス）は教師にあるまじき発言をしています。

【ボキャブラリー】

pack「（かばんなどに）～を詰める」

重要表現

Just saying.
「私の言いたいことはそういうこと」

直訳すると「私はただ言っているだけです」ですが「私の言いたいことはそういうこと」という意味です。他の人はどう思っているかはわからないけど、あくまでも私の意見を述べてるだけですよ、というニュアンスです。

【例文】 You've not taken me to that sushi restaurant. **Just saying.**
あの寿司店に連れていってくれてないよね。ちょっと言ってみただけだけど。

POINT 不平不満とまではいかなくても、どこか含みのある発言です。

130

『ソウルフル・ワールド』 *Soul* 2020

Joe : These weirdos are going to help me get back?

22 : **Just wait.**

ジョー : この変な人たちは、私が戻るのを手伝ってくれるの？
22番 : いいから待て。

場面説明

マンホールに落ちてソウル（魂）の世界に来てしまったジョーは地球への帰還を目指し、あらゆる手を尽くしています。ソウルの世界に住んでいる22番がジョーを助けてくれそうな人たちを紹介しようとしています。

【ボキャブラリー】
weirdo「変なやつ」

重要表現

Just wait.
「見てて」

誰かがその結果に驚いたりすることをわかっている状況で使います。Just wait to see the surprising thing that happens. の省略形です。

【例文】 A: Is that it? The end of the fireworks show was short.
B: **Just wait.**
A: Oh, wow! It's amazing!
A: それですか？ 花火大会の最後は短かったね。
B: 見ててね。
A: おお、すごい！ すごいね！

POINT びっくりするような展開になるのがわかっているので、相手に覚悟を決めて待ってて、というニュアンスが含まれます。Hold on.（p.082）と同じ意味で使うことができます。

131 / 『幸せのレシピ』 *No Reservations* 2007

Christine : What are you doing? Reading a recipe, right?

Kate : Christine, don't be ridiculous. I do have other interests.

Christine : Of course you do. **Name one.**

クリスティーン：何してたの？ レシピでも読んでた？
ケイト：クリスティーン、失礼ね。他の趣味もあるわよ。
クリスティーン：そうね。例えば何？

場面説明

ケイト（キャサリン・ゼタ＝ジョーンズ）はマンハッタンのレストランで料理長を務めています。ある時、姉のクリスティーン（アリヤ・バレイキス）と姪のゾーイ（アビゲイル・ブレスリン）が遊びに来ることになりました。クリスティーンが車で向かっている最中、ケイトに電話しています。

【ボキャブラリー】
recipe「（料理などの）レシピ、作り方」、**Don't be ridiculous.**「ばかなこと言わないで、ふざけないで」

重要表現

Name one.
「ひとつ挙げてみて」

「例えば何かひとつ挙げてみて」のように、相手に具体例を促す表現です。

【例文】 A: What thing comes to your mind when you hear summer?
B: Umm. How about you? **Name one.**
A: 夏といえば何を思い出す？
B: んー。君はどう？ ひとつ挙げてみて。

POINT 動詞のnameには「名付ける」のほかに、「名前を挙げる、明示する」の意味があります。今回の表現は後者の意味で使われています。

『マネーボール』 *Moneyball* 2011

132

Mark : What else you thinking?
Billy : Outfielders.
Mark : To replace Damon?
Billy : Yeah.
Mark : In your price range? **No disrespect.**

マーク : 他には？
ビリー : 外野手が欲しい。
マーク : デイモンの後釜かな？
ビリー : そうだ。
マーク : 君の予算で？ 怒るなよ。

場面説明

ビリー（ブラッド・ピット）は有望な選手を何とも安く譲ってほしいとインディアンスのGMマーク（リード・ダイアモンド）と交渉している場面です。

【ボキャブラリー】
outfielders「外野手」、**price range**「価格帯」

重要表現

No disrespect.
「失礼なことを言いたくはないのですが」

「失礼を承知で申し上げる」「無礼だと思われるかもしれないが」の意味です。I mean no disrespect.の主語と動詞が省略されています。

【例文】 A: We need to present a good image for our customers, so would you try dressing better in the future?
B: I already dress better than most of the people at this company including you. **No disrespect.**
A: 私たちはお客様に良い印象を与える必要があります。今後もっと良い服装を心がけていただけませんか？
B: 私はすでに、あなたを含む、この会社のほとんどの人たちよりもすでに良い服を着ています。失礼なことを言いたくはないのですが。

POINT No disrespect intended, but ～「無礼・失礼なことを申し上げるつもりはありませんが～」という表現も覚えておきましょう。

133 / 『ラ・ラ・ランド』 *La La Land* 2016

Mia : Hi… Iced coffee, please.
New Manager : **On us.**
Mia : No, no, that's fine.

ミア ：こんにちは……。アイスコーヒーをお願いします。
新しいマネージャー ：お店からです。
ミア ：いえ、ダメです、気にしなくていいです。

場面説明

ミア（エマ・ストーン）は女優のオーディションを受けながらカフェでアルバイトをしていました。その後大女優として成功したミアが、そのカフェにお客として訪れました。お店のマネージャーが、有名女優のミアにコーヒーをおごろうとしています。

重要表現

On us.
「我々からのおごりです」

It's on me.「私のおごりだよ」は決まり文句です。meをusに変えることで「お店からのおごり」の意味になります。

【例文】 A: This is our new menu item. **On us.**
B: Thank you!
A: 当店の新メニューです。サービスです。
B: ありがとう！

POINT It's on the house.も「店のおごり」の意味になります。It's on me.と同じ意味の表現に、My treat.（p.102）「私のおごりです」もあります。

『恋は突然に。』 *Catch & Release* 2006

134

Sam : Like he wasn't going to tell you? I mean, I bet you he was just waiting to, like, rock you with a big surprise. Because that was Grady's style. He never did something small. It was just, plow! And, suddenly, he would want to find a way to just spring it on you. You know? Like… On your wedding night.

Gray : You think so?

Sam : Oh, God, yes! **Picture this.** You guys are on the honeymoon. Okay?

サム ：彼は君に何も言わなかったのかい？　きっと君を驚かせようとしていたんだ。それがグラディ流さ。あいつは小さなことはしない。ちょっとした仕掛けだな！ そして突然、君が跳び上がる方法を見つけようとする。……結婚式の夜とか。

グレイ ：そう思う？

サム ：ああ、思うよ！ 想像してごらん。君たちが新婚旅行中だ。いいかい？

場面説明

グレイ（ジェニファー・ガーナー）は、他界した元恋人グラディが巨額の預金を有していたことを全く知りませんでした。グラディの友人サム（ケビン・スミス）はその理由について推論し、グレイに説明している場面です。

【ボキャブラリー】
rock「感動させる」、**plow**「急な展開」

重要表現

Picture this. 「想像してごらん」 | Imagine this. と同義です。

【例文】**Picture this.** You are a super star.
想像してごらん。君はスーパースターだ。

POINT この映画の原題“Catch and Release”の意味は、釣り上げた魚を再び水に戻してやることです。結果より経過を尊重するスポーツフィッシングの象徴的な行為です。

135 / 『ソウルフル・ワールド』 *Soul* 2020

Dez : You keeping that cat on your lap?
Joe : Is it OK that I do that?
Dez : **Suit yourself.** You're the boss.

デズ : その猫を膝の上にのせたままかい？
ジョー : のせたままでもいいかな？
デズ : どうぞご自由に。君に従うよ。

場面説明

ジョーとソウル（魂）の22番は地球で体が入れ替わってしまいました。猫の体になってしまったジョーはジャズクラブで演奏する準備として、自分の体になった22番の助けを借りて床屋のデズから髪を切ってもらうことにします。

【ボキャブラリー】
You're the boss.「（あなたがボスなので）あなたに従います」

重要表現

Suit yourself.
「どうぞご自由に」

このsuitには「好きなようにする、好きなように適合させる」の意味があります。「自分で好きなようにしてください」という冷たいニュアンスの表現になります。

【例文】 A: Sorry, I don't feel like going out tonight.
B: **Suit yourself.** But Samantha will be there too, you know?
A: Really? OK, maybe I can go for a short time.
A: ごめん、今夜は出かける気分じゃないんだ。
B: ご自由にどうぞ。でも、サマンサも来るんだよ？
A: そうなの？ OK、ちょっとだけなら行けるかも。

POINT 「好きにしたら、勝手にどうぞ」というような少し冷たい言い方なので、友人や気の置けない知人の間で使われます。

136

『シェフ 三ツ星フードトラック始めました』
Chef 2014

Riva : Could we have a little privacy, guys? I ask you to leave, you gotta look at Carl?
Martin : Okay, everybody, tomen cinco, **take five.**

リーバ : (カールと) 二人だけで話をさせてもらえないか？ 席を外してくれ。なぜカールを見てる？
マーティン : わかりました。皆さん、5分間休憩しよう。

場面説明

レストランのオーナーであるリーバ（ダスティン・ホフマン）がシェフのカール（ジョン・ファヴロー）の今晩のメニューについて二人だけで話をしたいと言ってきた場面です。アシスタントシェフのマーティン（ジョン・レグイザモ）は気を利かして休憩をスタッフに指示しています。

【ボキャブラリー】
gotta「=have got to（〜しなければならない）」、**tomen cinco**「（スペイン語で）5分間取ろう」

重要表現

Take five.
「休憩を取ろう」

文字どおりは「5分間の休憩を取る」の意味ですが、必ずしも5分に限定しておらずTake a break.の意味で使用されます。

【例文】 I spoke for about an hour. **Take five!**
約1時間話しました。5分休憩を取りましょう！

POINT 休憩の最小単位時間が5分くらいなので、納得のできる表現ですね。

137 / 『ユー・ガット・メール』 *You've Got Mail* 1998

Kathleen : This is going to be the book district. If they don't have it, we do.

Birdie : And **vice versa**.

キャスリーン：ここも本屋街になるわ。あの店にない本は、うちで買う。
バーディ　：逆もあるわね。

場面説明

自分の店舗の近くに大型書店ができたことに楽観的なキャスリーン（メグ・ライアン）が、古株スタッフでメンターのバーディ（ジーン・ステイプルトン）と食事をしながら話しています。

【ボキャブラリー】
district「地域」

重要表現

Vice versa.
「逆もある」

「逆もまた同様」という意味です。身の回りで、「反対のことも同様に正しい」と言うときの便利な表現です。

【例文】 Cats dislike dogs, and **vice versa**.
猫は犬が嫌いで、逆も真なり。

POINT The opposite is also true.という意味ですが、Vice versa.を使用したほうが簡潔で教養を感じさせます。

138

『ジョイ・ラック・クラブ』 *The Joy Luck Club* 1993

Rose : Honey, should we eat in or out tonight?
Ted : **You decide.**

ローズ ：ハニー、今晩は家で食べる？ それとも外食にする？
テッド ：どっちでも（君が決めて）。

場面説明

ローズ（ロザリンド・チャオ）は、ハンサムな白人青年テッド（アンドリュー・マッカーシー）と結婚しましたが幸せは長く続きません。テッドはローズにすっかり飽きています。ぎこちない二人の会話です。

重要表現

You decide.
「決めて」

親しい相手との会話で「君が決めてよ」と言うときに使うカジュアルな言い回しです。

【例文】 A: Do you want pizza or sushi for dinner?
B: **You decide.**
A: 夕食はピザにする？ それとも寿司にする？
B: 君に任せた。

POINT 命令文のニュアンスを含むため、ややきつい印象を与えることもあります。言い方に注意しましょう。

139 / 『インターンシップ』 *The Internship* 2013

Nick : Tequila is the first step on the journey to self-respect…but maybe it's a step in the right direction. Maybe? **Your call.**

Yo-Yo : One shot.

ニック : テキーラは自尊心への旅の第一歩かも……でも、もしかしたら正しい方向への一歩かもしれない。たぶんね。お前次第だ。

ヨーヨー : 一杯だけ。

場面説明

アプリ開発の課題に煮詰まったチームライルのメンバーは、ビリー（ビンス・ボーン）とニック（オーウェン・ウィルソン）の誘いに乗り、夜の街に繰り出します。ニックが全くお酒を飲まないヨーヨー（トビット・ラファエル）にテキーラを勧めています。

【ボキャブラリー】

Tequila「テキーラ」、**journey**「旅」、**self-respect**「自尊心」、**direction**「方向」

重要表現

Your call.
「あなた次第だ」

It's your call. の省略です。この表現のcallは「決定、決断」の意味です。

【例文】 A: Where do you want to go next vacation?
B: Anywhere is fine. **Your call.**
A: 次の休みどこ行きたい？
B: どこでもいいよ。君次第だ。

POINT 同じ意味を表すフレーズとして、It's your decision. やDepends on you.、Up to you. があります。

140

『博士の異常な愛情 または私は如何にして心配するのを止めて水爆を愛するようになったか』 *Dr. Strangelove or: How I Learned to Stop Worrying and Love the Bomb* **1964**

Muffley : Dr. Strangelove, do we have anything like that in the works?

Dr. Strangelove : **A moment, please,** Mr. President.

マフリー大統領 ：ストレンジラブ博士、そんな物を作っているのか？

ストレンジラブ博士 ：しばしお待ちを、マフリー大統領。

場面説明

マフリー大統領（ピーター・セラーズ）がストレンジラブ博士（ピーター・セラーズ）に、核爆弾を作っていることが事実なのか確認しようとしています。車椅子に乗ったストレンジラブ博士が登場するシーンです。この映画ではピーター・セラーズが3役を演じています。

重要表現

A moment, please.
「少しお待ちください」

One moment, please.も同じく「ちょっと待ってください」の意味です。momentには「わずかの間、一瞬、瞬間」の意味があります。

【例文】 A: It's a phone call from Mr. Nakajima, Aaron.
B: **A moment, please.**
A: 中島様からお電話ですよ、アーロン。
B: ちょっとお待ちください。

POINT

One moment.「ちょっと待って」も同じ意味です。相手に待ってほしい時に言う表現は、Wait a moment.やJust a minute.などたくさんあります。

141 / 『パディントン』 *Paddington* 2014

Mrs. Bird : Go!
Grant : No, **best of three.** I wasn't ready. Come on.

バード夫人：スタート！
グラント　：ちがう、3回勝負だ！　今のは出遅れた。さあもう一回。

場面説明

自然史博物館の警備員のグラント（ケイヴァン・ノヴァク）は、パディントンを助けにきたバード夫人（ジュリー・ウォルターズ）に騙され、お酒を飲むように急かされました。グラントは酔っ払って警備の仕事を放棄しています。

重要表現

Best of three.
「3回勝負だ」

Best-of-three-set match.と同じ意味です。3回勝負をして2回勝った方が勝者である、という意味です。

【例文】 A: Who is going to make dinner?
B: Let's decide by rock-paper-scissors! **Best of three.**
A: 誰が夕食を作る？
B: じゃんけんで決めよう！　3回勝負ね。

POINT Best of five.だと、5回勝負で3回勝った方が勝ちになります。

『グリーンブック』 *Green Book* 2018

142

Lip : Hey. I'm Tony. The driver. **Bum a smoke?** Thanks. So you are the band?

Oleg : Oleg. Cello.

George : George. Bass. And we're not a band, we're a trio.

リップ ：よお、トニーだ。運転手だ。一本くれ。どうも。で、バンドか？

オレグ ：オレグだ。チェロだ。

ジョージ ：ジョージだ。ベースだ。そして、バンドじゃない。トリオだ。

場面説明

イタリア系アメリカ人のリップ（ヴィゴ・モーテンセン）は、アフリカ系アメリカ人ピアニストのシャーリー（マハーシャラ・アリ）のコンサート・ツアーの運転手兼ボディーガードとして雇われました。初日、シャーリーのツアーに同行するチェリストのオレグ（ディミタール・マリノフ）とベーシストのジョージ（マイク・ハットン）と初めて会います。

【ボキャブラリー】

cello「チェロ」、**bass**「ベース」、**trio**「トリオ、三重奏」

重要表現

Bum a smoke?
「1本くれ」

bumは「お尻、怠け者」の意味がありますが、動詞で「タダで手に入れる、せがむ」の意味のスラングです。smokeは、cigarette「たばこ」の意味がありますので、「タバコを一本ちょうだい」とせがむ表現です。

【例文】 A: **Bum a smoke?**
B: Not again.
A: タバコちょうだい。
B: またかよ。

POINT Can I bum a smoke? を省略した表現です。あまり良い表現ではありませんが、よく使われます。

143 / 『ソウルフル・ワールド』 *Soul* 2020

Joe : All right, let's try something else. Uh, **from the top**. Ready. One, two, three.

ジョー : よし、他の曲をやってみよう。ええと、最初から。用意はいいかい。1、2、3。

場面説明

ジョーは都市部の学校で音楽の教師をしています。しかし、彼の生徒たちは、彼のような音楽に対する情熱を全く持っていません。

重要表現

From the top.
「最初から」

この場合のtopは、「始まり」や「開始」を意味します。音楽や物語を流す際などに使われます。

【例文】 A: Let's practice it again. **From the top.**
B: Why? I thought this time was pretty good.
A: I think our timing is still a little bit off.
A: もう一度練習してみましょう。最初から。
B: どうして？ 今回はなかなかよかったと思うんだけど。
A: まだ少しタイミングがずれているような気がするんだ。

POINT From scratch.やFrom the start.、From the beginning.も、この表現と同じように使うことができます。

『マスク』 *The Mask* 1994

144

Charlie : **Hold the phone.** Killer at 3 o'clock. Stand back and observe.

Tina : Excuse me. Where can I open a new account?

チャーリー：ちょっと待って。3時の方向に美人がいる。下がって観察してください。

ティナ：失礼します。新しい口座はどこで作れますか？

場面説明

スタンリー（ジム・キャリー）が同僚で友人のチャーリー（リチャード・ジェニ）と銀行で話をしているところに、美しい女性ティナ（キャメロン・ディアス）が入ってきました。チャーリーはスタンリーに、美人な女性が入ってきたことを指摘しています。

【ボキャブラリー】

killer「素敵な人」、**Stand back and observe.**「後ろに下がって見てごらん」

重要表現

Hold the phone.
「ちょっと待って」

「待ってください」というお願いを強調している表現です。phone「電話」の単語が使用されていますが、電話機が関係する場面である必要はありません。

【例文】**Hold the phone.** When I talked to you yesterday, you said we'd have until the weekend to decide. Now you are saying we can't change our plans?
待ってください。昨日話したときは、週末までに決めればいいって言ってましたよね。今や、計画を変更することができないと言っているのですか？

POINT 昔は、電話で誰かと話している際に、突然用事が入り話を止めたいときに使いました。今は電話での会話でなくとも、日常的に使われます。

145 / 『サンキュー・スモーキング』 *Thank You for Smoking* 2005

Nick : Are you familiar with the term "BS"?
Joey : Bullshit.
Nick : Yes. Exactly. BS, **if I may**, is what questions like the one your teacher posed are made for.

ニック　：「BS」って知ってるか？
ジョーイ：牛のくそ。
ニック　：ああ、そのとおり。言わせてもらえば、BS って言葉は、おまえの先生が出したような質問のためにある。

場面説明

息子のジョーイ（キャメロン・ブライト）は夜、父親のニック（アーロン・エッカート）のアパートのリビングルームの床に座って宿題をしています。

【ボキャブラリー】
be familiar with「〜について精通している」、**bullshit**「でたらめな話」

重要表現

if I may
「言わせてもらえば」

意見を切り出すときに使う表現です。「もしよければ」という意味になります。

【例文】**If I may,** I'd like to ask you another question.
もしよろしければ、もう一つ質問させていただきたいのですが。

POINT 提案・依頼・質問などをする時に用いられる丁寧な表現です。文頭、文中、または文尾で用いられます。

146

『パディントン』 *Paddington* 2014

Henry : Come on, let's get out of here.
Millicent : **Not so fast.** Come on, hand over the bear.
Mary : No. We won't do that.

ヘンリー ：さあ、帰ろう。
ミリセント：気が早いわよ。さあ、そのクマをこっちへ。
メアリー ：いいえ、渡さない。

場面説明

パディントンはミリセント（ニコール・キッドマン）に捕まってしまいますが、ブラウン一家が助け出しました。父親のヘンリー（ヒュー・ボネヴィル）がパディントンに声をかけます。しかし、そう簡単ではありません。ミリセントが行手を遮ろうとします。妻のメアリー（サリー・ホーキンス）も負けません。

【ボキャブラリー】
hand over「引き渡す」

重要表現

Not so fast.
「そう焦るな」

直訳すると「そんなに早くしないで」の意味です。何かを急いでいたり、焦って何かをしようとしている人に対して、「待て、そう慌てるな」という意味で使います。

【例文】 A: It's gonna rain! Let's run!
B: **No so fast.** I brought my umbrella.
A: 雨が降り出しそう！ 走ろう！
B: そう焦らないで。傘持ってきたよ。

POINT 何か間違ったことをした人に対して、「動くな」「じっとしてろ」の意味でも使うことができます。

147 / 『ゴーン・ガール』 *Gone Girl* 2014

Nick : As you know, my wife, Amy Elliott Dunne, disappeared from our home on the morning of July 5th under suspicious circumstances.

Press : Louder!

Nick : If anyone out there has any information, **please come forward.** Thank you.

ニック ：ご存じのように、僕の妻エイミー・エリオット・ダンが7月5日の朝、自宅から失踪しました。とても不審な状況下で。

記者 ：大きな声で！

ニック ：何か情報をお持ちの方がいましたら、お知らせください。お願いします。

場面説明

ニック（ベン・アフレック）は妻エイミー（ロザムンド・パイク）の失踪を受け、警察署で記者会見を実施することになりました。ニックが記者達の前で情報提供を呼びかけています。

【ボキャブラリー】

disappear「消える、いなくなる」、**suspicious**「疑わしい」、**circumstance**「状況、環境」

重要表現

Please come forward. 「お知らせください」	come forwardは直訳は「前に出る」の意味です。自分から前に出るニュアンスがあるので、「名乗り出る、申し出る、届け出る」の意味で使われます。

【例文】 **Please come forward** and confess to the crime.
どうか名乗り出て罪を認めてください。

POINT　come forward to do「進んで～する」も併せて覚えておきましょう。

『アイ・アム・サム』 *I Am Sam* 2001

148

Rita : And when I ask another question?
Ifty : I answer in one sentence.
Rita : **Short and sweet.**

リタ ：それで私が別の質問をするときは？
イフティ ：ぼくは一文で応える。
リタ ：短く、簡潔に。

場面説明

弁護士のリタ（ミッシェル・ファイファー）と証人のイフティ（ダグ・ハッチソン）が、法廷の廊下で証言に向けて練習をしています。

重要表現

Short and sweet.
「短く、手短に」

質問の答え方の決まり文句です。ここでは「短く、しかもポイントを外さないように」というアドバイスされています。スピーチ、会議、作文などに使用されます。

【例文】 A: What's your advice for a speech at a wedding reception?
B: **Short and sweet.**
A: 結婚式でのスピーチに関するアドバイスはありますか？
B: 要点だけを簡潔に。

POINT sweetは「甘い」という意味の他にも「素晴らしい」「いいね」「すごい」「かっこいい」など良い意味があります。

149 / 『マスク』 *The Mask* 1994

Stanley : Ha ha! La la la. Ooh! **Somebody stop me.**

スタンリー：ハハハ！ ラララ。あぁ！ 誰か私を止めて。

場面説明

スタンリー（ジム・キャリー）は、ティナ（キャメロン・ディアス）の心をつかむために仮面をかぶることにしました。クラブに行く準備をしているスタンリーは、自分の姿に自信満々になっています。

重要表現

Somebody stop me.
「誰かが止めて」

自分が調子乗りすぎていることを、周りにアピールする時に使います。

【例文】 A: I'm on fire tonight. Everybody at the party is loving my jokes. **Somebody stop me.**
B: Settle down. I think you've had too much to drink.
A: 今夜も絶好調です。パーティーにいるみんなは僕のジョークが大好きなんだ。誰か僕を止めてよ。
B: 落ち着けよ。君は飲みすぎだよ。

POINT 自分を省みず、ただ自慢しようとしている時にも使うことができます。

『ジーサンズ　はじめての強盗』
Going in Style 2017

/ 150

Doctor : Have you talked to your daughter? Your friends? It's common to find a donor in your circles. And that's often the best match anyway.

Willie : I'll talk to them.

Doctor : **Sooner than later.**

医者 ：娘さんや仲間に話した？　身内でドナーを探すのが一般的だ。その方が早い。

ウィリー ：話してみる。

医者 ：すぐにでも。

場面説明

ウィリー（モーガン・フリーマン）は腎臓が悪く、人工透析のため通院しています。医師からは腎臓移植が必要なことを伝えられています。

【ボキャブラリー】
common「社会一般の、普通の」、**donor**「ドナー」、**circle**「交友範囲、仲間」、**anyway**「とにかく、どっちみち」

重要表現

Sooner than later.
「すぐにでも」

「すぐにでも、早めに」の意味です。Sooner rather than later.と同じです。

【例文】A: I heard that air conditioners are in short supply. We should make a reservation soon.
B: **Sooner than later.**
A: エアコンが品薄だって。早く予約した方がいいね。
B: 早い方がいい。

POINT 「かなり近いうちに」のニュアンスがあります。soonよりも、「もっと早くに」という意味になります。似た表現、sooner or laterは「遅かれ早かれ」の意味です。

151 / 『マスク』 *The Mask* 1994

Stanley : **Step right up** here, don't be shy. Nobody likes a bashful leatherhead. Move it!

スタンリー：恥ずかしがらずに、こちらへどうぞ。恥ずかしがり屋は嫌われるぞ。急げ！

場面説明

ストリートギャングに追われているスタンリー（ジム・キャリー）は、遊園地のスタッフに変身し、アトラクションを担当しています。

【ボキャブラリー】
bashful「内気な、はにかみ屋の」、**leatherhead**「バカ」

重要表現

Step right up.
「寄ってらっしゃい」

通常、遊園地などの行楽地で、人寄せする場面で言われたり聞いたりしますが、カジュアルな場面でも楽しく使うことができます。

【例文】Who'd like to see my new phone case? **Step right up. Step right up.**
私の新しい携帯電話ケースを見たい人はいますか？ さぁどうぞ。すぐにでも。

POINT 通行人に何かを試してもらうために呼びかける場合にも使われます。似た表現にStep right in.「お入りください」があります。「さあ、さあ入ってくだい」の意味で、フレンドリーな表現です。Come on in.と同義です。

『アルマゲドン』 *Armageddon* 1998

152

Dan : Malloy, **talk to me.**
Malloy : Not good. We got sparks and fire in the fuel pod.

ダン ：マロイ、説明して。
マロイ ：良くない。燃料ポッドから火花が出ている。

場面説明

ロシアの宇宙ステーションで事故が発生しました。宇宙ステーションにいるマロイ（マット・マロイ）、NASAの総指揮官ダン（ビリー・ボブ・ソーントン）が事態の把握に当たっています。

【ボキャブラリー】
fuel pod「燃料ポット」

重要表現

Talk to me.
「話して」

誰かに何かをさらに説明してもらいたい時に使います。

【例文】 A: Hey, you look down. What is it? **Talk to me.**
B: It's nothing. I just haven't been feeling myself recently.
A: おい、落ち込んでるみたいだな。どうしたんだ？ 話してくれよ。
B: 何でもない。最近、体調がすぐれないんだ。

POINT 相手の気持ちを率直に聞きたい時に使う表現です。辛そうにしていたり、困っている人に対して「何があったか話してみて」と声をかける時にも使うことができます。

153 / 『マスク』 *The Mask* 1994

Charlie : Tonight, I'm gonna take you on a love safari, deep into the darkest heart of the urban jungle.

Stanley : **Tell me more,** bwana.

Charlie : The Coco Bongo Club … hottest new joint in town.

チャーリー：今夜、君をラブサファリに連れ出すよ。都会のジャングルの奥深くにね。

スタンリー：もっと教えてくれよ、師匠。

チャーリー：ココ・ボンゴ・クラブ……街で一番人気のクラブだ。

場面説明

チャーリー（リチャード・ジェニ）はスタンリー（ジム・キャリー）が女性に縁がないのを見抜いて、新しいクラブに連れて行ってやると言っています。

【ボキャブラリー】

bwana「（スワヒリ語で）師匠」、**hot**「人気のある」、**joint**「人が集まり場所」

重要表現

Tell me more.
「もっと教えて」

話し手が言っていることに興味があり、「もっと教えて、それでそれで？」と自分もその話に興味を持っていることを示す際に使います。

【例文】 A: I don't know if you're interested but my wife is away for the weekend so I'll be drinking beer and watching the game alone.
B: It sounds like a good time. **Tell me more.**
A: 君が興味があるかわからないけど、週末は妻がいないから、一人でビールを飲みながら観戦する予定だよ。
B: 楽しそうだね。それでそれで？

POINT 相手が必要な情報を全て話してしまっている場合、「もっと教えて」と言うと変に思われるかもしれません。さらに具体的な情報がありそうな時に使いましょう。

154

『マスク』 *The Mask* 1994

Stanley : Miss, what'd you say your name was?
Peggy : Peggy Brandt.
Stanley : **Wait a minute.** Peggy Brandt? Of "Ask Peggy"?
Peggy : Yeah, that's right.

スタンリー：あの、お名前を何と言いましたか？
ペギー：ペギー・ブラントです
スタンリー：ちょっと待てよ ペギー・ブラント？ "ペギーに聞け"の？
ペギー：ええ、そうです。

場面説明

前夜の騒動を追っている新聞記者ペギー（エイミー・ヤスベック）がスタンリー（ジム・キャリー）の銀行を訪れ、何か知っていることはないかと尋ねています。

重要表現

Wait a minute.
「ちょっと待って」

この場合では驚きの意味も含まれています。「ちょっと待って、じっとしてて」の意味です。また、ふとある考えが思い浮かんだ場合にも使うことができる表現です。Wait a second. も同様です。

【例文】**Wait a minute.** I think we're driving in circles. I swear I've seen that house before.
ちょっと待って。ぐるぐる回って運転していると思う。あの家、前に見たことがあるような気がする。

POINT このフレーズの直訳は「60秒待ってください」ですが、文字どおりの意味ではありません。電話の場面でのHold on a second. と同じ意味です。

155 / 『素晴らしき哉、人生！』 *It's a Wonderful Life* 1946

Clarence's Voice : Did he ever marry the girl? Did he ever go exploring?
Joseph's Voice : Well, **wait and see.**

クラレンスの声 ：彼はあの少女と結婚したのか？ 探検はどうなった？
ジョセフの声 ：今にわかる。

場面説明

二級天使クラレンス（ヘンリー・トラヴァース）は大天使ジョセフ（ジョセフ・グランビー）から、ジョージ（ジェームズ・スチュワート）を救うように命じられます。大天使とクラレンスはジョージのこれまでの人生の映像を見ながら話しています。

【ボキャブラリー】
go exploring「探検に行く」

重要表現

Wait and see.
「今にわかる」

「様子を見る」や「出方を待つ」という意味です。

【例文】 A: Where are you taking me?
B: **Wait and see.**
A: 私をどこに連れていくの？
B: そのうちわかるよ。

POINT 「成り行きを見守って」という含みのある表現です。

156

『めぐり逢えたら』 *Sleepless in Seattle* 1993

Sam : **We better go.** Shall we?
Annie : Sam. It's nice to meet you.

サム ：行ったほうがいい。行こうか？
アニー ：サム。お会いできて良かった。

場面説明

サム（トム・ハンクス）とアニー（メグ・ライアン）はNYのエンパイアステートビルの展望台でやっと再会できました。お互いに運命の出会いを直感し、手を取り合ってエレベーターに乗り、下に降ります。

重要表現

We better go.
「行ったほうがいい」

We had better go.の省略形です。had better はとても強い口調になります。

【例文】 It's too late tonight. **We better go.**
今晩は遅すぎる。もう行こう！

POINT 「～したほうがいいですよ」のような提案をするのであればshouldを使ったほうがいいです。

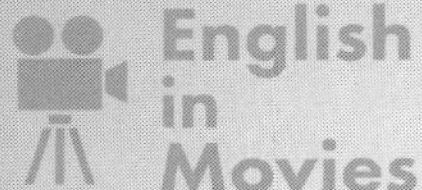

第 7 章

賛辞

157 / 『ホリデイ』 *The Holiday* 2006

Amanda: **Amazing**! It finally looks like a hit.
Ben: And that is why they pay you the big bucks.
Amanda: I think we should go back to the original cut on the end. It's so much stronger.
Amanda: I agree.

アマンダ：素晴らしいわ！ 大ヒット間違いなしね。
ベン：君もガッポリさ。
アマンダ：最後の部分は元の方に戻した方がいいわね。迫力があるわ。
ベン：賛成。

場面説明

アマンダ（キャメロン・ディアス）はハリウッド映画の予告編の製作会社を経営しています。従業員のベン（ジョン・クラシンスキー）たちと、クリスマスに上映予定の新作映画の予告編動画を観て叫んでいます。

【ボキャブラリー】
the big bucks「大金」

重要表現

Amazing.
「素晴らしい」

「驚くべき」「びっくりするような」「素晴らしい」という感情表現です。

【例文】 **Amazing!** Tom plays the violin so well, after just a year of lessons.
素晴らしいわ！ トムはたった1年のレッスンでバイオリンをうまく弾けて。

POINT 「素晴らしい」を表す英単語は他にBrilliant.（p.179）、Delightful.、Incredible.、Miraculous.、Excellent.、Marvelous.、Magnificent.、Exhilarating.、Extraordinary.、Exceptional.などがあります。

158

『マーガレット・サッチャー　鉄の女の涙』
The Iron Lady 2012

Denis : Don't let her take my paper away.
Margaret : Oh, I haven't had a chance to look at that yet, dear.
June : Sorry.
Denis : **Atta-girl.**

デニス　：新聞を持って行かせないでくれよ。
マーガレット：あら、まだ読んでないのよ。
ジューン　：すみません。
デニス　：よくやった。

場面説明

マーガレット（メリル・ストリープ）は政界引退後、認知症を患い、既に亡くなった夫のデニス（ジム・ブロードベント）と一緒に生活している幻覚を見ています。身の回りの世話をしてくれるジューン（スーザン・ブラウン）が新聞を片付けようとしています。ジューンにはもちろんデニスの姿は見えていません。

【ボキャブラリー】
Don't let someone do.「人に～させるな」

重要表現

Atta-girl.
「よくやった」

Attagirl.とも記載されます。女性や女の子を褒める言葉です。That's the girl. の略です。

【例文】 A: I won first place!
B: **Atta-girl!**
A: 優勝したよ！
B: よくやった！

POINT 女性や女の子に対する激励の言葉です。カジュアルな表現ですので、使用場面には気をつけましょう。男の子や男性に使用する場合は、Atta-boy.になります。

159 / 『素晴らしきかな、人生』 *Collateral Beauty* 2016

Howard : I'm not gonna be in the meeting.
Claire : Mmm-hmm. Well, they insisted I ask. I mean, they're probably gonna fire us, so…
Howard : Okay.
Claire : **Awesome.**
Howard : Yes.
Claire : Okay.

ハワード ：会議には出ない。
クレア ：ん、そう。でも頼むように言われたの。つまり、多分、私たちとの取引を切るつもりよ……。
ハワード ：いいさ。
クレア ：まずいわ。
ハワード ：構わない。
クレア ：わかった。

場面説明

ハワード（ウィル・スミス）は幼い子供を亡くしてから全く仕事も手につかず、自身の会社は倒産寸前となっています。同僚のクレア（ケイト・ウィンスレット）が、取引会社との会議に出席するかどうかハワードに聞いている場面です。

【ボキャブラリー】
insist「主張する」、**fire**「解雇する」

重要表現

Awesome.
「すごいね」

「すごいね」「ヤバいね」「すげえ」のような意味です。若者の間で使われます。特にアメリカで、カジュアルな場面での俗語として使われます。ほとんどはポジティブな意味で使われますが、すごくないものに対して「全然だめね」のような皮肉的な使われ方もします。状況によって意味が変わってきます。

【例文】 A: How is your new room?
B: **Awesome!**
A: 新しい部屋はどうよ？
B: 最高！

POINT 元々、awesomeは形容詞で、「畏敬の念を起こさせる、ものすごい、恐ろしいほどすさまじい」という意味です。そこから派生し、若者の間でAwesome.だけで使われるようになりました。

160

『ホリデイ』 *The Holiday* 2006

Arthur : You, I can tell, are a leading lady. But for some reason, you're behaving like the best friend.

Iris : You're so right. You're supposed to be the leading lady of your own life, for God's sake. Arthur, I've been going to a therapist for three years and she's never explained anything for me that well. That was brilliant. Brutal but **brilliant**. Thank you.

アーサー ：君は主演女優だ。なのに、親友役を演じている。

アイリス ：言うとおりね。自分の人生だから主役のはずね、なんてことなの。アーサー、3年通ったセラピストはこんな説明してくれなかったわ。感激よ、残酷だけど目が覚めたわ。ありがとう。

場面説明

アイリス（ケイト・ウィンスレット）は近所に住む老人のアーサー（イーライ・ウォラック）と知り合いになります。アーサーは元ハリウッド映画の脚本家で、アイリスのことを主役を務めるだけの魅力的な女性でありながら親友の役割を演じていると指摘します。アイリスは、我に気づかされた思いです。

【ボキャブラリー】

for God's sake「なんてことなの（驚きを表して）」、**brutal**「冷酷な、残忍な」

重要表現

Brilliant.
「見事だね」

何か素晴らしいことを褒める表現です。brilliantは「見事な」「華々しい」「すばらしい」「（知性または才能の点で）目ざましい」の意味です。皮肉としてもよく使われています。

【例文】 A: Oh no, it's starting to rain.
B: **Brilliant.** I suppose we'll also run out of gas, too.
A: Stop being so negative. We're almost at the hotel.
A: やばい、雨が降ってきた。
B: 素晴らしい（皮肉）。私たちもガス欠になりそうだわ。
A: そんなに悲観的にならないで。もう少しでホテルに着くよ。

POINT 「素晴らしい」を表す英単語は他にAmazing.（p.176）などがあります。

161 / 『ザ・エージェント』 *Jerry Maguire* 1996

Rod : I love black people!
Jerry : I love black people!
Rod : Who's your motherfucker, Jerry?
Jerry : You're my motherfucker!
Rod : Whatcha gonna do, Jerry?
Jerry : Show me the money!
Rod : Unh! **Congratulations!** You're still my agent.

ロッド :黒人の味方だ！
ジェリー :黒人の味方だ！
ロッド :クソ親友は誰だ、ジェリー？
ジェリー :クソ親友は君だ！
ロッド :何をするんだっけ、ジェリー？
ジェリー :金を見せろ！
ロッド :あぁ！ おめでとう！ 君はまだ僕の代理人だ。

場面説明

スポーツ・エージェントであるジェリー（トム・クルーズ）は三流のプロアメフト選手のロッド（キューバ・グッディング・Jr）から電話で同じフレーズを言うように強要させられています。ジェリーは言われるがまま、オフィスで電話に向かって大声で叫んでいます。

【ボキャブラリー】
show me the money「現物を見せろ」（つまり「論より証拠」という意味でも使われます）、**agent**「代理人」

重要表現

Congratulations!
「おめでとう！」

「おめでとう」を意味するときは、口語でも文書でも必ずsを付けます。親しい関係の人に対してはCongrats.も使用されます。

【例文】 **Congratulations** on your graduation.
卒業おめでとう。

POINT congratulationと単数で言うと単に「お祝い」の意味になります。

『マーガレット・サッチャー　鉄の女の涙』
The Iron Lady 2012

/162

Denis　: GOTCHA! Well, that paid off old girl! Your ratings soared! From the most hated Prime Minister of all time to the nation's darling... The world was at your feet, and Britain was back in business!

デニス　：やったな！　苦労が報われたぞ！　君の支持率も急上昇！　史上最も憎まれていた首相からね……。世界は君の前にひざまずき、英国は復活を遂げた！

場面説明

マーガレット（メリル・ストリープ）は政界引退後、認知症を患い生活しています。かつて首相だった時の戦争を思い出していたところに、既に亡くなった夫のデニス（ジム・ブロードベント）が幻覚として現れます。

【ボキャブラリー】
pay off「うまくいく、報われる」、**ratings**「評価、格付け」、**soar**「急上昇する」、**hated**「嫌われている」、**Prime Minister**「首相」、**the nation's darling**「国民の人気者」、**at someone's feet**「〜の魅力にひれ伏して」、**be back in business**「復活する」

重要表現

Gotcha!
「やったぞ！」

I have got you! や I got you! の省略の形です。目的を達成した時に「やっつけたぞ！　やったぞ！」の意味として使われます。

【例文】A: Yikes! Hey! Why is there a mouse toy here?
B: **Gotcha!** Are you surprised?
A: キャー！　ちょっと！　なんでネズミのおもちゃがここにあるのよ？
B: やったね！　驚いた？

POINT　状況に応じて意味が変わります。「了解しました！」や、「見つけたぞ！、捕まえたぞ！」の意味でも使用できます。

163 / 『ゴーン・ガール』 *Gone Girl* 2014

Go : How are you doing?
Nick : **Terrific!**
Go : How's Marybeth?
Nick : She's a wreck.

ゴー : 調子は？
ニック : 絶好調さ。
ゴー : メアリーベスは？
ニック : ボロボロさ。

場面説明

ゴー（キャリー・クーン）が双子の兄であるニック（ベン・アフレック）に、最近の調子と失踪した妻の母親であるメアリーベス（リサ・ベインズ）の様子を尋ねています。

【ボキャブラリー】
wreck「（肉体的または精神的に）うちひしがれた人」

重要表現

Terrific!
「素晴らしい！」

「すごい！」「大変な！」「素晴らしい！」の意味です。

【例文】 **Terrific!** You did a great job!
素晴らしい！ よくやったね！

POINT terrificは、「怖い」という意味もありますが、口語で使用される場合は「素晴らしい」というポジティブな意味で使用されることが多いです。

『リトル・ミス・サンシャイン』
Little Miss Sunshine 2006

164

Frank : What? Dinner? What, you don't talk any more?
(Dwayne nods)
Frank : Why not? You can talk. You just choose not to?
(Dwayne nods and points to the painting of Nietzsche)
Frank : Is that Nietzsche? You don't speak because of Friedrich Nietzsche.
(Dwayne nods)
Frank : **Far out.**

フランク　：何？　夕食かい？　もうしゃべらないっていうのか？
（ドウェインがうなづく）
フランク　：なぜしゃべらないんだい？　話せるのに、話さないだけなんだろう？
（ドウェインはうなづきニーチェの絵を指差す）
フランク　：ニーチェ？　原因はフリードリヒ・ニーチェなのか。
（ドウェインがうなづく）
フランク　：素晴らしいね。

場面説明

フランク（スティーヴ・カレル）は自殺未遂事件を起こした後、妹家族と同居することになります。甥のドウェイン（ポール・ダノ）はテスト・パイロットになる夢を実現させるまでに「沈黙の誓い」を立てています。フランクがドウェインとコミュニケーションを図ろうとしている場面です。

【ボキャブラリー】
Friedrich Nietzsche「フリードリヒ・ニーチェ（思想家）」

重要表現

Far out.
「素晴らしい」

「素晴らしい」「格好いい」「斬新な」「助かった」を意味するスラングです。

【例文】 I watched your new movie. **Far out!**
君の新しい映画を観たよ。斬新だね！

POINT 目新しいものや変わったものを見つけた時の驚きの言葉として使われます。

165 / 『バッド・ティーチャー』 *Bad Teacher* 2011

Scott : Scott Delacorte.
Elizabeth : Elizabeth Halsey.
Scott : I am the new sub.
Elizabeth : Welcome welcome.
Scott : Thank you.
Elizabeth : Is that Jaeger-LeCoultre?
Scott : **Good eye.**
Elizabeth : Thanks, I love men's watches.

スコット ：スコット・デラコートです。
エリザベス：エリザベス・ハルジーよ。
スコット ：新米の代理教師です。
エリザベス：歓迎するわ。
スコット ：ありがとう。
エリザベス：ジャガー・ルクルト？
スコット ：目が高い。
エリザベス：ありがとう、メンズ腕時計が好きなの。

場面説明

学校内で迷っているスコット（ジャスティン・ティンバーレイク）に、エリザベス（キャメロン・ディアス）が愛想よく話しかけている場面です。

【ボキャブラリー】
Jaeger-LeCoultre「ジャガー・ルクルト（スイスの高級時計ブランド）」

重要表現

Good eye.
「目が高い」

have a good eye for「～に目が利く」の意味の省略形です。

【例文】 **Good eye!** You have a good taste in clothing.
お目が高い！ 衣装センスが素晴らしいですね。

POINT 野球なら「選球眼が良い」という意味になります。なお、have good eyesとeyeを複数にすると、good eyesight、つまり「視力が良い」の意味になってしまうので要注意です。

166

『イエスマン “YES” は人生のパスワード』
Yes Man 2008

Woman 1 : Oh, John Goodman.
Woman 2 : No, it's Alec Baldwin.
Woman 1 : Oh, right. **Nailed it.**

女性1 ：あら、ジョン・グッドマンね
女性2 ：いいえ、アレック・ボールドウィンよ。
女性1 ：ほんとだ。言うことなしね。

場面説明

カール（ジム・キャリー）は友人の結婚式の前祝いパーティーを開催しました。以前、カールが銀行の融資担当だった際に融資を断ったことのある、有名人の似顔絵ケーキを作る女性（女性２）も参加しています。似顔絵ケーキを見た女性（女性１）が声をかけています。

【ボキャブラリー】
John Goodman「ジョン・グッドマン（俳優）」、**Alec Baldwin**「アレック・ボールドウィン（俳優）」

重要表現

Nailed it.
「言うことなしだ、完璧だ」

nailは名詞で「爪」や、動詞で「釘を打つ」の意味もありますが、この表現のnailは、動詞「～をうまくやる、～を確実に物にする、～で成功する」の意味で使われます。直訳は「それを確実に物にした、完璧にこなしている」になり、褒める際に使われます。

【例文】 A: How was the meeting with your client?
B: It went perfectly.
A: **Nailed it!**
A: クライアントとの会議はどうだった？
B: 完璧だったよ。
A: やったな！

POINT 主語にIやYouを入れて、I nailed it.「（私は）うまくいったよ、完璧だったよ」、You nailed it.「（君は）うまくいったね」もよく使われます。

167 / 『ソウルフル・ワールド』 *Soul* 2020

Terry : Found him. See that, everybody? Who figured out why the count's off? That's right, Terry did. It's Terry Time.

Jerry : Wow. **Nice work.**

テリー :彼を見つけたぞ。みんな見たか？ なぜ集計が外れたのか誰が見つけたと思う？ そうだ、テリーだ。テリー・タイムだ。

ジェリー :ワオ。よくやった。

場面説明

マンホールに落ちてソウル（魂）の世界に来たジョーは死後の世界へ行くことを免れました。そのため死後の世界では、死んだ人と死後の世界へ向かう人の数を数える担当のテリーやジュリーが、消えた魂に困惑していました。テリーが死者と死後の世界への移動者の数がずれている原因を突き止めた場面です。

【ボキャブラリー】

count「集計」

重要表現

Nice work.
「よくやったね」

この表現のworkは、誰かが行った何らかの努力のことを意味し、その努力を認める表現です。

【例文】**Nice work.** You managed to beat the traffic and make it on time.
よくやった。渋滞にも負けず、なんとか間に合ったね。

POINT Good job. と同じ意味を持つ、よく使われる一般的なフレーズです。

『ビリーブ　未来への大逆転』
On the Basis of Sex 2018

168

Kenyon : John Adams forgot the ladies. And it's time the ACLU got back in the fight.
Mel : OK.
Kenyon : Good. Now here's where we start. A case headed for the tenth circuit. Professor out of Rutgers. **Smart cookie**.
Mel : Ruth.

ケニオン：ジョン・アダムズは女を忘れた。ACLUは女のために闘いなさい。
メル　：はい。
ケニオン：よかった。さて、ここからが本題。ラトガース大学の教授が起こした訴訟。切れる女よ。
メル　：ルースだ。

場面説明

女性の権利を訴えたが負けた経験のある弁護士ケニオン（キャシー・ベイツ）が、アメリカ自由人権協会のメル（ジャスティン・セロー）を訪ねています。

【ボキャブラリー】
John Adams「ジョン・アダムズ(アメリカ合衆国の第2代大統領)」、**ACLU**「アメリカ自由人権協会」、**fight**「戦い」、**case**「事象」、**head for**「招く」、**circuit**「巡回裁判所」、**professor**「教授」、**out of Rutgers**「ラトガース大学の」

重要表現

Smart cookie.
「頭のいいやつだ」

smartには元々「賢い、頭がいい」の意味があります。cookieは食べ物のクッキーを表しますが、人を修飾する単語と一緒に使うと「～なやつ」の意味でも使われます。

【例文】A: I heard she passed the bar exam.
B: **Smart cookie.**
A: 彼女司法試験に合格したって聞いたよ。
B: 頭が切れる人だね。

POINT smart cookieに似た表現で、tough cookie「タフなやつ」も使われます。

169 / 『はじまりのうた』 *Begin Again* 2013

Dan : Give me anything, a song, a hook, anything I can work with. I'm not asking for much. **That's something.**

(Music and song)

Dan : That's good. Until you started to sing.

ダン : 曲でもフックでも何でもいいから、一緒に仕事したくなるものをくれ。多くは望んでいない。いいね。いい感じだ。

(曲と歌)

ダン : 歌い始める前まではな！

場面説明

ダン（マーク・ラファロ）はヒット曲に恵まれない落ちこぼれの音楽プロデューサーです。車の中でデモCDを聞いていますが、惹かれる音楽に出会えません。

【ボキャブラリー】

hook「引き付けるもの、聞かせどころ、サビ」、**ask for**「頼む」

重要表現

That's something.
「なんかいいね、すごいね」

somethingには「何か」の意味のほかにも、「何か素晴らしいもの、いいもの」の意味があります。

【例文】 A: How about this song? My favorite one.
B: **That's something.**
A: この歌どう？ お気に入りなんだ。
B: なんかいいね。

POINT 明確には説明できないけれども何か求めているものに巡り会えた際に使える表現です。

170

『フィールド・オブ・ドリームス』
Field of Dreams 1989

Annie : Who thinks that we have to stand up to the kind of censorship that they had under Stalin?

(More parents raise their hands.)

Annie : All right! **There we go**, America! I love ya! I'm proud of you! I mean it!

アニー ：スターリンがしたような検閲に反対する人は？
（多くの親が挙手をする）
アニー ：そうね！ それでいいのよ、アメリカよ！ 素晴らしい人たち、誇るべき人たちね！ 本当よ！

場面説明

娘の小学校のPTA集会で、ある保護者がテレンス・マン（ジェームズ・アール・ジョーンズ）の著作を禁止すべきと言い出しました。アニー（エイミー・マディガン）は激昂し、他の保護者に語りかけている場面です。

【ボキャブラリー】
stand up to「（人が）～に恐れずに立ち向かう」、**censorship**「検閲」、**I mean it!**「本気よ！」

重要表現

There you go.
「その調子だ」

人に何かを教えているとき、適切にこなしている相手に「そうそう、それでいいよ」と励ましたり褒めたりする表現です。「ほらね」「そんなものだ」「どうぞ」などの意味です。

【例文】 **There you go**. Now you're getting the hang of it.
そうそう、その調子。だいぶコツをつかんできたね。

POINT 相手の発言に「そのとおり！」と同感する相づちとして使われることもしばしばあります。Exactly.と同じ意味合いになります。

171 / 『42 ～世界を変えた男～』 *42* 2013

Teammate : Yes! Way to go, Jackie.
Announcer : Jack in his home run trot now, and even the home crowd here at Forbes… recognizing something special when they see it.

チームメイト　：いいぞ！　よくやった、ジャッキー。
アナウンサー　：ジャックのウイニング・ランです。パイレーツのファンも讃えています。

場面説明

初の黒人大リーガーのジャッキー（チャドウィック・ボーズマン）はパイレーツとの試合でホームランを打ち、ブルックリン・ドジャーズを優勝に導きます。パイレーツのホームグランドであるフォーブス・フィールドにいる多くの観客やチームメイトの歓声を浴びながら、ジャッキーはダイアモンドを一周しています。実況しているアナウンサーも、ジャッキーを讃えています。

【ボキャブラリー】
trot「駆け足、小走り」、**crowd**「群衆」、**Forbes**「(=Forbes Field)ピッツバーグにかつて存在したスタジアム。パイレーツの本拠地」、**recognize**「認める、評価する」

重要表現

Way to go.
「よくやった」

何かを行った際に、「よくやった」とカジュアルな褒め言葉です。Nice job.やGood job.と同じ意味になります。

【例文】 A: **Way to go!** Your presentation was so persuasive.
B: Thank you!
A: よくやった！　君のプレゼンは説得力があったよ。
B: ありがとう！

POINT 元々はスポーツで使われていましたが、今は日常生活の中でも褒め言葉として使用されています。

172

『シェフ 三ツ星フードトラック始めました』
Chef 2014

Carl : This is a good knife. It'll last you a long time if you take care of it. Don't lose it.
Percy : I won't. Thank you.
Carl : **You earned it.**

カール ：いいナイフだ。大切にすれば長持ちする。なくすなよ。
パーシー ：うん、ありがとう。
カール ：バイト代だ。

場面説明

カール（ジョン・ファヴロー）の息子パーシー（エムジェイ・アンソニー）がフードトラックの清掃を手伝いました。そのご褒美として、カールがパーシーにシェフ用のナイフを買ってあげた場面です。

【ボキャブラリー】
take care of「〜を大切にする」

重要表現

You earned it.
「努力の賜物だよ」

「earn = 稼ぐ」の意味ですが「〜を受けるに値する」という意味もあります。努力の報酬としての相手への労いの言葉です。

【例文】Congratulations on your graduation! **You earned it.**
卒業おめでとう！ よく頑張ったね。

POINT 現在完了形のYou've earned it.も、ほぼ同じ意味で使用します。肩をポンッとたたきながら言うようなイメージで、主に何かの結果を出した相手に対して使えます。

173 『バック・トゥ・ザ・フューチャー』

Back to the Future 1985

Marty : Doc.
Doc : Marty! **You made it!**
Marty : Yeah.
Doc : Welcome to my latest experiment. This is the big one.

マーティ ：ドク。
ドク ：マーティ！　よく来た！
マーティ ：ああ。
ドク ：私の最新の実験にようこそ。これは大きな実験だ。

場面説明

マーティ（マイケル・J・フォックス）はドク（クリストファー・ロイド）との約束どおり、夜中に人里離れた場所に現れました。ドクはマーティにもう一つの実験を紹介しています。

【ボキャブラリー】
experiment「実験」、**big one**「大したもん」

重要表現

You made it.
「よく来たね」

この場面では、itはto make a tripの意味になり、「無事に旅を終えた」という意味合いも込められています。

【例文】 A: John, **you made it.** I'm so glad you came.
B: I love birthday parties. Here's a little something I got you. I hope you like green.
A: ジョン、よく来たね。来てくれて本当に嬉しいよ。
B: 誕生日パーティーは大好きだよ。これ、君にプレゼント。緑色は好きかな？

POINT 否定の表現のDidn't make it.は、「誰かが死んだ」という意味にもなるので、使い方には注意が必要です。

『シェフ 三ツ星フードトラック始めました』
Chef 2014

174

Martin : Dude. You're everywhere.
Carl : You saw it?

マーティン：おや、今や時の人だね。
カール：見たか？

場面説明

シェフのカール（ジョン・ファヴロー）は、料理評論家のラムジー（オリヴァー・プラット）に暴言を吐いた動画がSNSで拡散されてすっかり有名人となりました。その動画をみた友人のマーティン（ジョン・レグイザモ）がカールに話しかけています。

【ボキャブラリー】
dude「お前、奴」

重要表現

You're everywhere.
「すっかり有名人だね」

「あなたはどこにでもいる」すなわち「すっかり有名になった」という意味です。主要メディアのみならずSNSを含め露出が多くなった相手に対して使用されます。

【例文】 **You're everywhere.** Everybody knows you in this town.
君はすっかり有名人だね。この町で知らない人はいないよ。

POINT 反対にYou're nowhere.だと「誰にも知られていない」の意味です。

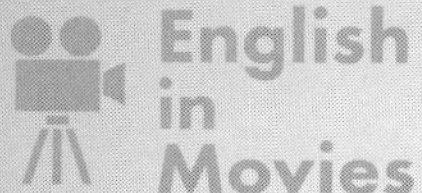

第8章

驚き

175

『博士の異常な愛情 または私は如何にして心配するのを止めて水爆を愛するようになったか』 *Dr. Strangelove or: How I Learned to Stop Worrying and Love the Bomb* **1964**

Soldier 1 : Gee, those trucks look like the real thing, don't they?

Soldier 2 : I wonder where they got 'em from.

兵士1　：うそだろ、奴らのトラックは本物みたいだな？
兵士2　：どこから入手したんだか。

場面説明

司令官リッパー准将（スターリング・ヘイドン）は、ソ連が襲ってくるという妄想に取り憑かれて報復核攻撃を命令しました。その指示に従っている軍隊のところに、味方である別の軍隊がその攻撃をやめさせるためにトラックでやってきました。兵士たちはこの攻撃命令がリッパー准将の妄想によるものだと知らずにいるため、味方の軍隊のトラックを敵だと勘違いしている場面です。

重要表現

Gee.
「おや」

「おや」「あら」「うそ」「まあ」など、驚きや喜び、落胆の気持ちを表す間投語です。

【例文】 A: **Gee**, I'm so surprised you called.
B: Hi, long time no see.
A: あら、電話してくるなんて驚いたよ。
B: やあ、久しぶりだね。

POINT 驚いたり、困惑したりと、さまざまな場面で使うことができます。

176

『逃亡者』 *The Fugitive* 1993

Gerard : Well, uh... where were they taken? **Geez,** that's a big fish.

Sykes : Cancun, Mexico. It was a junket that the company paid for some doctors.

ジェラルド：それじゃ……どこで撮ったものですか？また、えらくでかい魚ですね。

サイクス：メキシコのカンクーンだ。何人かの医師を招いての大名旅行だったんだよ。

場面説明

連邦保安官補ジェラルド（トミー・リー・ジョーンズ）は、逃走中の外科医キンブル（ハリソン・フォード）が興味を示した写真についてサイクス（アンドレアス・カツーラス）に尋ねています。

【ボキャブラリー】

junket「=journey, voyage（視察、調査などを名目にした公費での）大名旅行」

重要表現

Geez.
「なんと」

驚きや落胆、失望を表す間投詞です。強い驚きを表します。Gee. Jesus.の省略です。

【例文】 Oh, **Geez!** It's not my day.
あらまあ！ 今日はついてないな。

POINT 同じ意味を持つ間投詞Jesus Christ.、またはJesusのus[アス]の部分が省略、変化した形です。

177

『マーガレット・サッチャー　鉄の女の涙』
The Iron Lady 2012

June　　　: **Goodness!** There you are.
Margaret : Yes. Here we are.

ジューン　　　：あらまあ！　ここにいたんですね。
マーガレット：そうよ。私たちはここよ。

場面説明

マーガレット（メリル・ストリープ）は政界引退後、認知症を患いながら生活しています。朝食を食べているところに身の回りの世話をしてくれるジューン（スーザン・ブラウン）が来ます。マーガレットは既に亡くなった夫のデニス（ジム・ブロードベント）と一緒に生活している幻覚を見ているため、ジューンの質問に対して『私たちは』という返しをしています。

重要表現

Goodness!
「おやおや!、あら!」

さまざまな感情を伝える言葉で、主に驚きや嘆きを表します。goodnessは「良いこと、徳、親切さ」を表す名詞です。

【例文】A: My brother forgot to bring his homework.
B: **Goodness!**
A: お兄ちゃん宿題持っていくの忘れてる。
B: あら！

POINT Oh, my god! と同じような意味ですが、god「神」に含まれる宗教的な意味を排除した表現がOh, my goodness! やOh, my gosh! になります。

178

『オズの魔法使い』 *The Wizard of Oz* 1939

Hunk : **Gosh**, Mrs. Gale.
Aunt Em : Just fried.
Hickory : Thanks.
Hunk : Swell.

ハンク :これはどうも、ゲールさん。
エムおばさん :揚げたてだよ。
ヒッコリー :ありがとうございます。
ハンク :いいねえ。

場面説明

ハンク(レイ・ボルジャー)、ヒッコリー(ジャック・ヘイリー)らが農作業をしているところにエムおばさん(クララ・ブランディック)が現れました。エムおばさんが揚げたてのドーナッツを配っています。

【ボキャブラリー】
swell「気が利いた」

重要表現

Gosh.
「あら」

喜び、驚き、ののしりなどを示す間投詞です。

【例文】 A: I had my hair trimmed.
B: Oh, my **gosh!** You look so different!
A: 散髪にいったんだ。
B: ああ、驚いた! まるで別人だね!

POINT Godの遠回しな言い方です。みだりに神(God)の名を使用するのを避けるための代用語です。

179 / 『ビリーブ　未来への大逆転』 *On the Basis of Sex* 2018

Greene : A woman. A mother. A Jew, to boot. I'm surprised that many let you through the door.

Ruth : One sent me to interview for the secretarial pool.

Greene : Ha!

グリーン　：女性。母親。おまけにユダヤ系。よく面接にこぎつけたな。

ルース　：秘書室の面接に通されたこともありました。

グリーン　：ほう！

場面説明

ルース（フェリシティ・ジョーンズ）はハーバード大の法科大学院に通い、さらにコロンビア大に編入し首席で卒業します。しかし女性であり母親であることを理由に法律事務所への就職が決まりません。グリーン（トム・アーウィン）の法律事務所に面接に来た場面です。

【ボキャブラリー】

Jew「ユダヤ人」、**to boot**「おまけに、そのうえ」、**secretarial pool**「秘書室」

重要表現

Ha!
「ほらな！」

「そうか！」という驚きや、「ほらな！」のように自分が正しいというニュアンスが含まれている表現です。

【例文】 A: This didn't work.
B: **Ha!** You have finally understood what I've said.
A: これじゃダメだった。
B: だろう！　俺が言ったことをようやく理解したな。

POINT この場面では「ほらみろ」「どうだ」「やっぱりな」というニュアンスが含まれています。

180

『アイ・アム・サム』 *I Am Sam* 2001

Sam : **Oopsie**. Decaf double tall nonfat capp for Bruce.

Bruce : You got it buddy.

サム ：おっと。デカフェ、ダブル・トールで、ノンファットのカプチーノはブルースだね。

ブルース ：そのとおりだ、相棒。

場面説明

サム（ショーン・ペン）はスターバックスでウェイターとして働いています。サムが店内を回っていると、汚れたテーブルを見つけました。常連客のブルースに話しかけながら、汚れたテーブルを拭いています。

【ボキャブラリー】

buddy「仲間、相棒」

重要表現

Oopsie.
「おっと」

英語ネイティブが何か小さいミスをした時に使用する決まり文句です。Oops.やOopsy.と同じ意味です。

【例文】 **Oopsie!** I forgot to make a phone call to my dad.
やっちゃった！ パパに電話するのを忘れちゃったわ。

POINT 「しまった」の意味のOops.よりも小さなことを表現します。また、Oopsy.も同じ意味ですが、より控えめで可愛らしく子供っぽい響きとなります。

181 / 『インターンシップ』 *The Internship* 2013

Graham : Shazam! So close yet so far, boys.
Nick : Whoa! Graham, we were here first.

グラハム ：よしっ！ 近いようで遠いな。
ニック ：おい！ グラハム、俺らが先についたんだ。

場面説明

インターンとして採用されたビリー（ビンス・ボーン）とニック（オーウェン・ウィルソン）は最初の研修が行われる会場に到着、一番前の席に座ろうとしたところ、同じインターンのグラハム（マックス・ミンゲラ）が急いでやってきて先を越そうとしています。

【ボキャブラリー】
yet「しかし」、**Whoa.**「ちょっと待って、落ち着いて」

重要表現

Shazam!
「ジャーン！、よしっ！」

何か驚くようなことをした時や、登場する際、周囲の注目を集める声です。

【例文】 **Shazam!** I've already made dinner.
ジャーン！ もう夕食作ったよ。

POINT 魔法やマジックのように、あっという間に何かが起きる様子を表しています。

182

『ソウルフル・ワールド』 *Soul* 2020

22 : That tickles.
Joe : Uh, what are you doing?
22 : **Whoops.** I got it.
Joe : Would you hurry up?
22 : OK.

22番 ：くすぐったいね。
ジョー ：あー、何してるんだ？
22番 ：おっとっと。やっちゃったよ。
ジョー ：急いでくれないかな？
22番 ：いいよ。

場面説明

ソウル（魂）の22番はジョーの体に入り込み、大都会を歩きながら様々な感覚を楽しんでいます。22番の帽子が飛び、それを取りに走っています。

【ボキャブラリー】
tickles「くすぐったい」

重要表現

Whoops.
「おっとっと」

何かを間違えたり、正しく行えなかったりしたときに言う言葉です。

【例文】 Oh, no. I think I sent my mom a text message that was meant for my girlfriend. **Whoops!**
あ、いや。恋人に宛てたメールをママに送っちゃったみたい。おっと！

POINT これはOops! と同じ意味ですが、発音が少し違います。

183 / 『ジュリー＆ジュリア』 *Julie & Julia* 2009

Julie : I thought eggs were going to be greasy and slimy, but it tastes like cheese sauce. **Yum!**

ジュリー : 卵ってベトベトでヌルヌルを想像していたけど、チーズソースみたい。イケる！

場面説明

ジュリー（エイミー・アダムス）が人生で初めて自分でポーチドエッグを作りました。想像をはるかに超えて美味しかったことに感動している場面です。

【ボキャブラリー】

greasy「脂っぽい」、**slimy**「ヌルヌルの」

重要表現

Yum.
「美味しい」

yum（発音：ヤム）は「美味しい」「舌ざわりの良い」「ほっぺたが落ちるほどうまい」を意味し、yummyと同じです。

【例文】 This cake is wonderful! **Yum!**
このケーキは素晴らしいわ！ 美味しい！

POINT Yum-yum.と2つ合わせて表現することもあります。これは、赤ちゃん言葉で「おいちい」というニュアンスになります。

184

『マーガレット・サッチャー　鉄の女の涙』
The Iron Lady 2012

Margaret : Milk's gone up. 49 pence a pint.
Denis : **Good grief!** We'll have to economize. I suppose we could always sell the car.

マーガレット：牛乳の値段が上がったわ。1パイントで49ペンスですって。
デニス：ひどいな！　節約しないと。車を売るか？

場面説明

マーガレット・サッチャー（メリル・ストリープ）は政界引退後、認知症を患い、既に亡くなった夫のデニス（ジム・ブロードベント）と一緒に生活している幻覚を見ています。朝食を食べながらの二人の会話です。

【ボキャブラリー】
go up「値段が上がる」、**a pint**「1パイント（約500cc）」、**economize**「節約する」、**suppose**「～したらどうだろう」

重要表現

Good grief!
「やれやれだな！　まったくだ！」

驚いたり、怒ったりしたり、ショックを受けた際に言うフレーズです。

【例文】 A: The price of electricity will go up.
B: **Good grief!**
A: 電気代が上がるって。
B: やれやれだね！

POINT
似た意味の表現として、Oh, dear! やOh, boy! などがあります。どれも比較的古い表現です。Give me a break! も同じようなニュアンスを表します。

185 / 『ラブ・アゲイン』 *Crazy, Stupid, Love.* 2011

Robbie : Holy crap!

ロビー :うそだろ！

場面説明

ロビー（ジョナ・ボボ）は4歳年上で恋心を持っていた子守りのジェシカ（アナリー・ティプトン）から、中学校の卒業式の記念品として彼女の全裸写真を貰いました。驚いて独り言をつぶやいています。

重要表現

Holy crap!
「うそだろう！」

驚くような光景を見たり、信じられないことを聞いたり、ビックリしたときに、思わず口から出てしまう表現です。子供がよく使う表現で、「うそだろ！」「まじで!?」という意味です。

【例文】 **Holy crap!** I totally forgot my homework.
やばい！ 宿題すっかり忘れちゃった。

POINT Holy shit! も同義語ですが、汚い言葉なので、使うのはより軽いHoly crap! のほうが良いでしょう。

『SING/シング』 *Sing* 2016

/ 186

Animals : Moon! Open this door!
Crawly : Good morning, Mr. Moon.
Moon : Miss Crawly. What, uh... What's going on?
Crawly : You got a lot of animals waiting to see you, Mr. Moon.
Moon : I do? **Holy moly**, I really do.

動物達 ：ムーン！ ドアを開けろ！
クローリー：おはようございます、ムーンさん。
ムーン ：ミス・クローリー、何事だい？
クローリー：動物達があなたに会いたいと、ムーンさん。
ムーン ：僕に？ たまげた、本当だ！

場面説明

舞台に魅せられて劇場主になったコアラのバスター・ムーンですが、劇場の運営は厳しい状態です。朝、事務所の前には前の舞台のスタッフ達が給料を払うように集まっています。出勤してきたイグアナの事務員のクローリーとムーンの会話です。

【ボキャブラリー】
What's going on?「何事だ？」

重要表現

Holy moly.
「おやまあ」、
「なんてことだ」

「えーっ」などのように、何かに驚いたり、がっかりした際に使う表現です。スラングとして使われているので「なんてこった！」「おおおーっ！」などの日本語のような使われ方をします。

【例文】 A: Look up at the sky! The sky is full of stars.
B: **Holy moly!**
A: 空を見てごらん！ 満天の星空だよ。
B: おおおーっ！

POINT Oh my god.やOh my gosh.のようなニュアンスで使うことができます。似たような表現にHoly mackerel!「たまげた」もあります。mackerelは「（魚の）サバ」の意味です。Holy cow! やHoly shit! などと同様の意味で使われます。

187 / 『パディントン』 *Paddington* 2014

Mary : Henry! Henry, do not go out there!
Jonathan : Do it, Dad.
Henry : Someone has to. And that someone is me.
Mary : Oh, **I say!**

メアリー ：ヘンリー！ 行っちゃダメ！
ジョナサン：頑張って、パパ。
ヘンリー ：誰かが行かねば。それは私だ。
メアリー ：あら、まあ！

場面説明

パディントンはミリセント（ニコール・キッドマン）に捕まってしまいます。ブラウン一家はパディントンを助けるために自然史博物館に来ましたが、そう簡単ではありません。父親のヘンリー（ヒュー・ボネヴィル）が一人で窓の外に出ようとしています。妻のメアリー（サリー・ホーキンス）と息子のジョナサン（サミュエル・ジョスリン）との３人の会話です。

重要表現

I say!
「まあ、本当に！」

直訳すると「私は言います」ですが、驚きやショックなどを表現するときに使います。

【例文】 A: I have to go home soon.
B: Oh, **I say!** Is that the time already?
A: そろそろ家に帰らないと
B: あら、まあ！ もうそんな時間ですか？

POINT 古いイギリス英語の表現です。

188

『バック・トゥ・ザ・フューチャー』
Back to the Future 1985

Marty : Perfect. **Just perfect.**
Biff : I can't believe you'd loan me a car without telling me it had a blind spot.

マーティ :うそ。うそでしょう。
ビフ :死角があることを告げずに 車を貸してくれるなんてな。

場面説明

過去にタイムスリップしたマーティ（マイケル・J・フォックス）が帰宅すると、デートで使おうとしていた車が事故を起こしていました。家の中では、父ジョージ（クリスピン・グローヴァー）の学校の不良学生ビフ（トーマス・F・ウィルソン）が、自分が交通事故を起こしたにもかかわらずジョージに怒っています。

【ボキャブラリー】
loan「貸す」、**blind spot**「死角」

重要表現

Just perfect.
「うそでしょう」

直訳すると「ちょうどいい」という意味ですが、これは主に、起こってほしくないことが起こったことを示すために皮肉の意味が込められています。

【例文】**Just perfect.** Today is my only day off this month and it is raining. I can't believe my bad luck.
うそだろ。今日は今月唯一の休日なのに、雨だ。自分の運の悪さが信じられない。

POINT アメリカ人とのコミュニケーションにおいて、皮肉は非常に重要な要素ですが、アメリカ人以外の人にとっては戸惑うこともあります。

189 / 『ワーキング・ガール』 *Working Girl* 1988

Tess : Um…I don't usually have a bunny on my desk. It was my birthday a few days ago.

Katharine : **No kidding?** Mine's next Tuesday. How old?

テス : ああ……普段は机にはウサギちゃんは置かないですが、数日前、私の誕生日だったもので。

キャサリン : 嘘でしょ？ 私は来週の火曜日よ。おいくつ？

場面説明

新たに赴任してきたキャサリン部長（シガニー・ウィーバー）と新任秘書のテス（メラニー・グリフィス）が挨拶を交わしながら会話をしている場面です。

【ボキャブラリー】

bunny「うさぎ、うさぎちゃん(うさぎの愛称)」

重要表現

No kidding?
「冗談でしょ？」

ネイティブの日常会話で非常に頻繁に使用される表現です。kidは「からかう」「冗談を言う」という意味の動詞です。

【例文】 A: My brother-in-law is a billionaire.
B: **No kidding?**
A: 僕の義兄は億万長者なんだ。
B: 嘘だろ？

POINT 相手に驚くようなことを言われたときのリアクションで使用され「本当？」「とんでもない！」といったニュアンスです。

『シェフ 三ツ星フードトラック始めました』
Chef 2014

190

Martin : Hey, Carl, hey, papi. I don't know if you heard or not, but I got bumped up, man, to sous-chef.

Carl : Sous-chef? **No shit**, that's excellent.

Martin : Yeah.

Carl : Congratulations, man, that's a big deal.

マーティン：カール。聞いているかどうかわからないけど、僕は副料理長に昇進したんだ。

カール：副料理長？　本当か。すごいじゃないか。

マーティン：ああ。

カール：おめでとう！　やったな。

場面説明

カール（ジョン・ファヴロー）の友人で元部下のマーティン（ジョン・レグイザモ）がマイアミにいるカールに電話で副料理長になったことを報告している場面です。

【ボキャブラリー】

papi「《呼びかけ》パパ、お父ちゃん（スペイン語）」、**bumped up**「昇進する」、**sous-chef**「副料理長」

重要表現

No shit!
「本当か！」

「うそ！、うそつけ！、本当?!、まさか！」といった不信・驚きを表します。

【例文】 A: He got divorced last month.
B: **No shit!**
A: 彼は先月離婚したよ。
B: まじかよ！

POINT 非常に下品な言葉なので、仲間内だけで使用しましょう。

191 / 『マスク』 *The Mask* 1994

Stanley : Stupid. She would never. **No way!** Hold on, sugar. Daddy's got a sweet tooth tonight.

スタンリー：バカだなぁ。彼女はそんなことしない。ありえない！ 待てよ、君。今夜はパパが甘いもの好きなんだ。

場面説明

ティナ（キャメロン・ディアス）の夢から覚めたスタンリー（ジム・キャリー）は、彼女が自分に興味を持つことはないと考えます。しかし、彼はマスクを見て、魔法の力で彼女を勝ち取れないか考えています。

【ボキャブラリー】
sugar「女性に対しての古い呼びかけ」、**sweet tooth**「甘党」

重要表現

No way.
「まさか、嘘みたい、ありえない」

There is no way.の省略です。本来はありえないようなことが起きた時に「無理だ」という意味で使います。

【例文】 A: He is only 20 years old.
B: **No way.** He is already losing his hair!
A: 彼はまだ20歳です。
B: そんなわけないでしょ。彼はもうハゲてる！

POINT There is no way that...「〜なんてありえない」のような文章で使うことも多いです。

『オズの魔法使い』 *The Wizard of Oz* 1939

192

Scarecrow: Oh, I'm not feeling at all well. You see. It's very tedious being stuck up here all day long with a pole up your back.

Dorothy : **Oh dear**, that must be terribly uncomfortable. Can't you get down?

かかし ：ああ、僕は気分が良くないよ。だって、こんな場所で一日中竿を背負って立たされてるなんて、とても退屈なんだ。

ドロシー ：まあ、ずいぶん居心地が悪いでしょうね。降りられないの？

場面説明

黄色いレンガの十字路でドロシー（ジュディ・ガーランド）が立ち止まると、かかし（レイ・ボルガー）が話しかけてきました。ドロシーは当惑しています。

【ボキャブラリー】

tedious「退屈な」、**stick up**「突き立てる」

重要表現

Oh dear.
「おやまあ」

驚き、いらだち、同情などを表します。女性的な間投詞です。

【例文】 **Oh dear**, you look down.
あら、元気なさそうだね。

POINT My dear. や Dear. も同じ意味で使用されます。

193 / 『インターンシップ』 *The Internship* 2013

Billy : Nickelodeon! Come here! Meet Graham.
He's in the internship program with us.

Graham : You're interns? **Shut up!**

ビリー　：ニック！ 来いよ！ グラハムだ。僕らと同じインターンだ。
グラハム：あなた方も？ まさか！

場面説明

中年であるビリー（ビンス・ボーン）とニック（オーウェン・ウィルソン）は、Googleのインターンとして採用されます。研修の初日に同じインターンのグラハム（マックス・ミンゲラ）が、明らかに年上のビリーとニックを偉い人だと勘違いをして声をかけます。しかし、同じインターンと知り驚きを隠せません。

【ボキャブラリー】
Nickelodeon「ニックの愛称(米国の子ども向けテレビチャンネルの名前)」

重要表現

Shut up!
「嘘だろ！ まさか！」

shut upは「静かにさせる、黙らせる」の意味ですが、親しい関係同士では、「嘘！」「ありえない！」の意味で使うことができます。

【例文】 A: He bought a brand new car!
B: **Shut up!**
A: 彼は新車を買ったんだよ！
B: まさか！

POINT カジュアルな表現です。

『マイ・インターン』 *The Intern* 2015

194

Matt : Paige learned to say "humongous" today.
Jules : Really?
Matt : **Cracks me up.**

マット ：ペイジが今日、"超"っていう言葉を覚えたよ。
ジュールズ：本当？
マット ：笑ったよ。

場面説明

ジュールズ（アン・ハサウェイ）はファッションサイトの運営会社のCEO兼、一児の母です。ジュールズの夫のマット（アンダーズ・ホーム）が主夫として育児や家事をこなしています。夜、寝る前に娘のペイジ（ジョジョ・クシュナー）について話しているシーンです。

【ボキャブラリー】
humongous「巨大な、とてつもなく大きい、バカでかい」

重要表現

Cracks me up.
「笑わせてくれるね、ウケるね」

crack someone upは「人を大笑いさせる」の意味です。この場面ではジュールズとマットが娘のペイジの話題について会話をしています。笑わせたのはペイジ（彼女）なので、She cracks me up.のsheが省略されています。話をしている相手（あなた）が笑わせるような行動をした際には、Youを省略して、Crack me up! を使います。

【例文】 A: Good morning. I was almost late.
B: Hi. You are wearing odd socks. You **crack me up**!
A: おはよう。あやうく遅れそうだったよ。
B: おはよう。左右で違う靴下はいてるよ。ウケる！

POINT crackは元々は「突然ひび割れる、ピシャリと鳴る」という意味があります。紐を引くと急にパンと音の鳴るChristmas cracker(クラッカー)もこの単語を使います。今回のCracks me up.は何か思いもよらないことがあって突然声に出して大笑いするようなイメージです。

195 / 『バック・トゥ・ザ・フューチャー』
Back to the Future 1985

Jennifer : Does your mom know? About tomorrow night?

Marty : Nah. **Get outta town**. My mom thinks I'm goin' camping with the guys.

ジェニファー ：お母さんは知ってるの？ 明日の夜のこと？

マーティ ：いや。まさか。ママは僕がみんなとキャンプに行くって思ってる。

場面説明

マーティ（マイケル・J・フォックス）はジェニファー（クローディア・ウェルズ）と一泊のデートを計画しています。そのことについて二人で話している場面です。マーティは、家族が許してくれないと思っているので内緒にしています。

【ボキャブラリー】

nah「いいえ」、**guys**「連中」

重要表現

Get outta town.
「まさか」

信じられないようなことを言われた際に、「嘘だろ、まさか」、と自分の考えとはかけ離れていることを表しています。これは少し古い表現です。

【例文】**Get outta town**. You got perfect on the test? I thought you didn't study for it!
まさか。テストは完璧だった？ 勉強してないのかと思った！

POINT outtaはout ofです。直訳はGet out of town.「町から出て行け」なので、もちろん、これは親しい友人や家族にしか使ってはいけない言葉です。

『ホリデイ』 *The Holiday* 2006

196

Amanda: It's just a little confusing, because you're the one who wanted to go out to know one another.

Graham : When you put it that way, **it sounds awful**.

アマンダ　：話が違うんじゃない？　だってあなたはお互いを知るためにランチに誘ったんでしょ。

グレアム　：そう言われると、弱いな。

場面説明

グレアム（ジュード・ロウ）に思いを寄せるアマンダ（キャメロン・ディアス）は思い切ってグレアムの住む家を訪ねます。そこには、妻と死別し二人の娘と暮らしているグレアムがいました。アマンダはグレアムに、子供がいることを今まで黙っていた理由について問いただしています。

【ボキャブラリー】

confusing「混乱」

重要表現

It sounds awful.
「ひどい話だね」

「それはひどい話だ」の意味。相手の発言に「それはひどい話だね」「最悪だね」「散々だね」と相づちをうつ時のフレーズです。

【例文】 A: How was your trip?
B: It rained all day and the flight was delayed.
A: Oh, **it sounds awful**.
A: 旅行はどうだった？
B: ずっと雨で、飛行機も遅れた。
A: それはひどかったね。

POINT

awfulは「ひどい」という意味です。相手の話を聞いたあと、同意したり同情するように「ひどいね」「ひどかったね」と言いたい時には、That(It) sounds awful. と表現されます。

197 / 『はじまりのうた』 *Begin Again* 2013

Steve　　: Oh my God!
Gretta　 : Hello! **Look at you!**
Steve　　: Oh my God!

スティーブ：マジか！
グレタ　　：こんにちは！　ちょっと！
スティーブ：信じられない！

場面説明

イギリスに住んでいるグレタ（キーラ・ナイトレイ）は恋人の仕事の都合で一緒にニューヨークに来ています。ニューヨークを歩いていると弾き語りをしている昔の友人のスティーブ（ジェームズ・コーデン）に偶然会い、お互いに喜んでいます。

重要表現

Look at you!
「あら！　ちょっと！」

直訳すると「あなたを見みなさい」ですが、相手の様子に驚いた時に使います。「素敵だね」と褒めるニュアンスもありますが、「ちゃんと自分を見つめなさい」という悪いニュアンスでも使うことができます。

【例文】 A: **Look at you!** You look so cute!
B: Thank you!
A: ちょっと！　すごく可愛い！
B: ありがとう！

POINT 偶然会った友人スティーブの家でたくさんのCDを見てグレタは、Look at you. You've got CDs.「ちょっと。たくさんCDがあるじゃない」と言っています。この映画でグレタはよくこのフレーズを言っています。

198

『赤ちゃんはトップレディがお好き』
Baby Boom 1987

J.C. : I just didn't hear the part... Hello? What's going on? I didn't hear the part... Well, oh, **my goodness**. A cousin of mine died with his wife in some sort of an accident.

J.C. ：聞こえなかったんですけど……。もしもし？　何があったんですか？　聞こえないんですが……。え、なんて、何てことかしら。いとこが奥さんと共に事故死したんだって。

場面説明

J.C.（ダイアン・キートン）に突然電話が入ります。国際電話のためはっきりと聞こえず何度も聞き返しますが、いとこが亡くなったという内容でした。そばにいた同棲している彼氏のスティーブン（ハロルド・レイミス）にこのことを伝えています。

【ボキャブラリー】
sort of「一種の～」

重要表現

Oh, my goodness.
「あらまあ」

驚き、失望などの感情を表す「あらまあ」を意味していいます。goodness は「善良性」や「長所」という意味です。

【例文】**Oh my goodness,** I won the lottery!
なんと、宝くじに当選した！

POINT　Oh, my God.の婉曲形です。Oh, my God.という言い方に含まれる「宗教」の雰囲気を避けるため、クリスチャン以外の人が敢えてGodという単語を使わずにgoodnessと言う場合もあります。

199 / 『恋は突然に。』 *Catch & Release* 2006

Ellen : **That's impossible.**
Gray : The mother is a massage therapist in Los Angeles.
Ellen : Well, she is lying. Grady wasn't that stupid.

エレン ：ありえないわ。
グレイ ：母親はLAのマッサージ師よ。
エレン ：彼女は嘘をついているの。グラディはそんな愚かじゃないわ。

場面説明

グレイ（ジェニファー・ガーナー）は亡くなった婚約者グラディの母親であるエレン（フォイナ・ショウ）に、彼には他の女との間に子供までいたことを伝えます。しかし、エレンはその話を信用してくれません。

【ボキャブラリー】
therapist「セラピスト、療法士」、**stupid**「愚かな、ばかな」

重要表現

That's impossible.
「ありえない」

「無理」という意味でよく使われますが、今回の例文のような「ありえない」という状況でも便利に使うことができます。

【例文】 A: I am not a guest, just a maid on this floor.
B: **That's impossible.**
A: 私は宿泊客じゃなくて、このフロアのただのメイドなのよ。
B: そんなのありえない。

POINT 信じられないようなことを聞いたりしたような状況で「そんなことありえない」と言いたいときの便利なフレーズです。

/200

『ソウルフル・ワールド』 *Soul* 2020

Terry : Mm, **that's weird.**
Counselor : What is it?
Terry : The count's off.
Counselor : Excuse me?
Terry : There's a soul missing. The count's off.

テリー ：あら、変だなあ。
カウンセラー ：どうしたんですか？
テリー ：カウントがずれています。
カウンセラー ：どういうことですか？
テリー ：魂が１つ行方不明です。カウントがずれてる。

場面説明

テリーは新しく死後の世界にやってきた魂を数えるのが仕事です。死んで死後の世界に来るはずだったジョーが逃げてしまったため、来るはずの魂の数と実際の数が違っています。

【ボキャブラリー】
missing「ない」、**off**「ずれる」

重要表現

That's weird.
「それは変だ」

異常な事態や、珍しい人、場所、物事に対して使うことができます。

【例文】 A: **That's weird.** I just had an intense feeling of Deja vu.
B: I hate it when that happens.
A: 変だ。強烈なデジャヴを感じたんだけど。
B: そういうのって嫌ですよね。

POINT weirdは「気味が悪い」というようなネガティブなニュアンスがあるため、使う場合は失礼になる可能性がある表現です。使う場合は、unique「ユニーク」などの言葉のほうがいいかもしれません。

201 / 『ラブ・アゲイン』 *Crazy, Stupid, Love.* 2011

Cal : And now I have had sex with nine different women—God!

Emily : Nine? Nine! Wow. **You showed me.**

キャル : それから僕は9人の女性とセックスした、ヤバー！

エミリー : 9人？ 9人ですって！ まあ、大した当てつけね。

場面説明

キャル（スティーヴ・カレル）は妻のエミリー（ジュリアン・ムーア）の浮気のせいで離婚することになりました。その当てつけに、キャルはジェイコブ（ライアン・ゴズリング）からナンパの指南を受けて9人の女性とセックスしたことをついエミリーに打ち明けてしまいます。

重要表現

You showed me.
「大したもんだね」

「あなたは私に見せてくれました」が直訳です。実際は何を見せたかで良し悪しの意味が変わります。

【例文】 **You showed me.** You were the greatest statesman in our country.
見せてくれましたね。あなたは我が国の最高の政治家でした。

POINT 相手のしたことに対して、大きな驚きをもって返す表現です。

202

『リトル・ミス・サンシャイン』
Little Miss Sunshine 2006

Sheryl : He's gonna join the Air Force Academy, become a test pilot, and he's taken a vow of silence until he reaches his goal.

Frank : **You're kidding.**

シェリル ：彼は空軍士官学校に入って、テスト・パイロットになるつもりなの。それで目標を達成するまでは沈黙を守ると誓ったのよ。

フランク ：まさか。

場面説明

フランク（スティーヴ・カレル）は妹のシェリル（トニ・コレット）の家に来ています。シェリルの息子のドウェイン（ポール・ダノ）は全くしゃべりません。シェリルは息子がしゃべらない理由について説明しています。

【ボキャブラリー】
the Air Force Academy「米国空軍士官学校」

重要表現

You're kidding.
「まさか」

相手の言ったことが信じられないとき使用します。No kidding.も同義です。

【例文】 A: I used to work at a spy academy.
B: **You're kidding.**
A: 僕は以前、スパイ学校に勤務していました。
B: ご冗談でしょ。

POINT 「冗談だよ」と自分が言ったことをすぐ取り消すときはJust kidding.と言います。

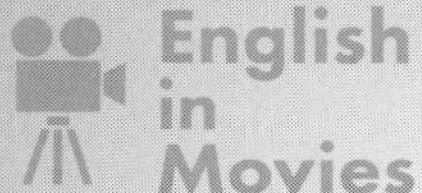

第 9 章

指示・命令

203 / 『7つの贈り物』 *Seven Pounds* 2008

Emily : This is for you. You don't have to say anything, I just got it. Change in there. Dinner is ready, and you're not. So Hurry up. **Chop-chop!**

(Ben changed into the shirt Emily had given him.)

Emily : You look great.

Ben : Yes… It's pink.

エミリー ：あなたに。何も言わなくていいわ、ただ買ったのよ。着替えて、そこで。夕食の準備はできてるけど、あなたはまだよ。急いでね。ほら急いで！

（ベンはエミリーからもらったシャツに着替える）

エミリー ：素敵よ。

ベン ：ああ……。ピンクだ。

場面説明

ベン（ウィル・スミス）は心臓病を患っているエミリー（ロザリオ・ドーソン）の身の回りのことを手伝ううちに、お互い惹かれ合うようになります。エミリーはベンを自宅での食事に誘いました。エミリーがベンにシャツをプレゼントしているシーンです。

【ボキャブラリー】

hurry up「急ぐ」

重要表現

Chop-chop!
「急いで！」

カジュアルな表現です。子供を急かす際によく使われています。

【例文】 A: Come on! **Chop-chop!** We want to get to the station in 15 minutes!
B: Okay, mom.
A: ほら！ 急いで！ 15分で駅に着きたいの！
B: わかったよ、ママ。

POINT Hurry up! と同じ意味です。カジュアルな表現ですので、ビジネスシーンではあまり使われません。

204

『ソウルフル・ワールド』 *Soul* 2020

Joe : Hey! **Focus**! Listen to me. We gotta get out of here before they take me away.

22 : Take you away? You're gonna leave me?

Joe : No way! That's my body you're in.

ジョー ：おい！ 集中しろ！ 聞いてくれ。連れて行かれる前に、ここから逃げなきゃ。

22番 ：連れて行かれる？ 俺を置き去りにするのか？

ジョー ：まさか！ 俺の体にいるんだぞ。

場面説明

マンホールに落ちて死んだはずのジョーは、ソウル（魂）の22番を連れて地球に帰ってきます。しかし、ジョーの魂は猫の体に入り、22番は病院のベッドにいるジョーの体の中に入ってしまいました。

【ボキャブラリー】

gotta「have got toの略」、**gonna**「going toの略」

重要表現

Focus.
「集中しろ」

Focus your attention.がこの文の全体の意味ですが、命令として言う場合は一語に短縮されます。

【例文】 **Focus**. You need to make this free throw shot to win the basketball game.
集中しろ。バスケットボールの試合に勝つにはこのフリースローシュートを決める必要がある。

POINT 多くの一言での命令語と同様に、これは通常、友人や気の置けない知人に対して使います。

205 / 『ジーサンズ　はじめての強盗』 *Going in Style* 2017

Guard : Hey, you. Stop right there! Hey! **Halt! Halt!**
Albert : What are you chasing me for?
Guard : **Halt!**

警備員　：おい、お前、そこで止まれ！　おい！　止まれ！
アルバート：なぜ追うんだ？
警備員　：止まれ！

場面説明

ジョー（マイケル・ケイン）、アルバート（アラン・アーキン）、ウィリー（モーガン・フリーマン）の３人はニューヨークに住むシニアで友人です。銀行強盗をする手始めに、スーパーマーケットで万引きをしようとしますが、何もしていないアルバートが警備員から捕まってしまいます。

【ボキャブラリー】
chase「追う、追跡する」

重要表現

Halt! 「止まれ！」	Stop! と同じ意味で使われます。違いはあまりありませんが、映画のシーンでは何かを追いかけている時に使われる場合が多いです。

【例文】**Halt!** You can't enter here without a permit.
止まれ！　許可なしでの立ち入りは禁止だ。

POINT haltには、急に何かの行動を止めさせるイメージがあります。

『ジーサンズ はじめての強盗』 *Going in Style* 2017

Brooklyn : Good morning.
Rachel : Your father made you breakfast.
Brooklyn : Holy shit!
Murphy : Easy!
Joe : **Language.**
Brooklyn : Sorry.

ブルックリン：おはよう。
レイチェル：パパがあなたの朝食をつくったって。
ブルックリン：ヤバー！
マーフィー：ひどいな！
ジョー：言葉遣いには気をつけなさい。
ブリックリン：ごめんなさい。

場面説明

今まで孫娘のブルックリン（ジョーイ・キング）の世話をやたらとみてきたジョー（マイケル・ケイン）ですが、銀行強盗の当日の朝、もう世話をやくことができなくなることを想定して、義理の息子マーフィー（ピーター・セラフィノヴィッツ）に彼女を託します。

【ボキャブラリー】
Holy shit.「くそヤバー」、**Easy.**「優しくしてくれよ（勘弁してよ）」

重要表現

Language.
「言葉遣い（に気をつけなさい）」

「言語」のほか「言葉遣い」という意味があり、一語で「言葉遣い（に気をつけなさい）」という意味があります。

【例文】 **Language!** You are her sister.
言葉遣いに気をつけなさい！ あなたはお姉さんなんでしょ。

POINT 親が子供に、先生が生徒に使用することがありますが、ビジネスで使用されることもあります。Watch the language.「言葉に気をつけて」もよく使われます。

207 / 『7つの贈り物』 *Seven Pounds* 2008

Ben : I put on 20 pounds. I'm in the best shape of my life. Are you eating? Are you taking care of yourself? Cuz, well you sound terrible again.

Thomas : Yeah, fine. **Look**, I gotta go. Give Melanie and the kids, a hug and a kiss. I'll talk to you later.

ベン ：体重が9キロ増えたんだ。体調は最高にいいよ。ちゃんと食べてる？ 体をいたわってる？ またひどい声しているよ。

トーマス ：ああ、大丈夫だ。いいか、行かなきゃ。メラニーと子供たちによろしく。また今度な。

場面説明

トーマス（ウィル・スミス）と弟のベン（マイケル・イーリー）が電話で話をしています。トーマスは自分の肺を弟のベンに臓器提供しました。お互いの体調を心配している二人ですが、国税庁で働くベンの身分証明書を勝手に持ち出しているトーマスはあまり長く話したくありません。

【ボキャブラリー】

be in the best shape「体調が最高に良い」、**cuz**「becauseの短縮形」

重要表現

Look.
「いいですか」

注目して欲しい時に、「ねえ」「ちょっと」「いい？」など、呼びかけとして使います。

【例文】 A: **Look**, listen to me.
B: What? I don't have much time. I gotta go.
A: いいか、よく聞け。
B: 何？ 時間ないんだけど。行かないと。

POINT 会話の冒頭で、大切な話をする前によく使用されます。

『パディントン』 *Paddington* 2014

Henry : Paddington? Paddington!
Paddington : **Psst!** Mr. Brown? In here.

ヘンリー ：パディントン？ パディントン！
パディントン ：ねぇ！ ブラウンさん？ ここだよ。

場面説明

パディントンは叔父や叔母から、ロンドンにはとても良くしてくれる探検家がいることを伝えられています。その人を探すため、パディントンは、ブラウン一家の父親のヘンリー（ヒュー・ボネヴィル）と共に地理学者協会を訪れますが、そんな人はいないと言われてしまいます。二人が協会に忍び込もうとしている場面です。

重要表現

Psst!
「（こっそりと静かに）ねぇ！ おい！」

静かな場所で、周囲の人から気づかれないように、声を出さずに相手の気を引きたい時に使います。口から空気を出すような発音です。

【例文】 A: Where are you?
B: **Psst!**
A: どこにいるの？
B: おい！

POINT 周りに気づかれないように「ねぇ、ちょっと」と呼びかける際に使われます。こっそりと相手を呼ぶ表現なので、発音は[pst]になります。

209 / 『アルマゲドン』 *Armageddon* 1998

Willie Sharp Colonel : Steady. Take it back. That's what you'll have to do. Get them off backwards.

ウィリアム・シャープ大佐 ：落ち着くんだ。取り外して。それが君がしなきゃいけないことだ。後方から降ろすんだ。

場面説明

ウィリアム・シャープ大佐（ウィリアム・フィクナー）が、宇宙船で爆発するかもしれない核爆弾の解体方法を指示しています。

【ボキャブラリー】

backwards「後ろ向きで、反対に」

重要表現

Steady.
「落ち着いて」

冷静沈着に物事を進めてほしいときに使います。

【例文】 A: Stop moving the ladder so much.
B: Sorry. You're almost at the top. **Steady.**
A: Hold it tight. I don't want to fall.
A: そんなにハシゴを動かすのはやめて。
B: ごめん。もう少しで頂上だよ。落ち着いて。
A: しっかり持ってて。落ちたくないよ。

POINT 気をつけていないと何か危険なことや恐ろしいことが起こるかもしれない状況の際に使われます。

210

『バック・トゥ・ザ・フューチャー』
Back to the Future 1985

Doc : Come on, Einie. Hey, boy. Get in there. Attaboy. In you go. Sit down. Put your seat belt on. That's it.

Marty : **Whoa, whoa.** Okay.

ドク ：さあ、アイニー。おい、お前、そこに入れ。いいぞ。入るんだ。座れ。シートベルトをしろ。それでいい。

マーティ ：おっと、ゆっくり。オーケー。

場面説明

ドク（クリストファー・ロイド）は、愛犬アインシュタイン（アイニー）を車にのせて実験をしています。マーティ（マイケル・J・フォックス）はビデオカメラを持ち録画しています。マーティはしっかりとビデオに収めるため、アインシュタインに声をかけています。

【ボキャブラリー】
Attaboy「よし(男の子やペットに対する言葉)」

重要表現

Whoa.
「ゆっくりね」

元々は乗馬の際に、馬にスピードを落としてほしいときに使う言葉でしたが、今では人に対しても使うことができます。

【例文】**Whoa, whoa.** The roads in this part of the city are narrow, so you need to drive carefully.
ゆっくりね。この辺りは道が狭いので、慎重に運転する必要があります。

POINT 本来は馬をなだめたり手づなを引く際に使われた言葉です。その由来から「ちょっと待って、落ち着いて」の意味として使われるようになりました。その際はWhoa, whoa.のように2回連続で使うのが一般的です。また、Whoa.はWow.のように驚きを表すこともあります。

211 / 『幸せの教室』 *Larry Crowne* 2011

Dr. Matsutani : This course pack, written by guess who, is your map to a safe economic harbor. **All aboard!**

マツタニ教授 ：このコースパックは、誰が書いたかはいわずもがなだが、安全な経済の港に諸君を導く地図である。さあ、乗船したまえ！

場面説明

経済学の新学期初回の講義で担当のマツタニ教授（ジョージ・タケイ）が学生らに向かって話している場面です。

【ボキャブラリー】
aboard「乗船の」

重要表現

All aboard!
「皆、乗船！」

乗客に対して「皆さま、ご乗船願います！」の意味ですが、比喩として何かを始める前に使用されます。

【例文】 **All aboard.** Let's get started.
皆さん、いいですか。さあ始めましょう。

POINT Welcome aboard!「歓迎します！」という表現も乗船に限らず一般的に使用されています。併せて覚えておきましょう。

『ジーサンズ　はじめての強盗』
Going in Style 2017

212

Joe　　: I've got to check in at the ticket office.
Paul　　: Well, **be good.**
Joe　　: I won't be good. But I will be careful.

ジョー　　：チケット売り場に行く。
ポール　　：そうか、いい子でな。
ジョー　　：それは難しいが、気をつける。

場面説明

ジョー（マイケル・ケイン）、アルバート（アラン・アーキン）、ウィリー（モーガン・フリーマン）の３人が銀行強盗を決行する当日、老人ホームではチャリティーイベントが開催されています。ジョーはアリバイを作るため、ポール（アンソニー・チザム）に話しかけています。

【ボキャブラリー】
ticket office「チケット売り場」

重要表現

Be good.
「いい子にしなさいね」

親が小さな子供に対して、「おとなしくしていなさいね」の意味で使うフレーズです。

【例文】A: Mom, where are you going?
B: I'm bringing the laundry in. **Be good.**
A: ママ、どこ行くの？
B: 洗濯物を取り込むのよ。いい子にしててね。

POINT　Be a good boy (girl). と同じ意味になります。

213 / 『めぐり逢い』 *An Affair to Remember* 1957

Nickie : Well, where were we?
Terry : Well, I was about to tell you where I was born and I was born in Boston.
Nickie : I can hardly wait for you to grow up.
Terry : Yes. Well, **be patient.**

ニッキー ：どこからだった？
テリー ：どこで生まれたのか言おうとしてたのよ。ボストン生まれよ。
ニッキー ：育ちについての話を待ちきれないよ。
テリー ：焦らないで。

場面説明

ニッキー（ケーリー・グラント）とテリー（デボラ・カー）は船の甲板でお互いの生まれ育ちを語り親しくなり始める場面です。

【ボキャブラリー】
be about to「〜するところ」

重要表現

Be patient.
「焦らないで」

「辛抱して」「我慢して」「焦らないで」という意味です。

【例文】 A: I'm so hungry! Is lunch ready yet?
B: Not yet. Just **be patient.**
A: お腹ペコペコだよ！ 昼食の用意できた？
B: まだよ。もうちっと我慢して。

POINT patient は名詞「患者」の意味があります。形容詞で使用すると我慢の足りない相手に対して「少し我慢して」と伝える表現になります。

214

『ビリーブ　未来への大逆転』
On the Basis of Sex 2018

Court Clerk : All rise. The United States Court of Appeals for the 10th Circuit is now in session. Judges Doyle, Holloway, and Daugherty presiding.

Judge Holloway : **Be seated.**

裁判所書記官 ：起立。第10区控訴裁判所を開廷します。判事はドイル、ハロウェイ、ドハティ。

ハロウェイ判事 ：着席。

場面説明

性差別についての裁判が今から開始される場面です。裁判所の書記官が裁判開始を合図する挨拶をしています。

【ボキャブラリー】
All rise.「全員起立(集会や裁判所などで使われる)」、**The United States Court of Appeals**「合衆国控訴裁判所」、**Circuit**「巡回控訴審」、**be in session**「開廷中である」、**Judges**「判事」、**presiding**「議長を務める」

重要表現

Be seated.
「おかけください」

多くの人が集まるような場所で、出席者全員に着席するように促す表現です。

【例文】 A: Nice to meet you.
B: Nice to meet you, too. **Be seated**, please.
A: お会いできて光栄です。
B: よろしくお願いします。どうぞお座りください。

POINT 着席を促す表現は、Have a seat.やTake a seat.もあります。Be seated.はビジネスの場面でも使うことができる丁寧な表現です。

215 / 『シェフ 三ツ星フードトラック始めました』 *Chef* 2014

Carl : Hey, pal.
Percy : Hey.
Carl : **Buckle up**, buddy. Sorry I'm late.
Percy : I'm used to it.

カール ：やあ。
パーシー ：やあ。
カール ：シートベルト締めるんだぞ、相棒よ。悪いな、遅れた。
パーシー ：慣れてるよ。

場面説明

マイアミ生まれのカール（ジョン・ファヴロー）は、一流レストランで総料理長を務めています。離婚歴がありますが、息子のパーシー（エムジェイ・アンソニー）とは定期的に会うことができます。今日は面会の日です。

【ボキャブラリー】
be used to 名詞「～に慣れている」

重要表現

Buckle up.
「シートベルトを締めて」

buckleは「留め金、バックル」を意味します。動詞としても使うことができ、「バックルを締める、留め金をつける」の意味です。

【例文】 A: **Buckle up.** We're leaving.
B: OK!
A: シートベルトしてね。出発するよ。
B: 大丈夫だよ！

POINT Fasten your seatbelt.と同じ意味になります。カジュアルな表現です。

『ミス・シェパードをお手本に』
The Lady in the Van 2015

216

Clerk : You all right, my love? Looking especially lovely today, sweetheart.

Miss Shepard : Don't "sweetheart" me. I'm a sick woman! Dying, possibly.

Clark : Well, **chin up**, love, we all gotta go sometime.

店員 ：大丈夫かい、婆ちゃん、今日はとくにキレイだな。

ミス・シェパード：なれなれしく呼ばないで。私は病気なんだよ！　死期も近い。

店員 ：元気だせよ。皆いつかは死ぬんだ。

場面説明

ミス・シェパード（マギー・スミス）が劇作家のベネット（アレックス・ジェニングス）と一緒に市場を歩いていたとき、果物売りの男性に声をかけられます。

【ボキャブラリー】
sweetheart「《呼びかけ》愛する人、ねえ、あなた（動詞「なれなれしく呼ぶ」）」

重要表現

Chin up.
「元気を出して」

「顎を上げる」つまり「元気を出す」の意味です。

【例文】**Chin up!** You can make it.
元気だせよ！　うまくいくよ。

POINT Keep your chin up!「頑張れよ！」も併せて覚えておきましょう。なおchin-upで「懸垂する」という意味の動詞として使用することもあります。

217

『ワーキング・ガール』 *Working Girl* 1988

Ruth : You go home and **cool off**.
Tess : Okay.

ルース ：家に帰って、頭を冷やしてね。
テス ：はい。

場面説明

テス（メラニー・グリフィス）は上司と対立しポジションを失いますが、人事部長のルース（オリンピア・デュカキス）がテスのために新しいポジションを特別に準備した場面です。

重要表現

Cool off.
「頭を冷やせ」

「涼しくなる」と「頭を冷やす」という二つの意味があります。

【例文】 A: If I see him at the bar tonight…I'll lose it.
B: Hey, **cool off**. I don't want you starting fights with someone who could easily destroy both of us.
A: もし今夜バーで彼を見かけたら……気が狂いそうだ。
B: ちょっと、冷静になってよ。私たち二人を簡単に破滅させるような相手と喧嘩を始めてほしくないわ。

POINT 自分または相手が感情的になっているとき「冷静になる」という意味で使用します。

218

『恋は突然に。』 *Catch & Release* 2006

Sam : You going to eat both of those, or…
Fritz : No. **Dig in.**
Sam : Thanks, man.

サム : おまえ二つとも食う気か、それとも……。
フリッツ : いや、召し上がれ。
サム : ありがとう。

場面説明

グレイ（ジェニファー・ガーナー）とフリッツ（ティモシー・オリファント）は夜食にサンドウィッチを食べようとしていました。そこにサム（ケビン・スミス）が起きてきたので、グレイは部屋から出ていきます。その後、サムがキッチンに入ってきて、サンドウィッチを食べたそうな素振りをしたので、フリッツは一つあげることになりました。

重要表現

Dig in.
「召し上がれ」

dig inは「（ガツガツ）食べ始める」「かぶりつく」の意味です。お腹を空かした相手に呼びかける言葉として使用されます。

【例文】 A: I hope you like seafood pasta.
B: I'm half Japanese and half Italian, so of course I do.
A: I didn't know you were half Italian. Anyway, **dig in**.
A: シーフードパスタはお好きでしょうか？
B: 私は日本とイタリアのハーフだから、もちろん好きよ。
A: イタリア人とのハーフとは知りませんでした。とにかく、食べてみてください。

POINT この場面では、食いしん坊で食べることが大好きなサムに、多少皮肉紛れに話しかけています。

219 / 『ジーサンズ　はじめての強盗』 *Going in Style* 2017

Willie　: I figure I'm going to tell you this one, Joe. I mean, what's the worst that can happen? A whole bunch of nothing, right?

Joe　: **Fire away**, Willie.

ウィリー　：これは言っておこうと思ってるんだ、ジョー。つまり、起こりうる最悪の事態は何だ？　全く何もないことだろ？

ジョー　：さあ言いな、ウィリー。

場面説明

ジョー（マイケル・ケイン）とウィリー（モーガン・フリーマン）はニューヨークに住むシニアで友人です。ウィリーの誕生日会ではバースデーケーキでお祝いをしました。その日の夜、ウィリーはジョーに電話します。

【ボキャブラリー】

I figure「～だと思う」、**I mean**「なんというか」、**a whole bunch of nothing**「全く何もない」

重要表現

Fire away.
「さあ、どうぞ始めてください」

元々は「発砲し続ける、どんどん撃て」の意味です。話を止めずにどんどん話をしてほしい時に、相手の発言を促すフレーズとして使うことができます。「（話や質問などを）さっさと始めてください」「遠慮せずに話してください」の意味になります。

【例文】 A: There is so much I want to ask you about this.
B: **Fire away!**
A: この件について君に聞きたいことがたくさんあるんだ。
B: さあどうぞ！

POINT　相手から一方的に話を聞くようなニュアンスがあります。

220

『マスク』 *The Mask* 1994

Freeze : What does Nico have to say about all this?
Dorian : Nothing. This ain't his grift, man.
Freeze : **Get real**, man. Everything is his grift.

フリーズ ：ニコはこの計画を知っているのかい？
ドリアン ：何も。これは奴の計画じゃないんだ。
フリーズ ：現実を見ろ。全ての悪だくみを奴はお見通しさ。

場面説明

悪党のドリアン（ピーター・グリーン）は仲間のフリーズ（レグ・E・キャシー）を巻き込み銀行強盗を計画しています。首謀者のドリアンは、ボスであるニコ（オレステス・マタセーナ）に自分たちの計画を秘密にしたいようです。

【ボキャブラリー】
ain't「is notの省略」、**grift**「いかさま、騙し、ペテン」、**man**「お前」

重要表現

Get real.
「目を覚ませ」

ばかばかしいことや、空想に聞こえることを言っている人に使います。現実を見るように促す表現です。

【例文】 A: It looks like the next train leaves in 5 minutes. If we leave now, we might catch it.
B: **Get real**. There's no way we can. Let's just get the next one.
A: 次の電車は5分後に出るみたい。今出発すれば間に合うかも。
B: 現実を見て。そんなことできるわけないじゃん。次の電車に乗ろうよ。

POINT 楽観的な考えの相手に対して、自分が反対していることを強調するためのフレーズです。

221 / 『アルマゲドン』 *Armageddon* 1998

Rockhound : I'm just saying, Grace is not a little girl anymore.

Harry : Hey, Rock. Wait a minute. Let me get a pencil and a piece of paper. I wanna jot down all your pearls of wisdom here.

Rockhound : **Get serious**, Harry.

ロックハウンド ：私はただグレースはもう幼くないって言ってるだけなんだ。

ハリー ：おい、ロック。ちょっと待てよ。鉛筆と紙を貸してくれ。君の金言をここに書き留めたいんだ。

ロックハウンド ：真面目にやれよ、ハリー。

場面説明

ロックハウンド（スティーヴ・ブシェミ）は、ハリー（ブルース・ウィリス）の娘のグレース（リヴ・タイラー）は自分で判断できる年齢だと主張していますが、ハリーは本気で受け取らず、冗談で応えています。ロックハウンドはハリーに、本気になるよう懇願しています。

【ボキャブラリー】

jot down「書き留める」、**pearls of wisdom**「金言」

重要表現

Get serious.
「真面目にやれ」

くだらないことを言うのをやめてもう少し理性的になるように、相手を諭す表現です。

【例文】 The game against the first place team is tomorrow and you think it is OK to goof around. **Get serious.**
首位チームとの試合は明日なのに、グズグズしていいと思っているのか。真面目にやれよ。

POINT Get real.（p.243）もこの表現と似ており、相手に真剣な態度で対応してもらうための言葉です。

『幸せのレシピ』 *No Reservations* 2007

222

Kate : Are you feeling okay?
Therapist : I'm fine. **Go on.**

ケイト ：大丈夫？
セラピスト：大丈夫だ。続けて。

場面説明

ケイト（キャサリン・ゼタ＝ジョーンズ）はマンハッタンのレストランで料理長を務めていますが、時々客とのトラブルを起こしていました。そのため、オーナーの命令でセラピスト（ボブ・バラバン）のところに通っています。

重要表現

Go on.
「続けて」

go on には「続ける」の意味があります。継続して行っていたことをそのまま継続してほしい際に使うことができます。

【例文】 A: At first she said she didn't like it.
B: And then? **Go on.**
A: 最初は彼女が嫌だって言ったんだ。
B: それから？ 続けて。

POINT

go onには「続ける」「進む」の他にも多くの意味があります。Get out of here.「あっちに行け」と同じ意味としてGo on.を使うこともあります。

例）I don't have time to play with you, Tim. I'm busy with my homework. Ask your sister. Go on.
遊んでいる暇はないんだ、ティム。宿題で忙しいんだ。お姉ちゃんに聞いて。あっちに行って。

223 / 『アルマゲドン』 *Armageddon* 1998

Harry : Let's go back to the cargo bay and get the transmission!
Willie Sharp Colonel : Harry, **guess what**. You had your shot. You didn't do it! You understand me?

ハリー ：貨物室に戻って、変速機を手に入れるんだ！
ウィリアム・シャープ大佐 ：ハリー、聞くんだ。お前にはチャンスがあった。だが、やらなかった！ わかったか？

場面説明

小惑星の地面を掘る作業が難航し、ドリルも変速機も壊れた状態です。ハリー（ブルース・ウィリス）はなんとかしようとしていますが、小惑星爆破作戦全体の指揮官ウィリアム・シャープ大佐（ウィリアム・フィクナー）はハリーを役職から外そうとしています。

【ボキャブラリー】
have a shot「チャンスがある」

重要表現

Guess what.
「あのね」

自分の話に興味を持たせるために使うことができます。何かを伝える前に用いると「今から重要なことを言うから聞いてね」のようなニュアンスになります。

【例文】 **Guess what.** I have two tickets to tomorrow's NBA game. Tell me you're free.
あのね、明日のNBA試合のチケットが2枚あるんだ。空いてると言ってくれ。

POINT 直訳すると「当ててみて」ですが、実際に聞き手に推測してもらうような意味ではありません。

『パディントン』 *Paddington* 2014

Henry : He's making the whole thing up. It's the sort of sob story your mother falls for.

Mary : **Hang on.** That's not fair.

ヘンリー : 全て彼の作り話さ。お母さんが騙されるような、お涙頂戴の話だ。

メアリー : ちょっと待ってよ。ずるいわ。

場面説明

地震で森の家を失ったクマのパディントンはロンドンに来ます。行くあてもありませんでしたが、偶然通りかかったブラウン一家のメアリー（サリー・ホーキンス）に声をかけられて家に泊めてもらうことになりました。しかし、夫であるヘンリー（ヒュー・ボネヴィル）はクマのパディントンのことをよく思っていません。

【ボキャブラリー】

make the whole thing up「でっちあげる」、**the sort of**「ある種の～」、**sob story**「お涙頂戴の話」、**fall for**「騙される」、**fair**「公平な」

重要表現

Hang on.
「ちょっと待って」

ここのhangは、「同じ場所に長期間いる」という意味です。Hang on a second.やHang on minute.も「少し待って」の意味を表すフレーズです。

【例文】 A: Let's go.
B: **Hang on.** I forgot my phone.
A: 出かけよう。
B: ちょっと待って。携帯電話を忘れた。

POINT

Wait.も同じ意味ですが、直接すぎる表現なのでpleaseを付けたとしてもあまり使われません。Hold on.やHang on.の方が好まれます。ビジネスの場面などで丁寧に言いたい時は、Just a moment.やJust a second.を使いましょう。

225 / 『アルマゲドン』 *Armageddon* 1998

Willie Sharp Colonel : 15,000.
A.J. : Really heavy, man.
Oscar : This isn't normal.
A.J. : What do you mean this isn't normal?
Oscar : This is way worse.
Willie Sharp Colonel : Eight Gs. **Hang tight!**

ウィリアム・シャープ大佐：15,000。
A.J.：本当に重いな。
オスカー：こんなの普通じゃない。
A.J.：普通じゃないとはどういう意味だ？
オスカー：もっとひどいよ。
ウィリアム・シャープ大佐：8Gです。しっかりつかまってろ！

場面説明

宇宙船に乗っているウィリアム・シャープ大佐（ウィリアム・フィクナー）とA.J.（ベン・アフレック）が、皆が今まで感じたことのないスピードと重さを体験しています。

【ボキャブラリー】
way「とても」、**way worse**「（口語）だいぶ悪い」

重要表現

Hang tight.
「しっかりつかまって」

実際に揺れの激しい車などに乗った時に使われるだけでなく、心理的にも厳しい状況で「我慢して待つ」という意味でも使われます。

【例文】 A: I hate rollercoasters.
B: What? Now you tell me? It'll be over before you know it.
A: Oh, here we go.
B: **Hang tight!**
A: ジェットコースターが苦手なんだ。
B: なに？　今言う？　いつの間にか終わっちゃうよ。
A: あ、始まった。
B: しっかりつかまってろよ！

POINT 大変な状況に備えるよう促す表現です。比喩的な使われ方として、「辛抱強く我慢して待つ」というニュアンスもあります。

226

『マネーボール』 *Moneyball* 2011

Peter : **Heads up!**
Billy : What was that?

ピーター ：危ない！
ビリー ：何だよ？

場面説明

ボストンレッドソックス訪問から戻ったビリー（ブラッド・ピット）にピーター（ジョナ・ヒル）は野球のボールを投げ、どんなオファーがなされたのか聞きだそうとしています。

重要表現

Heads up!
「危ない！」

Watch out!「気をつけろ！」に限りなく近い意味です。

【例文】 **Heads up!** Stop moving.
気をつけて！ 動いちゃ駄目だ。

POINT 例えば、子どもが蹴ったボールが歩いている人に当たりそうな時、「あぁ、危ない！（気を付けて）」という意味で使える表現です。

227 / 『チア・アップ！』 *Poms* 2019

Sheryl : Come on, I don't take no for an answer!
Martha : I gathered that.
Sheryl : I bet you haven't got other plans.
Martha : Okay, fine.
Sheryl : Then **hop in. Hop in.** We'll be late.

シェリル ：さあ、ノーと言わせないわよ！
マーサ ：そうだと思ったわ。
シェリル ：予定なんてないはずよ。
マーサ ：わかった、いいわ。
シェリル ：じゃあ乗って。乗って。遅れるわ。

場面説明

マーサ（ダイアン・キートン）は高齢者のみの街に引っ越してきました。隣の家に住んでいるシェリル（ジャッキー・ウィーヴァー）は、高齢者ばかりのこの街の移動手段であるカートを運転しながらマーサをランチに誘っています。

【ボキャブラリー】
I gathered that.「そうだと思った（gatherには「思う、推測する」の意味もあります）」

重要表現

Hop in.
「乗って」

hopには「ぴょんぴょん跳ねる」イメージがある通り、「ポンッと車に跳び乗る」ような意味です。誰かを車で迎えに行って、「乗って」と促す表現です。

【例文】Sorry for waiting! **Hop in**!
お待たせ！ 乗って！

POINT Hop in the car. の省略です。Get in the car.とも言うことができ、Get in.だけでも「乗って」を意味します。

228

『アイ・アム・サム』 *I Am Sam* 2001

Lucy : "They perched in silence for a long time. 'How can we be so different… and feel so much alike?' mused Flitter. 'How can we feel so different… and be so much alike?' wondered Pip. 'I think this is quite a mystery.'"

Sam : **Keep going.**

ルーシー :「彼らは、木にとまり、黙ったまま長い間じっとしていました。"どうしても僕たちは、姿はこんなに違うのに……気持ちはこんなに似ているんだろう？"とフリッターは呟きました。"どうして僕たちは、気持ちはこんなに違うのに……姿はこんなに似ているんだろう"と、ピップは思いました。"これは、とっても不思議だ"」

サム :続けて。

場面説明

サム（ショーン・ペン）のアパートで夜、サムはベッドの中にいます。そして娘のルーシー（ダコタ・ファニング）がサムに本を読み聞かせています。

【ボキャブラリー】
perch「木にとまる」、**muse**「熟考する」

重要表現

Keep going.
「続けて」

相手との会話の中で、継続してほしいときに使用します。

【例文】 A: Shall we take a break?
B: No. **Keep going.**
A: 休憩をとりますか？
B: いいえ。続けてください。

POINT keep ～ ingで「～し続ける」の意味です。keepの後はto不定詞ではなく動名詞が続きます。

229 / 『インターンシップ』 *The Internship* 2013

Lyle : I thought the goal was to find people with a different way of thinking.
Dana : That doesn't mean we have to hire them.
Chetty : Very good point, Dana. **Moving on!**

ライル : 考え方の違う人を採用するのが目的だと思っていました。
ダナ : 考え方の違う人を雇わなきゃいけないっていう意味じゃないわ。
チェティ : 一理ある、ダナ。次に進もう。

場面説明

インターンの希望者との面談を終え、誰を採用するのか会議をしています。ライル（ジョシュ・ブレナー）は中年のビリー（ビンス・ボーン）とニック（オーウェン・ウィルソン）を採用すべきと推しますが、ダナ（ローズ・バーン）をはじめ、他のスタッフも反対しています。責任者のチェティ（アーシフ・マンドヴィ）は次の希望者に話題を変えようとしています。

【ボキャブラリー】
hire「雇用する、雇う」

重要表現

Moving on.
「次にいこう」

move onは「先に進む」の意味です。We are moving on.「我々は次に進みます」の省略です。

【例文】 A: This issue cannot be decided here.
B: OK. **Moving on!**
A: この問題はここでは決めれないよ。
B: だね。次にいこう。

POINT Let's move on. も同じ意味です。

230

『幸せのレシピ』 *No Reservations* 2007

Zoe : Close your eyes. Come with me.
Kate : What's the secret?
Zoe : You'll see. **No peeking.**

ゾーイ ：目を閉じて。一緒に来て。
ケイト ：何かしら？
ゾーイ ：そのうちわかるわ。覗いちゃダメ。

場面説明

ケイト（キャサリン・ゼタ＝ジョーンズ）は姉のクリスティーン（アリヤ・バレイキス）が車の事故で急死したため、姪のゾーイ（アビゲイル・ブレスリン）と一緒に生活しています。なかなか打ち解けられなかった2人ですが、ケイトと同じレストランで働くニック（アーロン・エッカート）のおかげで距離が縮まります。ゾーイがニックと2人でイタリア料理を作ってケイトを驚かせるシーンです。

【ボキャブラリー】
secret「秘密」

重要表現

No peeking.
「覗いちゃダメ」

peekは「こっそりと見る」の意味です。

【例文】 A: Is your list of grades in this envelope?
B: **No peeking.**
A: この封筒には君の成績表が入ってるの？
B: 覗かないでよ。

POINT Don't look.と同じ意味ですが、peekにはずるいことをして盗み見するようなニュアンスがあります。

231 /『なんちゃって家族』 *We're the Millers* 2013

David　: Open sesame. Here you go.

デビッド　: 開けゴマ。さあ、行こう！

場面説明

デビッド（ジェイソン・サダイキス）は麻薬密輸のためキャンピングカーを運転して、メキシコの指定された場所に到着しました。高い壁が開いたとき、デビッドが発した言葉です。

重要表現

Open sesame.
「開けゴマ」

『アリババと40人の盗賊』に出てくる合い言葉「開けゴマ」から一般的にも使用されるようになりました。

【例文】 **Open sesame.** Here you are.
開けゴマ。はい、どうぞ。

POINT 『アリババと40人の盗賊』で Open sesame. は、盗賊の財宝が納められた洞窟の扉を開けるための魔法の呪文です。アリ・ババがそれを立ち聞きします。

『リトル・ミス・サンシャイン』
Little Miss Sunshine 2006

232

Ms. Jenkins: Take charge! Just **take charge**!
Richard: Keep dancing, honey! Daddy's okay.

ジェンキンス女史：何とかしなさい！ とにかく何とかしなさい！
リチャード：いいから、踊りなさい！ パパは大丈夫だから。

場面説明

リトル・ミス・サンシャインのコンテストの出場した娘のオリーブ（アビゲイル・ブレスリン）の場違いな踊りをやめさせせようとするジェンキンス女史（ベス・グラント）と、続けさせようとする父親のリチャード（グレッグ・キニア）とのやりとりです。

重要表現

Take charge!
「任務を遂行する」

take charge of ～の命令形でof以下は省略されています。ここでは周囲のスタッフに向かって「（私の指示どおり）自分の任務を全うしてあの娘を何とかしなさい」という意味で言っています。

【例文】**Take charge!** No more stock!
何とかしなさい！ 在庫はもうありません！

POINT take charge of ～は「～を管理する」の意味です。

233 / 『ラブ・アクチュアリー』 *Love Actually* 2003

Natalie : I was hoping you'd win, not that I wouldn't have been nice to the other bloke, just always given him the boring biscuits with no chocolate.

David : Thanks very much. Thanks ... Natalie.

(Natalie is going outside the room)

David : God, come on, **get a grip**. You're the Prime Minister, for God's sake.

ナタリー ：あなたに勝ってほしかったんです。対立候補が勝ってたら、チョコレートなしのビスケットを出します。

デヴィッド：どうもありがとう。ありがとう……ナタリー。

（ナタリーは部屋の外に出ていきます）

デヴィッド：なんということだ。おい、落ち着けよ。お前は首相なんだぞ、しっかりしろ。

場面説明

英国首相であるデヴィッド（ヒュー・グラント）の執務室に秘書のナタリー（マルティン・マカッチョン）がコーヒーとチョコ・ビスケットを持って入ってきました。ナタリーに一目惚れしているデヴィッドが、ナタリーが出ていった後に自問自答している場面です。

【ボキャブラリー】

for God's sake「とんでもない、まったく（間投詞的な表現）」

重要表現

Get a grip.
「落ち着け」

get a gripは、「落ち着く」「気持ちを入れ替える」「しっかりする」の意味です。

【例文】**Get a grip.** You can make it.
落ち着いて。君なら何とかなるよ。

POINT 緊張したり興奮したりしている相手をなだめたり、シャキッとしない相手を奮い立たせる時に使うフレーズです。

『フィールド・オブ・ドリームス』
Field of Dreams 1989

/234

Terence : Go, Graham! **Go get it!**
Annie : Come on, Archie!

テレンス ：打て、グラハム！ かっとばせ！
アニー ：頑張って、アーチー！

場面説明

レイ（ケビン・コスナー）がトウモロコシ畑をつぶして作った野球場で、今は亡き名選手たちが試合を行っています。アーチ―・グラハム（フランク・ホエーリー）は打席に立つ機会を得ることなく引退した野球選手でした。アーチーがガムを噛みながらバッターボックスに入ります。彼はジャイアンツのユニフォームを着ています。レイの妻のアニー（エイミー・マディガン）と、テレンス（ジェームズ・アール・ジョーンズ）が応援しています。

重要表現

Go get it!
「打て！」

何かを達成しようとしている人に対して、「さあ、行け！」「打て！」「やってみなよ！」と勧める表現です。

【例文】 **Go get it!** You are the hero.
打って！ 君がヒーローだ。

POINT go get it は、go and get it を短くした表現です。

235

『バック・トゥ・ザ・フューチャー』
Back to the Future 1985

Police officer : You got a permit for that?
Doc : Of course I do. **Just a second.** Let me see if I can find it here.

警察官 ：許可書はありますか？
ドク ：もちろんありますよ。ちょっとお待ちを。ここにあるかどうか見てみます。

場面説明

ドク（クリストファー・ロイド）はマーティ（マイケル・J・フォックス）を未来に送るという大実験の準備をしています。準備中のドクに警察官が、このような機械を街中に置くことを許可されているかと尋ねています。

【ボキャブラリー】
permit「許可書」

重要表現

Just a second.
「ちょっと待って」

This will take just a second.の省略形です。「あなたを待たせるけれど、長くはない、1秒か2秒だけです」という意味です。短時間であることを、1、2秒と大げさに表現しています。

【例文】**Just a second.** Let me see if I can find her phone number.
ちょっと待って。彼女の電話番号を調べてみるよ。

POINT Just a minute.よりも口語的でカジュアルな表現です。また、Just a sec.と短縮して言うことで、よりインフォーマルにすることもできます。

『マスク』 *The Mask* 1994

236

Stanley : You think she'll ever come back, Charlie?

Charlie : Oh, man, forget her. Stanley, **listen to me**. A girl like that is always looking for the BBD: the bigger, better deal.

スタンリー：彼女が戻ってくると思うかい、チャーリー？

チャーリー：おいおい、彼女のことは忘れろよ。スタンリー、よく聞いて。ああいう女は、いつもBBDを探してるんだ。つまり、より大きな、より良い状況をね。

場面説明

スタンリー（ジム・キャリー）は、前日銀行に入ってきた女性のことをまだ考えています。しかし、友人のチャーリー（リチャード・ジェニ）は、あんなに美しい女性はスタンリーのような男性には興味を示さないだろうと考えています。

【ボキャブラリー】

deal「状況」

重要表現

Listen to me.
「よく聞いてね」

相手に受け止めてもらいたい重要な助言をしようとするときに、「しっかりと聞いてね」と前置きする言い方です。

【例文】 You're going to Paris? **Listen to me.** If you visit the Eiffel Tower, you should be careful of pickpockets.
パリに行くのか？　よく聞けよ。エッフェル塔に行くなら、スリに気をつけた方がいい。

POINT 主に親しい友人や家族の間で使われるカジュアルな表現で、ある程度の信頼関係があることを前提とします。

237

『バック・トゥ・ザ・フューチャー』
Back to the Future **1985**

Lorraine McFly : David, watch your mouth! You come here and kiss your mother before you go.

David : Come on, Mom. **Make it fast.** I'll miss my bus. See you later, Pop.

ロレイン・マクフライ：デイビッド、言葉づかいに気をつけなさい！ ここに来て、お母さんにキスしてから行きなさい。

デイビッド：さあ、ママ。早くして。バスに乗り遅れるよ。パパ、またね。

場面説明

マーティ（マイケル・J・フォックス）の母親のロレイン（リー・トンプソン）は、仕事に出かける前にマーティの兄のデイビッド（マーク・マクルーア）にキスしたいと言うが、デイビッドは急いでいます。

【ボキャブラリー】
pop「父」

重要表現

Make it fast.
「早くやれ」

この場合のmakeはdoと同じ意味で「しなさい」を意味します。「早くやってくれ」と指示をする表現です。

【例文】 A: I just gotta go to the washroom first.
B: Well, **make it fast.** The movie is going to start soon.
A: ちょっとお手洗いに行ってから。
B: じゃあ、早くしてくれよ。もうすぐ映画が始まるから。

POINT Make it quick.とMake it snappy.も同じ意味です。snappyは「てきぱきした、きびきびした」の意味です。

238

『アイ・アム・サム』 *I Am Sam* 2001

Rita　　　: Objection. I hear that Mr. Turner's mother-in-law lives with him. She must help out. Does that mean he doesn't have a real…

Mr. Turner : Motion… **motion to strike**. Irrelevant, immaterial, and immature.

リタ　　：異議あり。ターナー氏の義理のお母さまは彼と同居しておられると聞いています。彼女も何かと援助しているはず。それは彼が本当の……。

ターナー　：削除を……削除を求めます。関連のない、取るに足らない、そして稚拙な発言です。

場面説明

弁護士のリタ（ミッシェル・ファイファー）と検事のターナー（リチャード・シフ）が証人への反対尋問でやり合っている場面です。

【ボキャブラリー】
objection「異議、反論」、**mother-in-law**「義理の母」、**irrelevant**「関係のない」、**immaterial**「取るに足らない」、**immature**「稚拙な」

重要表現

Motion to strike.
「削除を求めます」

裁判用語の一つです。motionは「動議」、strikeは「記録からの削除」を意味します。

【例文】 **Motion to strike**. These questions are irrelevant.
削除を求めます。これらの質問は関係ありません。

POINT Motion to recess.は「休廷を求めます」を意味します。併せて覚えておきましょう。

239 / 『恋愛だけじゃダメかしら？』 *What to Expect When You're Expecting* 2012

Holly : You don't even want this, do you?
Alex : I never said that.
Holly : **Not out loud.**

ホリー : 養子はイヤなの？
アレックス : そうじゃないよ。
ホリー : 大声出さないで。

場面説明

ホリー（ジェニファー・ロペス）は、カメラマンの仕事を失ったことを隠していたことを夫のアレックス（ロドリゴ・サントロ）に知られてしまいます。そのことをきっかけに、養子を迎えることについて口論しています。

重要表現

Not out loud.
「大声出さないで」

out loudは「声に出す」の意味です。従ってNot out loudは「大声出さないで」の意味になります。

【例文】**Not out loud!** I fully understand the situation.
大きな声を出さないで！　事態は十分にわかっているわ。

POINT out loudは「声に出して」で、言いたいことをはっきりと声に出して言うときに使われます。

『恋愛だけじゃダメかしら？』 *What to Expect When You're Expecting* 2012

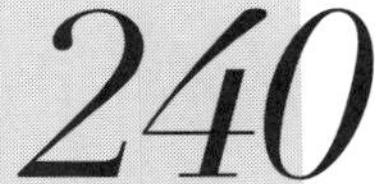

Jules : What are you guys doing? Come on! **Pick it up!**

ジュールズ：何しているの？ がんばって！ 続けて！

場面説明

ダイエット番組の人気インストラクターであるジュールズ（キャメロン・ディアス）はプールサイドでダンサーの夫エヴァン（マシュー・モリソン）と生まれてくる子供の割礼について口論しています。それをダイエット挑戦者たちが聞いていることに気がついたジュールズが彼らに運動を続けるよう指示します。

【ボキャブラリー】

Come on!「さあ」

重要表現

Pick it up!
「仕事しなさい！」

pick upは、「もっと速く動く、仕事する、働く」の意味です。

【例文】 What are you looking at? **Pick it up!**
何を見ているの？ 仕事を続けて！

POINT pick upは、文脈によって「手に取って持ち上げる」「取りに行く」「迎えに行く」「（言語を）修得する」「（病気を）もらう」「好転する」など意味があります。

241 / 『パディントン』 *Paddington* 2014

Millicent : Hey, why didn't you look where you were going?
Mrs. Bird : **Shut your piehole.**

ミリセント：あんた、どこ見てんのよ！
バード夫人：お黙り。

場面説明

パディントンはミリセント（ニコール・キッドマン）に捕まってしまいますが、ブラウン一家が助け出しました。ミリセントは行く手を遮ろうとします。バード夫人（ジュリー・ウォルターズ）はそんなミリセントにも強気です。

【ボキャブラリー】
piehole「口（侮辱的ニュアンスを伴う）」

重要表現

Shut your piehole.
「黙りなさい」

pieholeは「パイを入れる穴」、つまり、口を意味しています。「口を閉じなさい、黙りなさい」の意味のスラングです。

【例文】 A: I heard you were dumped by Mia last week.
B: **Shut your piehole.**
A: 先週ミアに振られたって？
B: 黙れ。

POINT Shut your face.やShut your head.、Shut your mouth.も同じく「黙れ」の意味です。

『SING/シング』 *Sing* 2016

242

Meena : Oh, I'm sorry. Uh…

Moon : Okay. Hey, it's all right. You know, it's all right. **Take it away**, Meena.

ミーナ ：ごめんなさい。うぅ……。

ムーン ：大丈夫だよ。な、大丈夫。わかるだろ、大丈夫。さあ、始めて、ミーナ。

場面説明

ミーナは内気ですがとても歌が上手なゾウです。ムーンが開催しているオーディションに参加しています。ミーナの番が回ってきてステージに出ましたが緊張のあまりにマイクを倒してしまいました。ムーンはそんなミーナを励まし、歌うよう促しています。

重要表現

Take it away.
「さあ始めて」

歌や音楽などのパフォーマンスを開始するように促す表現です。その場を盛り上げるようなニュアンスが含まれています。

【例文】 And now, I'd like to introduce Emily and her band. **Take it away!**
では、エミリーと彼女のバンドを紹介します。さあどうぞ！

POINT 歌番組やオーディション番組などの司会者が次の演者を紹介する際によく使われます。Go for it! やGet started! と同じような意味です。

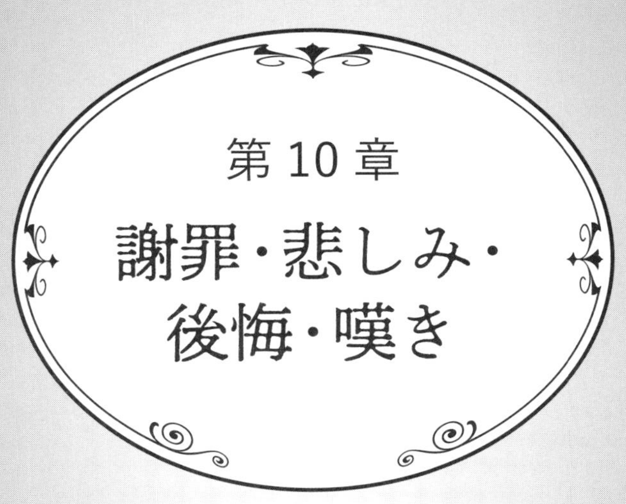

第 10 章 謝罪・悲しみ・後悔・嘆き

243 / 『ユー・ガット・メール』 *You've Got Mail* 1998

George : **Bummer!** A Fox Books superstore.
Christina : Quel nightmare.
Kathleen : I have nothing to do with us. It's big, impersonal. Overstocked and full of ignorant salespeople.

ジョージ ：大変だ！　フォックス・ブックス・スーパーストア。
クリスティーナ：悪夢だわ。
キャスリーン：気にすることはないわ。器が大きいだけで、温かみがない。在庫過多な上、店員は本を知らない。

場面説明

小さな書店の店員のジョージ（スティーヴ・ザーン）とクリスティーナ（ヘザー・バーンズ）が近くに大型書店ができることを知って心配している一方、店主のキャスリーン（メグ・ライアン）は心配無用と語っています。

【ボキャブラリー】
have nothing to do with「～と何の関係もない」、**impersonal**「人間味のない」、**overstocked**「在庫過剰の」、**ignorant**「無知な」

重要表現

Bummer.
「大変だ」

bummerは、「嫌なこと」「がっかりする出来事」「不愉快なこと」「残念なこと」を意味します。

【例文】 A: Did you hear about Anne? She lost her wallet and passport while on vacation in Mexico.
B: **Bummer.**
A: Yeah, but they helped her at the embassy so she could return home.
A: アンのこと聞いた？　メキシコで休暇中に財布とパスポートを失くしたんだ。
B: 大変だね。
A: ああ、でも大使館が助けてくれて、帰国することができたんだ。

POINT Bummer.は、相手に同情する場面や、嘆いたりする場面など、様々な状況で使うことができます。

『悲しみよこんにちは』 *Bonjour Tristesse* 1958

244

Anne : How did you do with examinations?
Cecile : Flunked.
Anne : Flunked?
Cecile : Flunked.

アンヌ ：試験はどうなったの？
セシル ：落ちたわ。
アンヌ ：落ちた？
セシル ：落ちたの。

場面説明

パリでの勉強に疲れたと言うセシル（ジーン・セバーグ）に対して、亡母の親友だったアンヌ（デボラ・カー）が、試験はどうなったのかと尋ねている場面です。

【ボキャブラリー】
examination「試験」

重要表現

Flunked.
「落ちた」

flunkは動詞で「失敗する」「落第させる」「成績不良のため退学させる」の意味です。この表現はflunkの過去形、過去分詞形です。

【例文】 A: I saw my grades for the semester online. How did your Japanese class go?
B: **Flunked.** All my other classes were fine though.
A: １学期の自分の成績をネットで見ました。君の日本語の授業はどうだった？
B: 落第だよ。他の授業は大丈夫だったんだけどね。

POINT flunkは名詞では、「落第（すること）」「単位を落とすこと」を意味します。

245 / 『マイ・インターン』 *The Intern* 2015

Jason : Hey, Ben, what'd you get?
Ben : Looks like I'm gonna be a personal intern.
Jason : Nice. To?
Ben : Jules Ostin.
Lewis : **Unfortunate.**
Jason : Hang in there.

ジェイソン：やぁ、ベン、何の仕事？
ベン：どうやら個人専属のインターンのようだね。
ジェイソン：いいね。誰の？
ベン：ジュールズ・オースティン。
ルイズ：不運だね。
ジェイソン：がんばれよ。

場面説明

ファッションサイト会社ABOUT THE FITのシニア・インターンとして採用されたベン（ロバート・デ・ニーロ）に、同僚のジェイソン（アダム・ディヴァイン）が仕事内容について質問しています。同じく同僚のルイズ（ジェイソン・オーリー）の言葉から、ベンが担当する仕事が大変であることが伝わってきます。

【ボキャブラリー】
what'd「= what did」、**personal**「個人的な」、**Hang in there.**「がんばって」

重要表現

Unfortunate.
「不運な人だ」

unfortunateのみで「不幸な人、不運な人」の意味の名詞としても使われます。ここでは「残念な人だね」のようなニュアンスで使われています。

【例文】 A: My computer broke again!
B: **Unfortunate.**
A: またパソコン壊れた！
B: 残念だね。

POINT unfortunateは「不幸な、不運な、残念な」の意味の形容詞です。

246

『シェフ 三ツ星フードトラック始めました』
Chef 2014

Carl : You ever heard of New Orleans?
Percy : Yeah. It's part of the United States. It's part of the Louisiana. Purchased from Napoleon.
Carl : Yeah. Um, that was... I mean, like, now. That was a long time ago.
Percy : 1803.
Carl : **Whatever.** Talking about the food, the culture, you know?

カール ：ニューオリンズって街、知ってるか？
パーシー ：うん。アメリカの一部でルイジアナ州。ナポレオンから買ったんだ。
カール ：ああ、うん、そうだが……俺が言っているのは現在のことさ。それは随分昔のことだな。
パーシー ：1803年。
カール ：なんでもいいや。食い物や文化の話だ、知ってるか？

場面説明

マイアミ生まれのカール（ジョン・ファヴロー）は、一流レストランで総料理長を務めています。離婚歴がありますが、息子のパーシー（エムジェイ・アンソニー）とは定期的に会うことができます。今日は面会の日です。一緒に市場に来てアンドゥイユ・ソーセージを食べながら話をしています。

【ボキャブラリー】
purchase「購入する」

重要表現

Whatever.
「どうでもいい」

カジュアルな表現です。「なんでもいい」「どうでもいい」と曖昧に答える際に使います。

【例文】 A: What color will go with this skirt?
B: **Whatever.** We'll be late.
A: このスカートに何色があうかな？
B: どうでもいいよ。遅れるよ。

POINT 相手が言っていることに対して興味がない時に適当に「はいはい、わかりました、どうでもいい」という意味で使うことができます。

247 / 『ミリオンダラー・ベイビー』 *Million Dollar Baby* 2004

Big Willie : What'd Hogan want?
Frankie : He offered us a title fight.
Big Willie : **About time.**
Frankie : I turned him down. Two- three more fights, you'll be ready.

ビッグ・ウィリー：ホーガンはなんて？
フランキー：タイトル戦だ。
ビッグ・ウィリー：いいね。
フランキー：断った。あと2、3戦は待て。

場面説明

ビッグ・ウィリー（マイク・コルター）は注目されているボクシング選手ですが、まだチャンピオンにはなっていません。トレーナーのフランキー（クリント・イーストウッド）はかなり慎重に試合を選ぶため、対戦のオファーがあっても断ります。

【ボキャブラリー】
offer「申し出る」、**title fight**「タイトル戦」、**turn down**「断る」

重要表現

About time.
「遅すぎるぐらいの頃合いだ」

「すでに遅いぐらいだ、もうすでに熟した時間だ、まさしくその頃合いだ」のようなニュアンスがあります。

【例文】 A: OK, shall we go eat something soon?
B: **About time!**
A: じゃあ、そろそろ何か食べに行こうか？
B: いい頃合いだね！

POINT 何かが起こるはずの時間を過ぎていたり、そろそろ起こる時間であることを意味します。

『恋人はゴースト』 *Just Like Heaven* 2005

248

Elizabeth : I had just gotten my MCAT scores back.
David : Well, you must've done well.
Elizabeth : No, actually, **I bombed**. My scores were so low. I couldn't even get into correspondence school.

エリザベス：医大入学テストの点数が返ってきたところよ。
デヴィッド：いい成績だった？
エリザベス：いいえ、実は大失敗したの。点数が低すぎて、通信制もムリ。

場面説明

エリザベス（リース・ウィザースプーン）は姉と一緒に映っている昔の写真をみながら、デヴィッド（マーク・ラファロ）にそのときの状況を説明しています。

【ボキャブラリー】
MCAT「Medical College Admission Testの略。米国のメディカルスクール（医療系大学院）に入学する時に必要になります」、**correspondence school**「通信教育」

重要表現

I bombed.
「大失敗した」

「大失敗した、失態をおかした」の意味です。プレゼンや面接、スピーチや演奏などを失敗したことを表現する際によく使われるフレーズです。

【例文】 A: How did your speech go at the wedding? Did everyone laugh?
B: **It bombed**. No one laughed and no one seemed to like it.
A: I'm sure it was fine. You're being too hard on yourself.
A: 結婚式でのスピーチはどうだった？ みんな笑ってた？
B: 大失敗だった。誰も笑わなかったし、誰も気に入ってないようだった。
A: きっと大丈夫だったんだよ。君は自分に厳しすぎるよ。

POINT photobombは、関係ない人が映っていてその写真が台無しになってしまうことを意味しています。

249 / 『ホリデイ』 *The Holiday* 2006

(Email received ringtones)

Iris : What am I doing? Low point. Low point.

(Iris is reading the email.)

"I'm interested... Renting your house. I'm wondering if your house is available this Christmas. Because if it is, you could be a real lifesaver."

(メールの着信音)

アイリス：私、何してるのかしら？　どん底、地獄だわ。

(アイリスはメールを読んでいます)

"あなたの貸家に興味があります。クリスマスに貸していただけたら、あなたこそ私の命の恩人です"

場面説明

アイリス(ケイト・ウィンスレット)は3年間も想いを寄せていた男性に失恋します。その男性がアイリスに気がある素振りをしながら黙って他の女性と婚約するという最悪な失恋でした。クリスマスを一人田舎のコテージで過ごしますが、ガスを吸って死のうと自暴自棄になっているところに、メールの着信音が鳴ります。我に返り、届いたメールを読んでいます。

【ボキャブラリー】

I'm wondering if「～していただけないでしょうか」

重要表現

Low point.
「どん底」

「最下点」、つまり「どん底」のことを意味します。nadirも同じ意味です。

【例文】 A: When I first met you, you were living with your mother and had no job or girlfriend.

B: **Low point.**

A: Now, you've really turned yourself around. Good for you!

A: 初めて会った時、あなたはお母さんと一緒に住んでいて、仕事も恋人もいなかった。

B: 最悪だった。

A: 今、あなたは本当に立ち直りましたね。よかった！

POINT 「最悪」と感じた状況や時期について表現します。

250

『マーガレット・サッチャー　鉄の女の涙』
The Iron Lady 2012

Margaret : I'm going to run for Leader of the Party.
Carol : **Silly me!** All the time I thought I was having a driving lesson, it was all about my mother, just for a change!
Margaret : What's she on about?

マーガレット：党首選挙に立候補するわ。
キャロル：私がバカだったわ。私の運転練習だと思ってた間ずっと、お母さんは自分のことを考えていたのね！
マーガレット：彼女は何をぐずぐず言ってるのかしら？

場面説明

マーガレット・サッチャー（メリル・ストリープ）はデニス（ジム・ブロードベント）と結婚し子供にも恵まれましたが政治を一番に考えていました。娘のキャロル（オリビア・コールマン）は母のマーガレットとの一緒の時間を楽しんでいましたが、マーガレットはそうではありません。

【ボキャブラリー】
run for「～に立候補する」、**be on about**「～についてぐずぐず言う」

重要表現

Silly me!
「私ったらバカね！、やっちゃった！」

何か失敗した時や間違えた際に「私ったらバカだわ」という意味で使うことができます。

【例文】 A: Your total is 3,600 yen.
B: Oh! I forgot my wallet. **Silly me!**
A: お会計は3600円です。
B: あ！ 財布を忘れた。私ったらバカね！

POINT
sillyには、stupidのような相手を侮辱するような意味合いは弱いです。子供じみていたり、おっちょこちょいな様子を表します。Silly girl.やSilly boy.は「バカな子ね」の意味になりますが、親子などの仲の良い関係で使いましょう。

251 / 『パディントン』 *Paddington* 2014

Paddington : Well, I hope I don't look weird after all that.
Judy : Too much?
Jonathan : Too much.
Paddington : Too much? Well, get me a brush, will you?

パディントン　：まあ、あれだけやって変じゃなといいけど。
ジュディ　：やりすぎ？
ジョナサン　：やりすぎだね。
パディントン　：やりすぎ？　ブラシを貸してよ。

場面説明

一人でロンドンに来たクマのパディントンは偶然通りかかったブラウン一家に助けられます。長男のジョナサン（サミュエル・ジョスリン）と長女のジュディ（マデリン・ハリス）はパディントンをお風呂に入れ、ドライヤーで乾かしてあげたところ、毛がふわふわになりすぎてしまいました。

【ボキャブラリー】
weird「奇妙な、風変わりな」

重要表現

Too much.
「やりすぎ」

tooは「多い」の意味がありますが、「多すぎて」何かができなくなったり、困ったりするニュアンスが含まれます。

【例文】 A: You like hamburgers, right? I bought a lot!
B: **Too much.**
A: ハンバーガー好きでしょ？　たくさん買ってきたよ！
B: 多すぎだよ。

POINT 何かの行為だけでなく、何か物の量が多い時にも使うことができます。Too much information.で「聞きたくない、もう十分、余分な情報だ」の意味になります。

『そんな彼なら捨てちゃえば?』
He's Just Not That Into You 2009

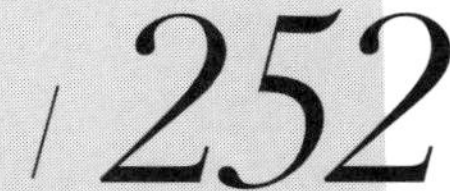

Ben : She said, "Either we get married or we break up." So we got married.

Anna : Wow. **You caved.**

ベン : 結婚するか別れるかを迫られた結果、僕らは結婚した。
アンナ : わあ、彼女に屈したのね。

場面説明

ベン(ブラッドリー・クーパー)の事務所に初めて訪れたアンナ(スカーレット・ヨハンソン)は、彼がなぜ結婚したのか興味津々です。

【ボキャブラリー】
either A or B「AかBか」

重要表現

You caved.
「屈服した」

caveは「(相手や説得などに)屈服する、降参する」の意味です。

【例文】 I can't believe **you caved.**
あなたが屈服するなんて信じられないわ。

POINT　caveは名詞で「洞窟」を意味します。a man caveとは、男性が好きなインテリアが飾られた、男性だけでくつろぐ部屋のことを指します。

253 / 『ローマの休日』 *Roman Holiday* 1953

Hennessy : You've already been to the interview?
Joe : Sure. I just got back.
Hennessy : Well, well, well. **All my apologies.**
Joe : It's all right.

ヘネシー：インタビューに行ってきたのか？
ジョー：もちろんですよ。ちょうど戻ってきました。
ヘネシー：これはこれはこれは。大変失礼しました。
ジョー：構いません。

場面説明

支局長のヘネシー（ハートリー・パワー）は遅刻して出勤してきたジョー（グレゴリー・ペック）を叱っていましたが、アン王女（オードリー・ヘップバーン）への取材を直前までしていたと聞き、謝っている場面です。

重要表現

All my apologies.
「大変失礼しました」

謝罪を表すapologyの複数形です。単数形でも誤りではありませんが、複数形で使用されることが多いです。

【例文】**All my apologies** for the delay in replying to your email.
メールの返信が遅くなり、大変失礼しました。

POINT 謝罪を表す表現のPlease accept my sincerest apologies.「心よりお詫び申し上げます」は決まり文句です。

『恋人たちの予感』 *When Harry Met Sally...* 1989

Sally : I said to myself. "You deserve more than this. You're 31."
Marie : And the **clock is ticking.**
Sally : It doesn't tick until you're 36.

サリー :自分に問いただしたの。"こんなことよりやることがある。もう31歳でしょ"ってね。
マリー :オバさんだわ。(オバさんへの時間が迫ってきてる)
サリー :オバさんは36歳からだわ。

場面説明

女友達同士で結婚や彼氏について話しています。サリー(メグ・ライアン)が最近彼氏と別れたことに触れると、マリー(キャリー・フィッシャー)が心配して、結婚の適齢期が過ぎてしまうと言っています。

【ボキャブラリー】
deserve「〜の価値がある」、**tick**「時計がカチカチ動く」

重要表現

Clock is ticking.
「時間が迫っている」

直訳すると「時計の針がカチカチ動いている」、つまり「時間が刻々と迫っている」という意味になります。

【例文】 Please hurry. The **clock is ticking.**
急いでください。時間がなくなります。

POINT the を付けて表現することが多いです。「時間がどんどんなくなる、どんどん経過していく」というニュアンスです。「だから、急がなきゃ」と切羽詰まってきているときにピッタリです。

255 / 『SING/シング』 *Sing* 2016

Moon : Eddie, please show your Nana to the royal box.

Nana : Oh, **for heaven's sakes**, I'm perfectly capable of walking.

ムーン : エディ、ナナを貴賓席へお連れして。

ナナ : 結構よ。一人で歩いて行けるわ。

場面説明

舞台に魅せられて劇場主になったコアラのムーンですが、劇場の運営は厳しい状態です。そこから抜け出すために素人オーディションを開催し賞金を賭けたコンサートを開くことにしました。しかし提示した賞金が足りないため、友人のヒツジのエディの叔母であるナナに出資してもらおうとしています。

【ボキャブラリー】

show someone to「人を～に案内する」、**perfectly**「完全に、申し分なく」、**be capable of doing**「～する能力がある」

重要表現

For heaven's sakes.
「勘弁して」

驚き、苛立ち、イライラ、不満、怒りなどを表すフレーズで、「お願いだから」「勘弁して」「頼むから」のような意味になります。

【例文】 **For heaven's sake**, can you stop being annoying?
お願いだから、嫌がらせは止めてくれないか？

POINT For God's sake.、For Christ's sake.、For Goodness sake.、For Pete's sake.も同じく「一生のお願いだから」「お願いだから」「頼むから」など懇願する時に用いられる表現です。

『パディントン』 *Paddington* 2014

/256

Paddington : It's called a hard stare. My aunt taught me to do them when people had forgotten their manners.
Henry : Oh, **give me strength**.
Paddington : Mr. Brown, you can trust me.

パディントン ：“にらみの目”です。叔母が失礼な人にはこうしろって。
ヘンリー ：まいったな。
パディントン ：ブラウンさん、僕を信じて。

場面説明

クマの味方の探検家を探すため、パディントンとヘンリー（ヒュー・ボネヴィル）は自然史博物館に来ましたが、そう簡単に入館できません。クマの味方など本当はいないのではないかと言い出したヘンリーを、パディントンがじーっと見つめている場面です。

【ボキャブラリー】
hard stare「鋭い目つき」

重要表現

Give me strength.
「まいったな、やれやれ」

相手の馬鹿馬鹿しい行動やおかしな言動に対してうんざりしている気持ちを表すフレーズです。

【例文】 A: He wants you to translate this proposal into English by tomorrow morning.
B: Oh, **give me strength**.
A: 彼が明日の朝までにこの企画書を英語に翻訳して欲しいって。
B: おい、まいったな。

POINT 直訳は「私に力をください」です。この場面の「力」とは、我慢を強いられたり、イライラするような状況に対処するための「忍耐力」の意味になります。「どうにかしてくれよ」と祈るようなニュアンスです。

257 / 『マスク』 *The Mask* 1994

Stanley : Come on!
Gang member #1 : **He's dead!**
Gang member #2 : Kill him! Come on, take him!
Gang member #3 : Get him!

スタンリー ：かかって来い！
ギャング員＃1 ：彼はおしまいだ！
ギャング員＃2 ：殺せ！　さあ、捕まえろ！
ギャング員＃3 ：捕まえろ！

場面説明

スタンリー（ジム・キャリー）はマスクになって、いろいろな魔法を使えるようになりました。ギャングと遭遇した無敵のスタンリーは彼らをバカにして逃げ出します。ギャングはスタンリーを追いかけています。

重要表現

He's dead.
「彼はおしまいだ」

この表現のdeadは、傷つけられたり、怪我をさせられて動けなくなっているような意味で使われています。

【例文】 A: John went to ask the professor for an extension for the report.
B: Uh-oh. **He's dead.** Mr. White never gives extensions to anybody.
A: ジョンは教授にレポートの延長を頼みに行ったんだ。
B: あーあ。彼はおしまいだ。ホワイト先生は絶対に延長なんかしない。

POINT 映画では、He's dead. やYou're dead. という非常に脅迫的なフレーズをよく耳にします。自分自身が何かのトラブルに巻き込まれたときに、I'm dead. を使うと、「やばい」という意味になります。

258

『恋人たちの予感』 *When Harry Met Sally...* 1989

Harry　: I miss you already.
Amanda: I miss you.

ハリー　：もう既に寂しいよ。
アマンダ：私もよ。

場面説明

シカゴからニューヨークに長時間かけて車でこれから移動するハリ（ビリー・クリスタル）と彼の彼女アマンダ（ミシェル・ニカストロ）の別れ際の会話です。

重要表現

I miss you.
「寂しいよ」

「会いたい」「恋しい」「寂しい」といった感情が全て含まれた表現です。家族、恋人、友人など自分にとって大切な人が遠く離れて自分のそばにいない時に使われ、「あなたがいなくて寂しいから会いたい」や「あなたのことを考えて（想って）いるよ」といったニュアンスが込められています。

【例文】**I miss you.** I wish you were here.
あなたに会えなくて寂しいです。ここにいてくれたらいいのに。

POINT 友達に対して言う場合は、「寂しい」というよりは「会いたいな」や「あなたがここにいたらもっと楽しいのにな」などカジュアルなニュアンスで使われ、男同士で使っても特に違和感はありません。

259 / 『そんな彼なら捨てちゃえば？』
He's Just Not That Into You 2009

Anna : I better go.

Conor : Okay, well, you know, you could stay here if you want. What? It's been a while.

Anna : No, I can't. I can't stay. **I'm** totally, totally **fried**.

アンナ : 帰らなきゃ。

コナー : 泊まってってもいいんだよ。最近ご無沙汰だし。

アンナ : いいえ、無理よ。泊まれないわ。疲れ切っているの。

場面説明

スーパーで偶然知り合ったベン（ブラッドリー・クーパー）に惹かれてしまったアンナ（スカーレット・ヨハンソン）ですが、あっさり振られてしまいます。久しぶりにコナー（ケヴィン・コナリー）を訪ねるアナですが、一晩を一緒に過ごす気分にはなれません。

【ボキャブラリー】

I better go.「行かなきゃ」、**totally**「完全に、すっかり」

重要表現

I'm fried.
「すごく疲れた」

「すっごく疲れた」「疲れ果てた」の意味です。I'm tired.やI'm exhausted.と同義ですが、I'm fried.は米国の口語表現でよく使用されます。

【例文】 A: My brain **is** totally **fried.**
B: Why? What did you do?
A: I was up all night preparing for today's presentation.
A: 脳がすっかり焼けてしまった。
B: どうして？　何をしたんだ？
A: 今日のプレゼンのために徹夜で準備したんだ。

POINT 形容詞friedは、頭や身体が疲れていて回転しない、動けない、といったニュアンスです。例文のようにmy brain「脳みそ」を主語にしても、「非常に疲れた」という意味で使うことができます。

260

『めぐり逢い』 *An Affair to Remember* 1957

Grandmother : Unfortunately, he is also very critical. The artist in him would create, the critic would destroy. As a result, he has done nothing since.

Terry : **What a pity.**

祖母 ：不幸なことに、彼には批評の才もあるの。だから描くそばから気に入らず、結局は筆を折った。

テリー ：惜しいことですね。

場面説明

ニッキー（ケーリー・グラント）の祖母ジャノウ（キャスリーン・ネスビット）とテリー（デボラ・カー）がニッキーの画才についてお茶をしながら語っている場面です。

【ボキャブラリー】

critical「批判的な」

重要表現

What a pity.
「なんて残念なんでしょう」

「気の毒です」「残念です」の意味の表現です。

【例文】 A: He failed the bar exam again.
B: **What a pity.**
A: 彼はまた司法試験に落ちました。
B: それは残念なことですね。

POINT That's a pity. よりも強意的です。

261 『サンキュー・スモーキング』
Thank You for Smoking 2005

Jack : I'm going to impale your mom on a spike and feed her dead body to my dog with syphilis.

Neil : Jack, **you got me**. That guy.

Jack : It's an inside joke.

ジャック : お前の母親をクギに突き刺して、死体を梅毒の犬に食わせてやる。

ニール : ジャック、一本とられたぜ。こいつめ。

ジャック : 内輪のジョークだよ。

場面説明

ジャック（アダム・ブロディ）が階段を上がってきた同僚であるニールに話しかけています。

【ボキャブラリー】

impale「突き刺す」、**spike**「クギ」、**syphilis**「梅毒」

重要表現

You got me.
「参った」

ゲームや何かの試合などに負けたときに「参った、降参だ」の意味で使うことができます。

【例文】 That was a good move. **You got me!**
いい動きだった。参ったよ！

POINT You got me. には、自分の負けや失敗、または弱みなどを潔く認める感覚があります。

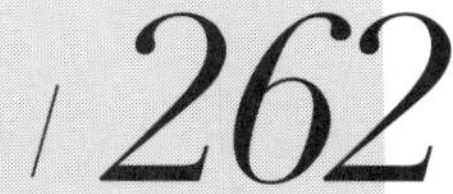

『めぐり逢えたら』 *Sleepless in Seattle* 1993

Annie's father : Your mother and I had salmon at our wedding. I really think a wedding without cold salmon is…
Walter : I'm not allergic to salmon.
Annie : Oh, he isn't allergic.
Walter : I don't think. But **you never know.**
Harold : **You never know.**

アニーの父：母さんと私は、結婚式でサーモンを食べたんだ。冷製サーモンのない結婚式なんて……。
ウォルター：僕はサーモンアレルギーではありません。
アニー：あら、アレルギーじゃないって。
ウォルター：そうじゃないと思います。でもわかりませんけどね。
ハロルド：わからないよね。

場面説明

アニー（メグ・ライアン）は婚約者のウォルター（ビル・プルマン）を伴って実家のクリスマスパーティーに出席し、婚約を発表しました。アレルギー体質のウォルターは原因はわかりませんが、くしゃみと鼻水が止まりません。アニーの親戚のハロルド（トム・タミー）もアレルギー体質なので共感しています。

【ボキャブラリー】
be allergic to「～のアレルギーがある」

重要表現

You never know.
「誰にもわからない」

「誰にもわからないよ」という意味です。「結果がどうなるか、実際どうなるかわからない」という状況を伝えたいときに使える便利な表現です。

【例文】 A: The game is almost over.
B: **You never know.**
A: 試合はほとんど決着がついたね。
B: まだわからないよ。

POINT Youを「あなた」で直訳すると「あなたにはわからない」になってしまいますが、代わりにnobody「誰にも」を使っても同じような意味になります。Nobody knows.は「誰にもわからない」の意味です。

第 11 章

反対

263 / 『ビリーブ　未来への大逆転』 *On the Basis of Sex* 2018

Ruth : Marty could relapse! The doctors say at any time. He puts a good face on it, but I can see it. He's scared. Dean Griswold, this is my family.

Griswold : **Nonetheless.** We each have our responsibilities.

ルース : マーティは再発する可能性があるんです！ 医師はいつ再発してもおかしくないと。彼は平気な顔をしているけど、私にはわかります。彼は怯えているんです。グリスウォルド学長、私の家族なんです。

グリスウォルド : だとしてもだ。我々にはそれぞれ責任がある。

場面説明

学生結婚をしたルース（フェリシティ・ジョーンズ）は夫マーティン（アーミー・ハマー）と共にハーバード大の法科大学院に通っています。しかし、夫のマーティンが癌で闘病することになったため、コロンビア大への編入の許可を得ようと学長のグリスウォルド（ウェンディ・クルーソン）にかけあっています。

【ボキャブラリー】

relapse「再発する」、**put a good face on it**「平静を装う」、**scared**「恐れている」、**dean**「学部長」、**responsibility**「責任」

重要表現

Nonetheless.
「とはいえ、だとしても」

前者の意見を否定する表現として使うことができます。

【例文】 A: I am still unable to contact him. I am waiting for his reply.
B: **Nonetheless**. We need to meet our deadlines.
A: まだ彼と連絡が取れません。彼の返事待ちなのですが。
B: だとしてもだ。締切は守らないと。

POINT nonethelessは、副詞です。文頭、文末、文中、どこでも使うことができます。

264

『ファウンダー　ハンバーガー帝国のヒミツ』
The Founder 2016

Dick　: What did you say?
Ray　: You heard me.
Dick　: You will do as we say.
Ray　: **Nope.**

ディック　：何だって？
レイ　：聞こえているよな。
ディック　：我々の言うことを聞くんだ。
レイ　：断わる。

場面説明

レイ（マイケル・キートン）は、次第にマクドナルドの経営にも介入していきます。粉状ミルクシェイクの導入も独断で決め、マクドナルド兄弟の弟のディック（ニック・オファーマン）が契約を理由に撤回を求めても、はっきりと拒否している場面です。

重要表現

Nope.
「いいえ」

Nope（ノウプ）は、否定の返事をする時に言う No. の代わりに使われる言葉です。これはスラングで、とてもインフォーマルな言葉ですから、友達などに使うだけにした方がよいです。元々は、no を強調させるために nope と言ったのが始まりです。

【例文】A: You're wearing a Rolex! Imitation, right?
B: **Nope**, it's the real thing.
A: ロレックスを着けてるね！　偽物だろ？
B: とんでもない。本物だよ。

POINT Nope. は自分の答えが間違っていないと自信がある時、肯定的な意味で使う事ができます。

265 / 『ホリデイ』 *The Holiday* 2006

Graham : Well, you must come to London all the time for work, right?

Amanda: London? Never.

Graham : New York?

Amanda: Not really. But that's easier. Do you go there often?

Graham : **Rarely.**

グレアム　：ロンドンで仕事しろよ。
アマンダ　：ロンドンで？　ムリよ。
グレアム　：ニューヨークは？
アマンダ　：どうかしら。少しは（L.A.と比較すればロンドンに）近いけどね。よく行くの？
グレアム　：あまり。

場面説明

アマンダ（キャメロン・ディアス）は元々L.A.でハリウッド映画の予告編の製作会社を経営していて、グレアム（ジュード・ロウ）はロンドンで本の編集の仕事をしています。アマンダはもうすぐL.A.に帰ります。恋愛感情を抑えられない二人が、今後関係をどうやって続けていくかベッドの上で話しています。

重要表現

Rarely.
「めったに」

Rarelyは、「めったに〜しない」「まれにしか〜しない」の意味です。

【例文】 A: How often do you workout these days?
B: **Rarely.** I'm too busy with work at the moment.
A: 最近、どのくらいの頻度で運動していますか？
B: めったにないですね。今は仕事が忙しすぎるんです。

POINT 反対語はFrequently.「頻繁に」です。

『恋は突然に。』 *Catch & Release* 2006

266

Mattie : Can I use the hockey table?
Sam : **Absolutely not.**

マティー ：ホッケー台は使えるの？
サム ：それはダメだ。

場面説明

サム（ケビン・スミス）と息子のマティー（ジョシュア・フリーゼン）はサムの友人のグラディの家で生活することになり、タクシーでやってきます。マティーはグラディの家にあったホッケー台を見つけてサムに質問しています。

重要表現

Absolutely not.
「絶対ダメ」

「絶対ダメ」「とんでもない」という意味で、強い否定を意味します。

【例文】 A: Daddy, can I use your car tonight?
B: **Absolutely not**.
A: お父さん、今晩、車貸してくれない？
B: 絶対ダメだ。

POINT
Absolutely!（p. 24）と Absolutely not! は日常会話でよく出てくる表現です。相づちのペアとして覚えておくと便利です。

267 / 『ビリーブ　未来への大逆転』 *On the Basis of Sex* 2018

Protest Leader　　: Are we gonna die in Vietnam?
Student Protestors : **Hell no!** We won't go! **Hell no!** We won't go!

デモリーダー　：ベトナムで死にたいか？
学生抗議者　　：ノー！　行かない！　ベトナム戦争反対！

場面説明

ルース（フェリシティ・ジョーンズ）は女性であることを理由に弁護士事務所への就職ができず、大学教員として仕事をすることにします。初めて出勤すると、大学の前で学生たちがベトナム反戦デモをしています。

【ボキャブラリー】
be gonna「(＝be going to)するつもり」、**die**「死ぬ」、**Vietnam**「ベトナム」

重要表現

Hell no!
「絶対に嫌だ！」

hellは強調を表す語彙で、「絶対に」の意味があります。ここでは、noを強調しているので「絶対にNOだ！」という意味になります。

【例文】 A: Can I borrow your car for two days?
B: **Hell no!** You've crashed my car into the garage before.
A: ２日間、車を貸してくれない？
B: 絶対ダメだ！　以前僕の車を車庫にぶつけたよね。

POINT 「ありえない！」「とんでもない！」「冗談じゃない！」のように、非常にきつい言い方です。スラングですので親しい仲間の間でのみ使いましょう。

268

『パディントン』 *Paddington* 2014

Uncle Pastuzo : I thought I told you to be careful. And give me back my hat.
Paddington : Yes, Uncle. But…
Uncle Pastuzo : **No buts.**

パストゥーゾ叔父さん：気をつけろと言っただろ。帽子をよこしなさい。
パディントン：はい、叔父さん。でも……
パストゥーゾ叔父さん：でもじゃない。

場面説明

パディントンは森でパストゥーゾ叔父さんとルーシー叔母さんと一緒に暮らしています。いたずらするパディントンをパストゥーゾ叔父さんが注意している場面です。

【ボキャブラリー】
give someone back something「人に物を返す」

重要表現

No buts.
「でもじゃない」

butsは、but「しかし、でも」の複数形です。何か話すたびに「でも、でも」と言い訳ばかり言う人に対して「でもじゃない！」というニュアンスで使うことができます。

【例文】 A: You're not allowed to eat ramen at midnight.
B: I know, but...
A: **No buts!**
A: 夜中にラーメン食べたらダメよ。
B: わかってるよ、でも……。
A: でもじゃない！

POINT
No ifs ands or buts.も同じ意味になります。言い訳や反論をする際にif「もし」、and「そして」、but「しかし」を何度も使ってしまうことを禁止する表現です。「つべこべ言うな」「言い訳するな」の意味で使われます。

269 / 『マイ・インターン』 *The Intern* 2015

Jules : I apologize.
Ben : **No need.**

ジュールズ：謝らなきゃ。
ベン　　　：必要ない。

場面説明

シニア・インターンとして採用されたベン（ロバート・デ・ニーロ）はCEOのジュールズ（アン・ハサウェイ）の運転手としてジュールズを車に乗せています。ジュールズは行き方を指示しますが、ベンは近道があると別の道を提案しました。ジュールズは信用していませんでしたが、明らかに早く到着したので、謝っています。

【ボキャブラリー】
apologize「謝る」

重要表現

No need.
「その必要はない」

There is no need.の省略形です。

【例文】 A: Should I bring my towel?
B: **No need.** You can rent towels from the sauna there.
A: 自分のタオル持っていった方がいいかな？
B: 必要ないよ。そこのサウナはタオルを借りることができるよ。

POINT You don't need to do.「あなたは～する必要がない」の省略です。
Need to do.としても使うことができます。
例）No need to call.「電話する必要ない」

270

『グリーンブック』 *Green Book* 2018

Lip : Got any family, Doc?
Dr. Shirley : **Not really.**
Lip : **Not really?** Either you do or you don't.
Dr. Shirley : It's a long story, Tony.

リップ ：ドク、家族は？
Dr. シャーリー ：どうかな。
リップ ：どうかな？ いるのか？ いないのか？
Dr. シャーリー ：長い話になる、トニー。

場面説明

アフリカ系アメリカ人のピアニスト、シャーリー（マハーシャラ・アリ）は、黒人差別制度が横行していたアメリカ南部にツアー中です。運転手兼ボディーガードであるイタリア系アメリカ人のリップ（ヴィゴ・モーテンセン）も黒人に対してよくは思っていませんでしたが、高い給与のために引き受けました。車での長旅中の、二人の会話です。

【ボキャブラリー】
either A or B「AかBかどちらか」

重要表現

Not really.
「そうでもない」

Not really.はNo.を柔らかくした表現です。「そういうわけではない」「そうでもないよ」「別に」といった和訳がしっくりきます。YesでもNoでもないような曖昧な答え方です。

【例文】 A: Do you like pizza?
B: **Not really.** But if it's there, I'd have it.
A: ピザ好き？
B: そうでもない。でも、そこにあったら食べるよ。

POINT Not really.は相手の質問に対して、やんわりと否定したいときに使います。例えば、デートの誘いに対して相手を傷付けずに断りたいときなどに使ったりします。また、褒められたときに「そんなことないですよ」と謙遜するときにも使えます。

271 / 『ジョイ・ラック・クラブ』 *The Joy Luck Club* 1993

Lena : I don't think you should get credit for your ice cream anymore.

Harold : Fine. You got it. **End of discussion.**

リーナ ：アイスクリーム代は払わないわよ。

ハロルド ：わかった。僕が支払えばいいんだろ。話はおしまい。

場面説明

裕福にもかかからず金銭面で口うるさい夫ハロルド（マイケル・チァン）に嫌気がさしたリーナ（ローレン・トム）と、TVでクイズ番組を見ながらアイスクリームを一人で食べているハロルドとのやり取りです。

【ボキャブラリー】

get credit「手柄になる」、**You got it.**「（相手の依頼を）了解した」

重要表現

End of discussion.
「話は終わりだ」

「議論は終わり」「これ以上議論することはない」という意味です。

【例文】He is not qualified. **End of discussion.**
彼は適任でない。以上だ。

POINT 話し合いをバシっと切って、もう反論は受け付けないイメージになる表現です。

『そんな彼なら捨てちゃえば？』
He's Just Not That Into You 2009

272

Alex : It's insane.

アレックス：おかしいよ。

場面説明

パーティーの後、アレックス（ジャスティン・ロング）がジジ（ジニファー・グッドウィン）から男女の関係を迫られている場面です。アレックスはジジを友達としてしか見ていないため、友情と恋愛感情を誤解していると言っています。

重要表現

It's insane.
「おかしいよ」

insaneはスラングで「正気ではない」「狂った」の意味です。crazyよりもinsaneは狂っている度合が強いです。

【例文】 A: **It's insane.** I was told I have to be out of my apartment by the end of the month.
B: Can your landlord do that?
A: He says he can but I think I need to talk to someone.
A: 非常識な話だよ。今月末までにアパートを出なければいけないと言われたんだ。
B: 大家はそんなことできるのか？
A: できるって言ってるけど、誰かに相談したほうがいいと思う。

POINT 「狂っている」から転じて、「めちゃくちゃすごい」とポジティブな意味で使うこともあります。

273 / 『恋人たちの予感』 *When Harry Met Sally...* 1989

Sally : Just **let it lie**. OK?
Harry : Great. **Let it lie.** That's my policy.

サリー ：無視しましょう。いい？
ハリー ：いいとも。無視しよう。それが僕のやり方さ。

場面説明

サリー（メグ・ライアン）は親友の恋人のハリー（ビリー・クリスタル）から魅力的だと言われました。親友の恋人からそんな発言をされては困るので、なかったことにしましょうと提案しています。

重要表現

Let it lie.
「無視しよう」

lieには「そのまま放置する」の意味があります。この表現は「それを放っておこう」「何もしないでそのままにしておこう」という意味で使われます。

【例文】 A: I love you.
B: Don't say that. **Let it lie.**
A: 愛してるよ。
B: そんなこと言わないで。（あなたのその発言は）なかったことしましょう。

POINT 相手の発言や行動に対して「なかったことにしよう」という提案表現です。

274

『レインメーカー』 *The Rainmaker* 1997

Baylor : And you fired her?
Lufkin : **Of course not.**

ベイラー ：そしてあなたは彼女を解雇した？
ラフキン ：ありえません。

場面説明

ルディ・ベイラー弁護士（マット・デイモン）が、大手保険会社グレート・ベネフィットの査定担当副社長ラフキン氏（マイケル・ジラルディン）に質問しています。ベイラーは、白血病のドニーへの保険金支払いについて担当した女性を証言録取の2日前にラフキンが意図的に解雇したのではないかと疑っています。

重要表現

Of course not.
「もちろん違います」

直訳は「もちろん、ない」、つまり「ありえない」「絶対ない」という意味になります。

【例文】 A: Do you remember who wrote this letter?
B: **Of course not.**
A: この手紙を誰が書いたか覚えていますか？
B: 覚えているわけないでしょ。

POINT 「そんなわけがないだろ」と言いたいときに便利な表現です。

275 /『ワン チャンス』 *One Chance* 2013

Yvonne : Leave them be, Roland! Do you wanna scare her off?

Roland : **On the contrary.** I'm trying to rescue her from the bloody violins.

イヴォンヌ：ほっときなさい、ローランド！ 彼女を怖がらせたいの？

ローランド：むしろ逆だ。あのヴァイオリンの騒音から彼女を救い出してやらんと。

場面説明

オペラ歌手になるのが夢のポール・ポッツ（ジェームズ・コーデン）は内気で容姿もさえずにいましたが、初めて彼女ができます。デートをしていると母親のイヴォンヌ（ジュリー・ウォルターズ）と偶然会い、彼女を家に連れてくることになりました。2階の自分の部屋で彼女とオペラを聴いていると、1階から父親のローランド（コルム・ミーニー）がホウキで天井を叩き、邪魔をしています。

【ボキャブラリー】

leave them be「放っておく」、**scare one off**「～を怖がらせて追い払う」、**rescue**「救い出す」、**bloody**「ひどい、いやな」

重要表現

On the contrary.
「むしろ逆です」

この表現のcontraryは、「正反対」を表す名詞ですが、前の発言に対して反対の意見を述べる際に使います。

【例文】 A: I heard you are good at cooking.
B: **On the contrary.** I can't even cook an egg.
A: 君は料理が上手だって聞いたよ。
B: むしろ逆です。卵すら料理できません。

POINT ここでは「怖がらせるなんてとんでもない、むしろ助け出すんだ」ということを強調するために使われています。

276

『ローマの休日』 *Roman Holiday* 1953

Ann : Would you be so kind as to tell me… where I am?
Joe : Well, this is what is laughingly known as my apartment.
Ann : Did you bring me here by force?
Joe : No. **Quite the contrary.**

アン : ここがどこなのか説明してくださる？
ジョー : 笑っちゃうぐらい知られている僕の家です。
アン : 無理やり私をここに？
ジョー : いいえ。むしろその逆ですよ。

場面説明

アン王女（オードリー・ヘップバーン）が新聞記者のジョー（グレゴリー・ペック）の部屋で目覚めた場面です。なぜ自分がここにいるのか、また目の前にいるジョーが何者かもわからないアン王女が質問しています。

【ボキャブラリー】
laughingly「笑いながら、冗談で」

重要表現

Quite the contrary.
「全く逆だ」

この表現のcontraryは、「正反対」を表す名詞です。「全く」の意味のquiteと一緒に使うことで、「全く逆だ」の意味として使います。

【例文】 A: People say this is not necessary for conversational skills.
B: **Quite the contrary.**
A: これは会話力には必要ないと言われていますが。
B: 全く逆です。

POINT 否定文やネガティブなことの後に使うことで、その考えを打ち消すことができます。Quite the opposite.やOn the contrary.（p.302）も同じ意味の表現です。

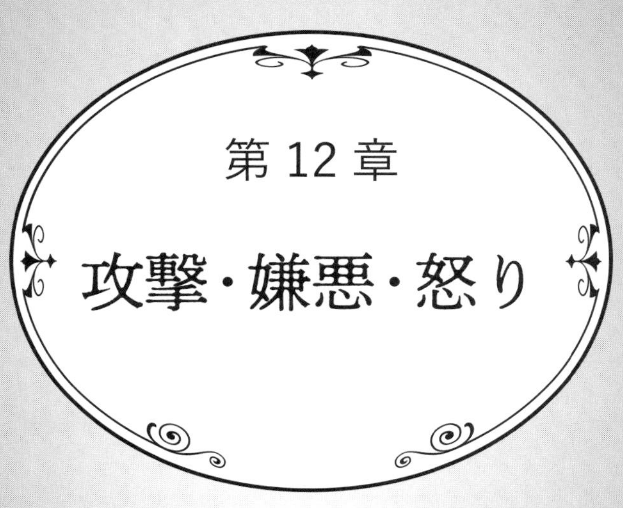

第 12 章

攻撃・嫌悪・怒り

277 / 『ユー・ガット・メール』 *You've Got Mail* 1998

Joe : "We don't want this superstore." Is that what they're saying?
Schuyler : Catchy.
Joe : Well. Who wrote that?
Schuyler : **Annoying.**

ジョー ："大型店はいらない"。そんなことを言われているんですか？
スカイラー：目立つな。
ジョー ：それで、誰が書いたの？
スカイラー：耳障りだ。

場面説明

ジョー（トム・ハンクス）は、大型書店チェーン「フォックス・ブックス」一族の御曹司です。祖父スカイラー（ジョン・ランドルフ）と大型店の開店に対する批判的な記事について話をしています。

【ボキャブラリー】
catchy「人の心を捕らえるような、覚えやすい」

重要表現

Annoying.
「耳障りだ」

「イライラさせる」「迷惑な」「うっとうしい」「うざい」というネガティブな意味です。

【例文】I don't want to work with Tom. Really **annoying.**
トムとは一緒に仕事をしたくない。本当にうざい。

POINT annoying「うざい」は人や物に対して使います。一方annoyed「うざがっている、イライラしている」は人を主語にして使い、不快な状態を表します。

278

『フィールド・オブ・ドリームス』
Field of Dreams 1989

Buck : Come on, **asshole!** Pitch!
Swede : Weaver. Nice.
Buck : Sorry, Karin!
Karin : It's OK! I don't mind.

バック ：もういい、ばか者！ 投げろ！
スウィード：ウィーバー。上品にな。
バック ：すまん、カリン！
カリン ：大丈夫！ 私は平気よ。

場面説明

すでに亡くなったはずの"シューレス"・ジョー・ジャクソン（レイ・リオッタ）とチームメイトたちが野球をしています。バック（マイケル・ミルホーン）はチームメイトと言い争いをしながら、スウィード（チャールズ・ホイエス）からバットを受け取ります。さらにバックはピッチャーを挑発しますが、スウィードから止められます。視線の先には幼いカリン（ギャビー・ホフマン）が座って見ています。

【ボキャブラリー】
mind「気にする」

重要表現

Asshole.
「ばかやろう」

卑語です。嫌なことをする人に対して、「ばか者」「ろくでなし」「くそったれ」と罵る表現です。

【例文】 Don't cut in line! **Asshole!**
列に割り込むなよ！ バカやろう！

POINT 相手を罵りたいときに使われますが、上品な言葉ではないので会話の相手に注意しましょう。

279 / 『恋人たちの予感』 *When Harry Met Sally...* 1989

Sally : I'm sorry to call you so late.
Harry : It's all right.
Sally : I need a Kleenex.
Harry : Okay. Okay.
Sally : He just called me up. Just wanted to see how you were. "Fine, how are you? Fine." His secretary's on vacation, everything's backed up. He's got a big case in Newark, **blah-blah-blah**.

サリー ：こんなに遅くに電話してごめんね
ハリー ：大丈夫さ。
サリー ：ティッシュが欲しい。
ハリー ：そうだね。そうだね。
サリー ：彼から電話があったの。どうしてるかと思ってだって。"元気よ、あなたは？　元気だ"って。彼の秘書は休暇中で、全部裏付けされてて、彼はニューアークで大きな案件を抱えていて、ベラベラベラ。

場面説明

サリー（メグ・ライアン）は弁護士で元カレのジョー（スティーヴン・フォード）が結婚したという知らせを聞きます。そのせいで動揺したサリーはハリー（ビリー・クリスタル）を電話で呼び出しました。ハリーがサリーの部屋に駆けつけると、サリーは泣きながら愚痴ります。

【ボキャブラリー】
Kleenex「クリネックス（ティッシュペーパーのこと）」、**secretary**「秘書」

重要表現

Blah-blah-blah.
「ベラベラベラ」

誰かが言ったことを「等々」「何とかかんとか」「エトセトラ」「何々何々」と省略する意味の名詞です。

【例文】 A: How was class today?
B: You know Mr. Phelan. From the start of class to the end of class it's **blah-blah-blah**.
A: 今日の授業はどうだった？
B: フェラン先生は相変わらずだった。授業が始まってから終わるまで、どうにもこうにも。

POINT 重要でないと思われる部分を省略する時に使う表現です。何か聞こえていたけど話の内容をしっかり聞いていなかった、というニュアンスでも使うことができます。例文は「つまらない、退屈だ」の意味の形容詞として使われています。

280

『幸せの教室』 *Larry Crowne* 2011

Larry : A-plus. Well, I don't know what to say, Miss. Tainot.

Mercy : Please call me Mercy. I'm not your teacher anymore. **Boo-hoo**!

ラリー ：Aプラスだって。驚いたな。テイノー先生。

マーシー ：マーシーと呼んで。課程はもう終わったのよ。やれやれ！

場面説明

コミュニティカレッジの学生ラリー（トム・ハンクス）は優秀です。ラリーが働いているレストランにコミュニティカレッジの教師のマーシー（ジュリア・ロバーツ）が同僚と共に訪れています。スピーチのクラスでラリーにAプラスを付けたことを伝えています。

【ボキャブラリー】

anymore「もはや」

重要表現

Boo-hoo.
「やれやれ」

擬声語で、「わー」「めそめそ」「やれやれ」などの意味になります。

【例文】 A: I really miss my mom's cooking.
B: Oh, **boo-hoo**. You see her every weekend when you go home. Grow up.
A: お母さんの料理が本当に恋しいよ。
B: ああ、やれやれ。毎週末に実家に帰れば会えるだろ。大人になれよ。

POINT 「えーんえーん」「しくしく」「めそめそ」「とほほほ」「やれやれ」、など文脈によって意味はさまざまです。

281 / 『サンキュー・スモーキング』 *Thank You for Smoking* 2005

Joan : And our final guest today is Nick Naylor. Mr. Naylor is the vice president of the Academy of Tobacco Studies. Now, they are the tobacco industry's main lobby in Washington, D.C. and Mr. Naylor is their chief spokesman.

Crowd : **Boo!** Hiss!

ジョーン ：そして本日の最後のゲストはニック・ネイラーさんです。ネイラーさんはタバコ研究アカデミーの部長を務めています。現在、彼らは、ワシントンD.C.のタバコ産業の主要ロビー団体で、ネイラーさんはその広報部長でいらっしゃいます。

観客 ：ブー！ くたばれ！

場面説明

テレビ番組の収録中です。司会者のジョーン（ジョアン・ランデン）がニック（アーロン・エッカート）を紹介し、観客がブーイングしている場面です。

【ボキャブラリー】

vice president「各部局の長」、**Hiss**「シーッ（非難の意を込めて相手を黙らせようとする発声」

重要表現

Boo.
「ブー」

反対や不満の意向を表す発声の「ブー」の意味です。

【例文】 A: Shohei Otani!
B: **Boo!**
A: ショウヘイ・オータニ！
B: ブー！

POINT booは動詞で「ブーイング（booing）をする」という意味もあります。球場で相手チームの中心選手（敵）に対してよく観客が発します。

282

『ビリーブ　未来への大逆転』
On the Basis of Sex 2018

Greene : You must be livid.
Ruth : My mother taught me not to give way to emotions.
Greene : **Bullshit!** You're angry. Good! Use it. I have to say, Mrs. Ginsburg, I'm impressed.

グリーン ：頭に来たろう？
ルース ：母が"感情的になるな"と。
グリーン ：いいや、違う！　君は怒っている。いいじゃないか！　それを利用しろ。正直言って、ギンズバーグさん、君には驚かされた。

場面説明

女性でありながらもハーバード大とコロンビア大を主席で卒業したルース（フェリシティ・ジョーンズ）はグリーン（トム・アーウィン）が経営する小さな法律事務所に面接に来ました。グリーンはルースが女性で母親でユダヤ系であることを理由に多くの事務所に落ちたことを言い当てました。その後の会話です。

【ボキャブラリー】
livid「青ざめた、激怒した、怒り狂った」、**give way to**「～に道を譲る」、**emotion**「感情」、**I have to say,**「（次に言う言葉を強調して）本当に、心から」、**be impressed**「感動した、感銘を受けた」

重要表現

Bullshit!
「嘘だ！、
でたらめだ！」

bullは「雄牛」、shitは「糞」の意味です。「ふざけんな」のような、かなり乱暴なスラングになります。また、bullshitは「たわ言、でたらめ」の意味があります。カジュアルな言葉でよく聞かれるものの、自らは使わないほうが無難です。

【例文】 A: He won the Award!
B: **Bullshit!** Who told you that?
A: 彼が賞を獲ったって！
B: 嘘だ！　誰が言ったの？

POINT

この表現は間投詞ですが、動詞や名詞、形容詞としても使われます。bullshitは「たわ言を言う」、「くだらない話をする」の意味の卑俗動詞です。fuck同様shitはfour-letter wordの代表で汚い言葉です。フォーマルな場所では使ってはいけません。

283 /『リトル・ミス・サンシャイン』 *Little Miss Sunshine* 2006

Richard : Hey, Hey, Dad.
Edwin : I'm just saying…
Richard : Dad!
Edwin : **Christ.**

リチャード：ちょっと待ってくれよ、父さん。
エドウィン：わたしはただ……。
リチャード：父さん！
エドウィン：あきれたよ。

場面説明

父親のエドウィン（アラン・アーキン）は嫁に、一度でいいから夕飯にチキン以外のものを食わせてもらいたいと言いました。それを聞いた息子のリチャード（グレッグ・キニア）が父のエドウィンを注意している場面です。

重要表現

Christ. 「あきれたよ」	驚きや怒りを表し「おやおや」「とんでもない」「ちくしょう」の意味です。

【例文】**Christ!** It's not my day.
ちくしょう！ 今日はついてない。

POINT Jesus Christ. とJesusをつけると、強い驚きや怒り、失望を表します。ネガティブな感情のみならず、ポジティブな感情も表すことが可能です。

『ジョイ・ラック・クラブ』 *The Joy Luck Club* 1993

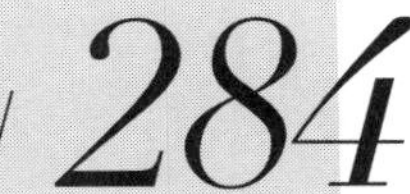

Lin Xiao: Look at you! **Disgusting!**

リン・シャオ：何をする！ むかつくぜ！

場面説明

インイン（フェイ・ユー）の浮気夫であるリン・シャオ（ラッセル・ウォン）が、酔っ払って愛人を連れて家に帰ってきました。インインは暴力を振るわれ倒され、思わず割った皿の破片で彼を刺そうとしました。そんなインインにリン・シャオが罵声を浴びせている場面です。

【ボキャブラリー】
Look at you!「何て格好だ」

重要表現

Disgusting! 「むかつく！」	disgustingは、「むかつく」「胸が悪くなるような」「実にいやな」などを意味します。

【例文】 He called me in the middle of the night again. **Disgusting!**
彼は夜中にまた電話してきた。ムカつく！

POINT That's disgusting! のThat'sを省略した形です。You're disgusting.（p.348）「（あなたって）最悪だね」の表現も使われます。

285 / 『マスク』 *The Mask* 1994

Women : Eww.
Stanley : It's a classic.

女性たち : キモい。
スタンリー : クラシックカーだよ。

場面説明

スタンリー（ジム・キャリー）が古くて汚い代車でおしゃれなクラブに現れます。クラブの前で待っていた女性たちが、その車を見て反応している場面です。

重要表現

Eww.
「やだー、キモい」

嫌いなもの、反対するものに対して嫌悪感を表現する言葉です。

【例文】 A: I know a good place that serves live octopus.
B: **Eww.** You know I don't like seafood.
A: 生きたタコを出す店を知っているんだ。
B: やだー。魚介類が苦手なの知ってるでしょ。

POINT 様々な場面や物事に対して嫌悪感を表現する際に使うことができる便利な言葉です。

/ 286

『リトル・ミス・サンシャイン』
Little Miss Sunshine 2006

Sheryl : Dwayne, oh God!
Dwayne : Fuck!

シェリル :ドウェイン、なんてことなの！
ドウェイン :くそー！

場面説明

ドウェイン（ポール・ダノ）は色弱であることがわかり、パイロットになる夢が実現できないことを知って絶望のあまり興奮しています。そんな彼を母親のシェリル（トニ・コレット）が心配しています。シェリルが運転していた車両のドアを開け、ドウェインは道路から離れて丘を走り降りながら叫んでいます。

重要表現

Fuck!
「くそー！」

人に激怒してるとき、驚いたとき、悔しいときなどに「びっくりした」「ちくしょう」など強調表現として使います。

【例文】**Fuck!** This vending machine is broken again.
ちくしょう！ この自販機、また故障しやがった。

POINT
Fuck! はfour-letter wordの代表で汚い言葉です。フォーマルな場所では使ってはいけません。

287 / 『バッド・ティーチャー』 *Bad Teacher* 2011

Garett : Always believe.
Chase : Gross!

ガレット ：いつも（君のことを）想っている。
チェイス ：キモイ！

場面説明

リンカーンに扮する役者に「自分の思ったことを正直に言おう」と言われ、ガレット（マシュー・エバンス）はチェイス（キャスリン・ニュートン）に皆の前で告白します。しかし、キモイと言われてしまいます。

重要表現

Gross.
「キモイ」

grossは、「気持ち悪い」「嫌な」「ゾッとする」「吐き気を催すような」という意味の形容詞です。

【例文】 The milk has gone bad. That's **gross**!
ミルク腐ってる。ウェッ！

POINT 感情をダイレクトに伝える強い表現です。That's gross!「気持ち悪いよ！」も併せて覚えておきましょう。

/288

『ジュリー＆ジュリア』 *Julie & Julia* 2009

Julia : Naughty!

ジュリア ：いたずらっ子ね！

場面説明

ジュリア（メリル・ストリープ）がチョコレートケーキを作っているところに、夫のポール（スタンリー・トゥッチ）がやってきました。チョコレートが入ったボールに、ポールが指を突っ込んで舐めたため、ジュリアが叱っている場面です。

重要表現

Naughty.
「お行儀が悪い」

子供や子供のような行為をする大人に対して「いたずらっ子だ」「やんちゃだ」「行儀が悪い」の意味です。

【例文】 A: Look, boys are being **naughty** again!
B: Why? What are they doing?
A: They are disrupting everyone who's playing in groups.
A: ほら、また男の子がいたずらしてるよ！
B: どうして？ 何をしてるの？
A: グループで遊んでいる人たちを邪魔しているんだよ。

POINT

bad、ill-behavedもnaughtyとほぼ同意語ですが直接的な表現になります。

289 / 『フィールド・オブ・ドリームス』 *Field of Dreams* 1989

Ray : See, when a pitcher gets a sign and starts a pitch, a good left fielder knows what pitch is coming. He can tell from the angle of the bat which way the ball's gonna be hit.

Chick : **Showoff!**

レイ : 投手がサインを見て投球を始めると、いいレフトは投球コースがわかる。打者のバットの角度から打球の方向もわかるのさ。

チック : 格好つけるな。

場面説明

"シューレス"・ジョー・ジャクソン（レイ・リオッタ）が素早く走り出しボールをキャッチする姿を見て、レイ（ケビン・コスナー）が解説しています。それを受けてチック（アート・ラフルー）が反論している場面です。

【ボキャブラリー】

pitch「投球」、**fielder**「野手」

重要表現

Showoff!
「目立ちたがり屋め！」

showoffは、「目立ちたがり屋、見栄っ張り、知識をひけらかす人」です。

【例文】 A: Hey, look at me.
B: **Showoff!** If you're not careful you'll get hurt!
A: おい、俺を見ろよ。
B: 目立ちたがり屋さん！　気をつけないと怪我するよ！

POINT 人にいいところを見せようとする人のことを言います。

『ホリデイ』 *The Holiday* 2006

/290

Iris : You have never treated me right, ever.

Jasper : Oh, babe…

Iris : **Shush!** You broke my heart. And you acted like somehow it was my fault… my misunderstanding, and I was too in love with you to ever be mad at you, so I just punished myself! For years!

アイリス ：私を甘くみないで。

ジャスパー：あ、あの……

アイリス ：お黙まり！　私の心を傷つけた。まるで私のせいだと思い込ませた……あなたに夢中だったからあなたに怒ることもできなかった。だから私は自分を責め続けてのよ！　何年も！

場面説明

ジャスパー（ルーファス・シーウェル）はアイリス（ケイト・ウィンスレット）と恋人として付き合っていたのに他の女性と婚約します。それなのにアイリスに会うためにロンドンからL.A.に来ました。アイリスはジャスパーに心を許すところでしたが、まだ彼女と婚約していることを知り、怒りが込み上げています。

【ボキャブラリー】

be mad at「～に腹を立てる」

重要表現

Shush.
「黙れ」

「シー」「静かにして」「黙って」を意味する間投詞・動詞です。

【例文】A: I deserve the promotion.
B: **Shush.**
A: 僕は昇進に値する。
B: 黙りたまえ。

POINT shush /ʃʌ'ʃ/ 「シャーシュ」と発音します。

291 /『ベスト・フレンズ・ウェディング』
My Best Friend's Wedding 1997

(Kimmy is singing karaoke.)

Michael : That was just **terrible! Terrible! Terrible!**

（キミーがカラオケで歌っています）

マイケル　：ヘタクソ！　音痴！　ヘタクソ！

場面説明

婚約者のキミー（キャメロン・ディアス）がバーで苦手なカラオケを歌い、あまりにも音痴であることがかえって受けて会場は大盛り上がりになりました。恋人のマイケル（ダーモット・マローニー）は彼女の音痴ぶりをけなしながらも、愛情たっぷりのキスをします。

重要表現

Terrible! 「へたくそ！」	terribleは、「恐ろしい」「ものすごい」「非常に悪い」「ぞっとするような」「(…に)すごく下手で」の意味です。

【例文】 A: What'd you think of that new sushi restaurant?
B: **Terrible**. The sushi didn't seem fresh to me.
A: Yeah. I know what you mean. I don't think they'll be around long.
A: あの新しい寿司屋はどうだった？
B: ひどかったよ。寿司が新鮮に見えなかった。
A: ああ、言いたいことはわかる。長くは続かないだろうね。

POINT terribleは幅広く使用されるので、文脈に応じて日本語訳を工夫する必要があります。

292

『迷い婚 ―すべての迷える女性たちへ―』
Rumor Has It... 2005

Sarah : It's just when he asked me to marry him, I did... I didn't feel what I think you're supposed to feel. You know, I just felt...

Katharine : What?

Sarah : **Terrified.**

サラ ：でも彼にプロポーズされたとき……感じたのは、嬉しさよりむしろ……

キャサリン：何？

サラ ：ゾッとしたの。

場面説明

祖母のキャサリン（シャーリー・マクレーン）からジェフ（マーク・ラファロ）との結婚予定について尋ねられたサラ（ジェニファー・アニストン）は、正直に自分の胸の内を明かします。

【ボキャブラリー】

be supposed to「～するつもりである」

重要表現

Terrified.
「恐ろしい」

「恐れおののいている」「おびえ（てい）る」の意味です。

【例文】 I really hate ants! **Terrified.**
アリは本当に大嫌い！ ぞっとするわ。

POINT Scared.よりもさらに恐れているニュアンスがあります。

293 / 『バック・トゥ・ザ・フューチャー』
Back to the Future 1985

Principal Strickland : Doc? Am I to understand you're still hanging around with Dr. Emmett Brown, McFly? **Tsk, tsk, tsk, tsk, tsk, tsk.** Tardy slip for you, Miss Parker. And one for you, McFly. I believe that makes four in a row.

ストリックランド校長：ドク？ まだエメット・ブラウン博士とつきあってるのか、マクフライ？ チッ、チッ、チッ、チッ。遅刻届けだ、パーカーさん。君もだ マクフライ。これで4回連続だ。

場面説明

マーティ（マイケル・J・フォックス）とガールフレンドのジェニファー・パーカー（クローディア・ウェルズ）が学校に遅刻しているところを校長先生（ジェームズ・トールカン）に見つかってしまいました。しかもこれが初めてではありません。

【ボキャブラリー】
hang around with「〜と付き合う」、**tardy**「遅刻」、**in a row**「連続で」

重要表現

Tsk.
「チッ」

何かに対して不快感を示すときに言う言葉です。

【例文】 **Tsk, tsk.** You lost your wallet again even after I told you to be careful.
チッ、チッ。気をつけろと言ったのに、また財布をなくしたのか。

POINT 文章では1回だけ見られることもありますが、話し言葉としてはTsk, tsk.のように、少なくても2回続けて使います。

『ショーシャンクの空に』
The Shawshank Redemption 1994

Andy : I suppose I could set it up for you. That would save you some money. You get the forms, I'll prepare them for you. Nearly free of charge. I'd only ask three beers apiece for each of my co-workers.

Trout : Co-workers! Get him! **That's rich**, ain't it?

Andy : A man working outdoors feels more like a man if he can have a bottle of suds. That's only my opinion.

アンディ ：僕が代わりにやります。節税になります。用紙さえあればほぼ無料で。ただし、仲間にビールを。

トラウト ："仲間"だってよ！ 連れてけ！ ばかげている。

アンディ ：外で働いている時のビールは最高です。個人的な考えですが。

場面説明

真夏、屋上で囚人たちが作業をしている中、看守のトラウト（ポール・マクレーン）たちが納税金額の不満を話していました。それを聞いた元銀行員の囚人アンディ（ティム・ロビンス）が節税対策の書類作業を自分が行うと言い出し、その代わりにビールを要求しています。ショーシャンク刑務所の囚人たちが屋上でビールを味わっているあの有名なシーンは、このアンディの言葉のお陰です。

【ボキャブラリー】

I suppose「〜だと思う」、**nearly**「ほとんど」、**free of charge**「無料で」、**apiece**「個々につき、各々につき」、**co-workers**「同僚、仲間」、**ain't**「＝is not」、**suds**「（アメリカの俗語で）ビールの泡、ビール」

重要表現

That's rich.
「ばかげている」

richには、「金持ちの」という意味だけでなく、「面白い」「ばかげた」という皮肉なニュアンスでも使われます。この表現には、あきれたり、うんざりする感情が含まれています。

【例文】"I wouldn't feel this wild desire... if I hadn't seen you." **That's rich**. Blaming you.
「あなたに会わなかったらこんな欲は生まれなかった」。やれやれ。君のせいだとさ。
（Netflix映画「PASSING―白い黒人―」（原題：Passing）より）

POINT That's rich coming from you.は、「お前になんて言われたくない」「いけしゃあしゃあとよく言うよ」という意味になります。

295 / 『スクール・オブ・ロック』 *School of Rock* 2003

Dewey : Oh, What? What is it?
Ned : Dewey, hey, it's the first of the month, and uh, I would like your share of the rent now, please.
Dewey : Oh, man, you know I don't have it. You wake me up for that? **Come on**, man!
Ned : Yeah, sorry.

デューイ ：おい、何？ 何なんだよ？
ネッド ：デューイ、あの、月初だから、その、君の分の家賃を今もらいたいんだけど。
デューイ ：俺がそんなもの持ってないことぐらい、お前、わかってるだろ。そんなことで俺を起こすのか？ いい加減にしてくれよ。
ネッド ：ああ、すまない。

場面説明

デューイ（ジャック・ブラック）が眠っているところに親友でルームメイトのネッド（マイク・ホワイト）がやってきます。ネッドが同居している恋人に迫られ、デューイに家賃の支払いを求めている場面です。

【ボキャブラリー】
share「分担」、**rent**「家賃」、**man**「（俗）お前（呼びかけの表現）」

重要表現

Come on!
「勘弁しろよ！」

反語的に「いい加減にしろ！」「勘弁してくれ！」「よせよ！」といった意味です。

【例文】 A: Shall we go to a movie tonight?
B: **Come on**. We need to stay home tonight.
A: 今晩、映画を観に行かない？
B: 冗談だろ。今晩は家にいる必要があるよ。

POINT 相手の言ったことに対して、ツッコミで返すときに使用します。

296

『アイ・アム・サム』 *I Am Sam* 2001

Margaret : I think it's a very important that you know that the foster family is pushing forward toward adoption. The Department of Child and Family Services and I fully support their request.

Sam : **Darn it.**

マーガレット：大変重要だと思いますので申し上げますが、里親夫婦は養子縁組に向けて手続きを進めておられます。児童福祉局は、彼らの申し出を全面的に支持します。

サム：なんてこった。

場面説明

法廷でソーシャルワーカーのマーガレット（ロレッタ・デヴァイン）が判事に対して語っている場面です。

【ボキャブラリー】

foster family「里親夫婦」、**adoption**「養子縁組」、**The Department of Child and Family Services**「児童福祉局」

重要表現

Darn it.
「ちくしょう」

「しまった！」「ちぇっ！」「畜生！」といった口語表現です。

【例文】 A: I'm so sorry I lost your credit card.
B: **Darn it.**
A: あなたのクレジットカードを紛失してしまってごめんなさい。
B: なんてこった！

POINT Damn itよりやや穏やかな表現です。

297 『恋人たちの予感』 *When Harry Met Sally...* 1989

Sally : What were you saying? You took pity on me?

Harry : No, I was…

Sally : **Fuck you!**

サリー :何言っているの？ 憐れみで私を抱いたって言うの？

ハリー :そうじゃなくて、僕は……。

サリー :ひどい男！

場面説明

男女の関係を結んだ後、感情のすれ違いからサリー（メグ・ライアン）とハリー（ビリー・クリスタル）の関係はギクシャクしています。そしてサリーは自らの感情を抑えきれずハリーに平手打ちをくらわしてしまいます。

【ボキャブラリー】

pity「同情、哀れみ」

重要表現

Fuck you!
「ひどい人！」

「くたばっちまえ！」「くそったれ！」「ちくしょう！」といった相手を罵倒する表現です。

【例文】 You did it again! **Fuck you!**
またやらかしたの！ 悪い人ね！

POINT 初対面であったり、社会的に立場が上の人にこの表現を使うのは当然マナー違反です。fuckはあくまでも距離感が近いもの同士、気心がしれている間で使う俗語です。

『ディープエンド・オブ・オーシャン』
The Deep End of the Ocean 1999

298

Vincent : I let go of your hand, Sam. I told you to **get lost.** That's what I said. I said, "**Get lost.**"

Sam : Big deal. Jeez. Everybody says stuff like that "**Get lost.**"

ヴィンセント：君の手を離したんだ、サム。消えちゃえとお前に言ったんだ。そう言ったんだ。"消えちゃえ" って言ったんだよ。

サム：平気さ。みんなにも"消えろ" って言われる。

場面説明

9年間生き別れだった兄のヴィンセント（ジョナサン・ジャクソン）と弟のサム（ライアン・メリマン）が、荷物を一緒に運びながら兄弟の絆を取り戻すシーンです。

【ボキャブラリー】

Big deal.「大したことない（反意的に使われている）」

重要表現

Get lost!
「失せろ！」

「出ていけ！」と退去を命じる表現です。言い換えとしてはGet out! やGo away! があります。

【例文】 I don't want to hear your endless excuse. **Get lost**, now!
あなたの終わりのない言い訳なんて聞きたくないわ。今すぐ出て行って！

POINT 平常文でI get lost.は「道に迷う」の意味です。

299 / 『シェフ 三ツ星フードトラック始めました』 *Chef* 2014

Carl : Yeah. I'm in Miami now.
Martin : What happened to those interviews you had?
Carl : None of the prospects panned out.
Martin : For real?
Carl : Yeah. **It sucks.** I guess you'll have to stay there for a while, bro.

カール : 今マイアミにいる。
マーティン : 仕事の面接は？
カール : 全部ダメだ。
マーティン : マジ？
カール : ああ。最悪だ。しばらくそこで我慢してくれ。

場面説明

レストランをクビになったカール（ジョン・ファヴロー）はマイアミで中古のフードトラックを入手します。使い古され汚いままのトラック車内を確認しながら友人で元部下のマーティン（ジョン・レグイザモ）に電話をしていますが、あまりの古さに失望しています。

【ボキャブラリー】
prospect「見込み、可能性」、**pan out**「成功する、計画がうまくいく」

重要表現

It sucks.
「最低だ」

suckは動詞で「吸う」の意味がありますが、日常会話では「最低だ、最悪だ」の意味で使われることが多いです。

【例文】 Welcome to the restaurant business! **It sucks**. You're gonna love it!
レストラン業界にようこそ！ 最低だけど、きっと気に入ると思うよ！

POINT 良い言葉ではないので、良い子の前では使わないようにしましょう。

/ 300

『迷い婚 —すべての迷える女性たちへ—』
Rumor Has It… 2005

Sarah : Vodka rocks, please.
Bartender : I-I'm sorry, ma'am, but we've been asked to refrain from smoking in the house.
Sarah : **Screw you.**

サラ ：ウオッカ・ロックで。
バーテンダー ：すみません、室内は禁煙なのですが。
サラ ：お黙り。

場面説明

妹の結婚式前夜祭のパーティーで、サラ（ジェニファー・アニストン）は、タバコを吸いながらバーテンダーにウオッカをロックで注文しますが、喫煙を注意されます。

【ボキャブラリー】
screw「台無しにする」

重要表現

Screw you.
「ばかやろう」

「ふざけんな」「ばかやろう」「くたばれ」などいろいろ悪い意味があります。

【例文】 A: He deserves the promotion.
B: **Screw you!** He just wasted our budget.
A: 彼は昇進に値する。
B: 冗談だろ。予算を無駄使いしただけだよ。

POINT Fuck you.より少しソフトな言い方で、喧嘩の際にも使いますが、友人同士でふざけて言うこともあります。

301 / 『グリーンブック』 *Green Book* 2018

Lip : This ain't the piano, right?
Stage Manager : That's it.
Lip : This isn't a Steinway…?
Stage Manager : **So what?**
Lip : Dr. Shirley only plays on Steinway-brand pianos. It's in his written contract.

リップ ：これがピアノじゃないよな？
舞台マネージャー ：それだ。
リップ ：スタインウェイじゃないぞ……？
舞台マネージャー ：だからなんだ？
リップ ：ドクター・シャーリーのピアノはスタインウェイだ。契約書に書いてある。

場面説明

アフリカ系アメリカ人のピアニスト、シャーリー（マハーシャラ・アリ）は、黒人差別制度が横行していたアメリカ南部にツアー中です。運転手兼ボディーガードであるイタリア系アメリカ人のリップ（ヴィゴ・モーテンセン）は南部に近づくにつれて黒人差別を感じるようになります。インディアナ州の南部ハノーヴァーの会場でピアノを確認したリップは、スタインウェイではないことに気づき舞台責任者に話しかけます。

【ボキャブラリー】
ain't「= is not」、**Steinway**「スタインウェイ（ピアノ）」、**contract**「契約書」

重要表現

So what?
「それがどうした？」

soは「だから、そこで、それで」の意味があります。直訳すると「だから何だ？」の意味になります。「それがどうした、どうだっていいだろう」という投げやりな印象の表現です。

【例文】 A: Is this all?
B: **So what?**
A: これで全部？
B: それがどうしたの？

POINT 開き直る相手に同情する、相手の言ったことに無関心を表すなど、使う場面によっては様々な意味になります。

『悲しみよこんにちは』 *Bonjour Tristesse* 1958

Anne : Good night, darling.
Raymond : Good night.
Anne : Good night, Raymond.
Raymond : Good night.
Cecile : Good night, darling.
Raymond : **Very funny!**

アンヌ ：ダーリン、おやすみなさい。
レイモンド：お休み。
アンヌ ：おやすみ、レイモンド。
レイモンド：お休み。
セシル ：ダーリン、お休みなさい。
レイモンド：（冗談は）やめなさい。

場面説明

アンヌ（デボラ・カー）と二人だけの時間を過ごすために娘のセシル（ジーン・セバーグ）を早く部屋から出したかったレイモンド（デヴィッド・ニーヴン）ですが、アンヌの提案で全員で就寝することになり、セシルは父親をからかっています。

重要表現

Very funny.
「よせ」

面白くない話やつまらない冗談を聞かされた時、嫌味で使用する表現です。

【例文】 A: It's your turn to pay.
B: I forgot my wallet.
A: **Very funny**. Cough up!
A: あなたが支払う番です。
B: 財布を忘れたんだ。
A: やめなさい。お金を出せ！

POINT 本当に面白いことが起きたときはVery funny.はほとんど使いません。面白いときは単にFunny.またはSo funny.と言います。

303 / 『ソウルフル・ワールド』 *Soul* 2020

Joe : I lost everything because of you.
Terry : Joe! You cheated.

ジョー : 君のせいで全てを失ったんだ。
テリー : ジョー！ お前はずるいことをしたんだ。

場面説明

死ぬはずだったジョーは死後の世界に行くのを免れました。しかし、憧れの人とJAZZを演奏する大チャンスを目前にして死後の世界のテリーに捕まり、あの世に連れ戻されてしまいます。

【ボキャブラリー】
because of「〜のせいで」

重要表現

You cheated.
「ズルしたでしょ」

ずる賢いことをしたり、カンニングした人に対して、「ズルしたな」と責める際に使うことができます。

【例文】 No fair. **You cheated.** You checked the answers on the Internet before playing, didn't you?
フェアじゃない。ずるしたね。プレイする前にネットで答えを調べたんだろう？

POINT cheatには「（自己の利益のために人を）だます」の意味があります。あらかじめ決まっているルールを破るようなズルいことをした相手に使います。

304

『大逆転』 *Trading Places* 1983

Mortimer : Wilson, for Christ's sake, sell.
Valentine : Buy 'em.
Mortimer : Wilson, where are you going?
Randolph : **You idiot.** Get back in there at once, and sell, sell.

モーティマー ：ウィルソン、何てこった。売りだ。
バレンタイン ：買いだ。
モーティマー ：ウィルソン、どこへ行く？
ランドルフ ：ばかもん。さっさと戻れ、売るんだ。売りだ。

場面説明

大富豪のデューク兄弟の兄ランドルフ（ラルフ・ベラミー）が、バレンタイン（エディ・マーフィー）らの偽情報に気づきます。ランドルフは買い占めた冷凍オレンジジュースを大慌てで売ろうと仲買人のウィルソン（リチャード・ハント）に指示している場面です。

【ボキャブラリー】
for Christ's sake「頼むから、あきれた、何ということだ、なんてこった」

重要表現

You idiot!
「ばかもん！」

「このばかやろう！」を意味する俗語です。

【例文】 Oh, please. Right on Vermont? That'll be another twenty minutes, **you idiot!**
ちょっと勘弁してよ。バーモント通りを右ですって？　20分余計にかかるじゃない、この馬鹿ナビ！
（映画「アイ・アム・サム」（原題：I Am Sam）でリタが急いで車を走らせている場面より）

POINT You're an idiot! と同義ですが、You idiot!よりフォーマルな言い方です。

305 / 『チア・アップ！』 *Poms* 2019

Martha : We're starting a cheerleading club.
Vicki : Well. But who will you be cheering for?
Martha : Ourselves. And, of course, we will be performing for the Senior Showcase.
Vicki : Oh, will you? Well, I'm sorry, but we can't allow this.
Sheryl : Oh, **come off it!** Why not?

マーサ　：チアリーディングのクラブを始めます。
ヴィッキー：でも、誰を応援するの？
マーサ　：自分たちです。シニア発表会にも出るつもりです。
ヴィッキー：そうなの？　悪いけど、認められない。
シェリル：ちょっと、やめてよ！　なぜダメなのよ？

場面説明

高齢者のみの街に引っ越してきたマーサ（ダイアン・キートン）は隣人のシェリル（ジャッキー・ウィーヴァー）とチアダンスのクラブを立ち上げようとしています。申請しにきた二人ですが、ヴィッキー（セリア・ウェストン）に反対されています。

【ボキャブラリー】
allow「許す、許可する」

重要表現

Come off it!
「冗談じゃない！」

offには「離れる」のニュアンスがあります。直訳すると「それから離れなさい！」の意味になります。「やめてくれ！　いい加減にしろ！　冗談じゃない！」と相手に怒りを表す意味があります。

【例文】 A: This PC is too old. It doesn't work well.
B: **Come off it!** I just bought it 6 months ago!
A: このパソコン古すぎるよ。うまく動かない。
B: 冗談じゃないよ！　半年前に買ったばかりだぞ！

POINT itは、信じられないことや、反対すること、馬鹿馬鹿しいと思ったことなどを表しています。今回の場面では、itはヴィッキーが許可しないと言ったことを指します。「許可しないということから離れなさい、許可しないなんて言うな」というニュアンスになります。また、「偉そうにするな」の意味でも使われます。

『マネーボール』 *Moneyball* 2011

Billy : Would you have drafted me in the first round?

Peter : I did, yeah. You were a good player.

Billy : **Cut the crap,** man!

ビリー :お前さんなら俺をドラフト１位で指名したか？

ピーター :しました。あなたは優秀な選手でしたから。

ビリー :ふざけるなよ！

場面説明

ビリー（ブラッド・ピット）はインディアンスのデータ分析スタッフであるピーター（ジョナ・ヒル）に、ドラフト直前の自分のデータを分析させた結果を問いただしています。

重要表現

Cut the crap.
「ふざけるな」

crapは「くだらないもの、たわごと」を意味します。cutには「さえぎる」ようなニュアンスがあるので、「くだらないことはやめろ、嘘をつくのをやめろ」の意味になります。

【例文】**Cut the crap.** I know what you're thinking.
ふざけるなよ。お前の魂胆はわかっているぞ。

POINT crapは元々「ウンチ」という意味ですが、「ウソ」「デタラメ」「ふざけていること」などの意味でよく使います。

307 / 『ユー・ガット・メール』 *You've Got Mail* 1998

Joe : Kathleen Kelly. Hello. This is a coincidence. Would you mind if I sat down?

Kathleen : Yes, I would, actually. I'm expecting someone.

Joe : Pride and Prejudice.

Kathleen : **Do you mind?**

ジョー :キャスリーン・ケリー。こんばんは。偶然ですね。座ってもいいかな？

キャスリーン:あいにく連れが来るの。

ジョー :「高慢と偏見」を読んでるのかい？

キャスリーン:やめて。

場面説明

インターネットで知り合った人同士が初めて実際にカフェで会うことになりました。そこに来た女性がキャスリーン（メグ・ライアン）と知ったジョー（トム・ハンクス）は、彼女に偶然を装って話しかけます。一方、キャスリーンはハンドルネーム「NY152」がジョー本人であることにまだ気がついていません。

【ボキャブラリー】

Pride and Prejudice『高慢と偏見（ジェイン・オースティンの小説）』、**expect**「期待する、予期する」

重要表現

Do you mind?
「やめてくれない？」

「ちょっといい？」「やめてもらえないかな？」「やめてくれない？」と、少しイライラした気持ちが含まれた表現です。

【例文】 **Do you mind?** We're talking over the phone.
話をやめてもらえないか？ 電話中なんだ。

POINT mindには「気にかける、嫌に思う」の意味があります。映画館、美術館、図書館などで話している相手に対し「静かにして」という依頼としてDo you mind? が使用されることが多いです。

『ラブ・アクチュアリー』 *Love Actually* 2003

Juliet : Mark, can I say something…
Mark : Yes.
Juliet : I know you're Peter's best friend. And I know you've never particularly warmed to me. **Don't argue.**

ジュリエット：マーク、ちょっと言っていいかしら……。
マーク：ああ。
ジュリエット：あなたがピーターの親友だってことはわかっているわ。そして私に対しては、特に優しくしてくれたことはない。とぼけないで。

場面説明

ジュリエット（キーラ・ナイトレイ）は自分の結婚式のビデオを確認しにマーク（アンドリュー・リンカーン）の家を訪れます。ジュリエットはいつも冷たい態度で接するマークに質問しています。

【ボキャブラリー】
warm「共感を寄せる、好意を寄せる」

重要表現

Don't argue.
「とぼけないで」

argueは、「文句を言う」「議論する」の意味です。

【例文】I **don't argue** and I do not like to be argued with.
言い争いはしませんし、されるのも嫌いです。
（映画「赤ちゃんはトップレディがお好き」（原題：Baby Boom）より）

POINT Just do as I tell you!「文句を言わず言うとおりにしろ！」というニュアンスです。

309 / 『チア・アップ！』 *Poms* 2019

Tom : Step back and let the adults talk. I don't need a little slut telling me what to do.
Chloe : What?
Sheryl : What did you just call her?
Tom : Oh. Now that was…
Sheryl : No, seriously. What did you just call her?
Tom : That was out of line, I apologize.
Sheryl : Say it again! **I dare you!** What did you call her?

トム　：大人の話に口突っ込むな。尻軽女の話なんて必要ない。
クロエ　：何て？
シェリル：彼女のこと何て呼んだ？
トム　：あ、今のは……。
シェリル：いえ、真面目によ。あの子がなんだって？
トム　：言いすぎた、謝るよ。
シェリル：もう一回言ってみな！ 言ってみろ！ あの子がなんだって!?

場面説明

高齢者８名はチアダンスの全米大会に出場するため女子高校生コーチのクロエ（アリーシャ・ボー）と練習しています。そこにメンバーのヘレン（フィリス・サマーヴィル）の息子トム（ダビ・マルドナード）がやめさせようと怒鳴り込み、クロエに暴言を吐きました。シェリル（ジャッキー・ウィーヴァー）が怒り、反論しています。

【ボキャブラリー】
slut「ふしだらな女、尻軽女」、**seriously**「真面目に」、**be out of line**「話の筋からそれる、言いすぎる」、**apologize**「謝る、謝罪する」

重要表現

I dare you!
「やってみろ！」

dareは何か恐ろしいことをやってみるように促す意味の動詞です。この表現はI dare you to say it again.の省略形で、「言えるもんなら言ってみろ」と相手を脅すニュアンスがあります。

【例文】 A: You suck at cooking.
B: What did you say? Say it again. **I dare you!**
A: 君、料理下手くそだね。
B: なんて言った？ もう一度言ってみて。言えるもんならね！

POINT dareを使った表現には怒りの意味が込められているものが多いです。例えば、How dare you! は「よくもそんなことを！」です。

『恋人たちの予感』 *When Harry Met Sally...* 1989

310

Harry : It's not because I'm lonely, and it's not because it's New Years Eve. I came here tonight because when you realize you want to spend the rest of your life with somebody, you want the rest of the life to start as soon as possible.

Sally : You say things like that and you make it impossible for me to hate you. And **I hate you**, Harry. I really **hate you**.

ハリー ：寂しいからでもないし、大晦日だからでもない。今夜ここに来たのは、残りの人生を誰かと一緒に過ごしたいと思ったとき、できるだけ早く残りの人生を始めたいと思ったからだ。

サリー ：そうやって私が憎めなくなることを言うんだから。あんたなんか大嫌いよ、ハリー。死ぬほど嫌いよ。

場面説明

大晦日の夜、ハリー（ビリー・クリスタル）から告白されたサリー（メグ・ライアン）は、「大嫌い」という表現で「大好き」であることを表現しています。

重要表現

I hate you.
「大嫌い」

直訳すると「私はあなたが嫌い」ですが、親子、夫婦、恋人、親友など親しい間柄で感情の行き違いが生じたとき使用されます。

【例文】 **I hate you.** I really hate you.
あんたなんか嫌い。大嫌いよ。

POINT

「嫌い」の裏返しが「好き」であるように、心の中では「あなたのことを愛している」と思っているのに、恥ずかしくてもどかしくて「あんたなんか嫌いよ」とつい言ってしまうようなニュアンスも含まれます。

311 / 『サブリナ』 *Sabrina* 1995

Linus : I pay for your life, David. My life makes your life possible.
David : **I resent that.**
Linus : So do I.

ライナス ：お前を養ってやっているんだぞ、デイヴィッド。僕のおかげで成り立っている人生だろ？
デイヴィッド ：ひどい。
ライナス ：それはこっちのセリフだ。

場面説明

遊び人の弟デイヴィッド（グレッグ・キニア）に経営者で兄のライナス（ハリソン・フォード）が政略結婚を仕掛けていることに関して、兄弟で口論になっている場面です。

【ボキャブラリー】
pay for「～の代価を払う」、**resent**「(resendの過去・過去分詞形で)憤る、憤慨する、腹を立てる」

重要表現

I resent that.
「ひどい」

相手の言ったことに対して同意できないことを意味します。通常、自分について言われたことです。

【例文】 A: You are too selfish!
B: What? **I resent that.**
A: あなたは自分勝手よ！
B: 何だって？ ひどいこと言うなよ。

POINT re「リー」を伸ばさず「リゼント」と発音します。ze「ゼ」にアクセントを付けを「ゼント」を１音節で言います。

312

『恋愛だけじゃダメかしら？』
What to Expect When You're Expecting 2012

Alex : I'm scared.
Holly : I know, honey. I'm scared, too.

アレックス ：怖いよ。
ホリー ：わかるわ。私も怖い。

場面説明

エチオピアまで養子を迎えるために行ったアレックス（ロドリゴ・サントロ）とホリー（ジェニファー・ロペス）ですが、子供と初めて会う直前の心境を語っています。

重要表現

I'm scared.
「怖い」

I'm scared.のbe動詞の代わりに動詞feelを使ってI feel scared.もよく使用されます。

【例文】 A: **I'm scared.**
B: Why? What's wrong?
A: I keep hearing noises coming from upstairs.
B: I thought your brother was home.
A: No. We're the only ones in the house.
A: 怖いんです。
B: どうして？ どうしたんだい？
A: 上の階から物音がするんだ。
B: 君のお兄さんが家にいるんじゃないの？
A: いいや、この家には私たちしかいないんだよ。

POINT scareという動詞は「怖がらせる」という意味ですが、その受動態で形容詞scaredは「何かに怖がらされている」、つまり「怖がっている」という意味になります。一方、形容詞scaryは「怖がらせるような」という意味になります。

313 / 『幸せのレシピ』 *No Reservations* 2007

Kate : Zoe, stop it! Stop it!
Zoe : **Let me go! Let me go!** I want my mom, not you!

ケイト : ゾーイ、止まって！ 待って！
ゾーイ : いやよ、放して！ ママがいいの、ケイトじゃない！

場面説明

ケイト（キャサリン・ゼタ＝ジョーンズ）はマンハッタンのレストランで料理長を務めています。ある時、姉のクリスティーン（アリヤ・バレイキス）が車の事故で急死したため、姪のゾーイ（アビゲイル・ブレスリン）と一緒に生活することになります。しかし、あることがきっかけでゾーイは自分が拒絶されたと感じ、ケイトの元から走って逃げようとしています。

【ボキャブラリー】
Stop it!「（何かしていることを）やめて！ やめなさい！」

重要表現

Let me go!
「放して！」

「私を自由にして！、行かせて！」の意味になります。

【例文】 **Let me go!** He's waiting for me!
行かせてちょうだい！ 彼が私を待ってるの！

POINT つかまれた腕などを離してほしい場合は、Let go of me.「私から手を離して」になります。

314

『グリーンブック』 *Green Book* 2018

Pawn Guy : Hey, Lip... everything okay?
Lip : What, you got beak trouble, Charlie? **Mind your business.**

質屋の男 ：リップ……大丈夫なのか？
リップ ：何だ、問題でもあったか、チャーリー？　ほっとけ。

場面説明

イタリア系アメリカ人のリップ（ヴィゴ・モーテンセン）は職場であるナイトバーが改装工事をする期間仕事がありません。別の仕事を探していますが、なかなか決まらずにお金に困り、質屋に自分の時計を持っていきました。質屋の主人のチャーリー（ピーター・ガブ）がリップを心配し声をかけます。

【ボキャブラリー】
beak「くちばし、口先」

重要表現

Mind your business.
「余計なお世話だ」

mindは「気にする」の意味です。businessには「仕事」の意味だけでなく「自分の事柄」の意味もあり、直訳は「自分の事を気にしなさい」になります。「干渉されたくないから放っておいてくれ」というニュアンスがあります。

【例文】 A: I heard you quit your work.
B: **Mind your business.**
A: 仕事を辞めたって聞いたけど。
B: 余計なお世話だ。

POINT Mind your own business. も同じ意味になります。どちらも「自分のことだけ気にしてろ」というような乱暴な言い方になるので、使う時には注意が必要です。

315 / 『オズの魔法使い』 *The Wizard of Oz* 1939

Lion : Well, I'll get you anyway, peewee.
Dorothy : Oh, **Shame on you!**

ライオン : おや、どうせお前なんかいちころさ、このちびめ。
ドロシー : まあ、恥ずかしくないの！

場面説明

ライオン（バート・ラー）が愛犬トト（テリー）を馬鹿にする発言をしました。ドロシー（ジュディ・ガーランド）がそのことに対して、言い返しています。

【ボキャブラリー】
peewee「ちび、おちびさん」

重要表現

Shame on you!
「恥を知れ！」

相手の傲慢さや、不謹慎な態度に嫌悪感をあらわにして叱るときの表現です。

【例文】**Shame on you.** Don't do that again.
恥を知りなさい。二度とするなよ。

POINT 特に大人げない態度をとる人に対して使用されます。

『素晴らしきかな、人生』 *Collateral Beauty* 2016 / 316

Raffi : Einstein called time a stubbornly persistent illusion.

Claire : What's that even mean?

Raffi : Time doesn't go from January to December, or from noon to midnight. You know, we all just make it that way in our heads.

Claire : **That's absurd.**

ラフィ : アインシュタインは、時間は固定概念であり幻想だ、と言ったんだ。

クレア : それってどういう意味？

ラフィ : 時間は1月から12月になるわけでも、正午から真夜中になるわけでもない。みんな頭の中でそう思い込んでいるだけだ。

クレア : そんなのばかばかしい。

場面説明

役者のラフィ（ジェイコブ・ラティモア）は、子供を亡くしたため呆然としているハワード（ウィル・スミス）に対し、アインシュタインが考える「時間」について説きました。それを聞いていた同じく役者のクレア（ケイト・ウィンスレット）が、その言葉がどのような意味なのか質問しています。

【ボキャブラリー】
Einstein「アインシュタイン（物理学者）」、**stubbornly**「頑固に、しつこく、頑なに」、**persistent**「執拗な」、**illusion**「幻想、錯覚」

重要表現

That's absurd.
「ばかばかしい」

absurdは「あほくさい、馬鹿げている」の意味です。ある考えや状況が非論理的で、一般的な常識がない状態を言います。

【例文】 A: I saw a ghost!
B: **That's absurd.**
A: 幽霊を見たんだよ！
B: ばかばかしい。

POINT That's ridiculous. も似たような「ありえない、信じられない」という表現です。

317

『バック・トゥ・ザ・フューチャー』
Back to the Future 1985

Judge : Okay, **that's enough**. Uh, thank you. Thank you, fellas. Hold it. Hold it, fellas. I'm afraid you are just too darn loud.

審査員 : よし、もういい。えー、ありがとうございました。ありがとうございました、みなさん。そのまま ちょっと待ってください。結構うるさすぎますよ。

場面説明

マーティ（マイケル・J・フォックス）は学校のコンサートのオーディションを受けています。しかし、4人の審査員は彼のバンドの音楽スタイルが気に入りません。

【ボキャブラリー】

fellas「男性、やつ」、**hold it**「止めて」

重要表現

That's enough.
「もういいわ」

「これ以上のものはない」と強調したいときに言う言葉です。「もう十分」「もうよせよ」というニュアンスもあります。

【例文】 A: Our classmate that you like, I saw her dancing with that guy from our class.
B: **That's enough.** I don't want to hear about it. Now I'm depressed.
A: あなたが好きな同級生が、同じクラスのあの人と踊っているのを見たわ。
B: もういいよ。その話は聞きたくない。今、落ち込んでいるんだ。

POINT 突然使うと失礼にあたることもあるので、注意が必要です。Enough is enough.も、同様の意味で用いられます。またレストランなどで給仕さんが、お水を入れてくれたときなどのThank you, that's enough.は「ありがとう、それで十分です」という意味になります。

/318

『ワーキング･ガール』 *Working Girl* 1988

Katharine : What a slob!
Tess : You were so smooth with him. I probably. Would be…
Katharine : Never burn bridges. Today's junior prick, tomorrow's senior partner.

キャサリン：嫌な奴だわ！
テス：あしらい方がお上手ですね。私なら、たぶん……。
キャサリン：こてんぱんにやっつけないでおくの。今はヒラ社員でも、いつか出世するかもしれないし。

場面説明

キャサリン（シガニー・ウィーバー）が社内のカクテルパーティーで嫌な言葉を言われますが、適当にあしらいます。料理の給仕をしているテス（メラニー・グリフィス）と、そのことについて話しています。

【ボキャブラリー】
Never burn bridges.「後々のためよ（橋を燃やしてしまえば後がなくなることから。橋をご縁と捉えた表現）」、**prick**「奴」

重要表現

What a slob!
「嫌な奴！」

slobは名詞で「（軽蔑的に）薄汚い人、ずぼらな人、がさつ者、不精者」の意味です。

【例文】 **What a slob!** I hate you.
嫌な人！ 大嫌い。

POINT slobは動詞では、「だらだら過ごす」の意味です。

319 / 『かぞくはじめました』 *Life as We Know It* 2010

Messer : Girls would buy me drinks and throw themselves at me. You see this shirt? I slept with the girl who sold me this shirt.

Holly : **You're disgusting.**

メッサー ：女は誰もが俺に抱かれたがった。このシャツ見てみろ。こいつを売った洋服屋の店員までもね。

ホリー ：あんたって最低ね。

場面説明

親友カップルの紹介で出会ったホリー（キャサリン・ハイグル）とメッサー（ジョシュ・デュアメル）はまったくウマが合いません。しかし、親友カップルが急に事故死をしてしまい、彼らの子供を二人で育てることになりました。育児と仕事の両立に苦悩する二人が口論している場面です。

【ボキャブラリー】

throw oneself at「（人）の気を引こうとする、（人）に色目を使う」

重要表現

You're disgusting. 「最低だな」	「最低」「むかつく」「気持ち悪いな」などの意味です。Disgusting.（p.313）の一言でも使うことができます。

【例文】 A: I was so hungry I ate that yoghurt that had been in the fridge for months.

B: **You're disgusting.** You'll make yourself sick, you know?

A: お腹が空いていたから、何カ月も冷蔵庫にあったヨーグルトを食べちゃったよ。

B: 最低だな。自分が病気になっちゃうよ。

POINT That's awful.やThat's terrible.もほぼ同じように使用しますので、併せて覚えておきましょう。

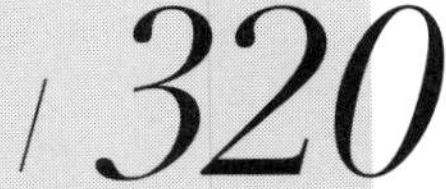

『アルマゲドン』 *Armageddon* 1998

Harry : Somebody could've got killed out here today. You want that on your conscience? **You're fired.**

ハリー : 今日ここで誰かが殺されたかもしれないんだ。それを良心の呵責に感じたいのか？ お前は首だ。

場面説明

石油掘削施設で緊急事態が発生しました。ハリー（ブルース・ウィルス）たちは深刻な事態に対処しようとしています。ハリーはA.J.（ベン・アフレック）にも責任があると考え、その場で彼を首にしました。

【ボキャブラリー】

on conscience「気に掛かる」

重要表現

You're fired.
「お前は首だ」

古くからある表現ですが、標準英語として使われています。昔、従業員が解雇されると机を燃やされたことがこの表現の由来です。

【例文】 A: My boss told me that if I miss one more day of work, I'll **be fired.**
B: I think you should start looking for another job.
A: 上司からは、これ以上休んだら首だ、と言われました。
B: 別の仕事を探した方がいいと思います。

POINT to be fired は仕事を「辞めさせられる」ことを意味しますが、to quit は仕事を「自分から進んで辞める」という意味になります。

第 13 章

確認・質問

321 / 『ジョイ・ラック・クラブ』 *The Joy Luck Club* 1993

Waverly : You wanna try it?
Lindo : This not so good. Only leftover strips. **See?** Fur too short.

ウェヴァリー ：着てみる？
リンド ：いい品じゃないわ。売れ残りよ。見える？ 毛皮が短かすぎ。

場面説明

娘のウェヴァリー（タムリン・トミタ）は母親のリンド（ツァイ・チン）に、自分には裕福な彼氏がいることをそれとなく伝えようとしますが、リンドは冷ややかに受け止めています。

【ボキャブラリー】
leftover「残り物」、**fur**「毛皮」

重要表現

See?
「見える？」

Can you see? の省略形です。「見える？」「わかる？」などの意味で使われます。

【例文】 **See?** This is a fake coin.
わかるか？ これは偽造硬貨だよ。

POINT 口語ではよく使用されます。

『バック・トゥ・ザ・フューチャー』
Back to the Future 1985

/ 322

Marty : Hey, Doc? Doc? Hello. **Anybody home?** Einstein, come here, boy. What's going on? Oh, God.

マーティ ：おい、ドク？ ドク？ やあ、誰かいるのか？ アインシュタイン、こっちだ。どうしたんだ？ 大変だ。

場面説明

マーティ（マイケル・J・フォックス）が朝、ドク・ブラウン（クリストファー・ロイド）の家を訪れています。彼が家に入ると、ドクの愛犬のアインシュタインが出てきます。そしてそこがめちゃくちゃな状態であることに気づきます。

【ボキャブラリー】
Oh, God.「あらまあ」

重要表現

Anybody home?
「誰かいませんか？」

Is anybody home? の略です。誰かの家に訪問する時だけでなく、自分の家に入る際にも誰かいるか確認するために使うことができます。

【例文】 A: I'm back. **Anybody home?**
B: You're back so soon? I thought you were gone for the afternoon.
A: No. Tom's parents are mad at him so they wouldn't let him go to the movies and I didn't want to go alone.
A: ただいま。誰かいる？
B: こんなに早く帰ってきたんだ？ 午後はいないのかと思っていたよ。
A: いや、トムの両親が怒ってて映画に行かせないって。僕は一人で行きたくなかったし。

POINT この質問に対する返答としては、シンプルにHere.「ここにいるよ」で構いません。

323 / 『シェフ 三ツ星フードトラック始めました』 *Chef* 2014

Man : **Everything okay?**
Carl : This is very good, by the way.
Inez : Yours are way better.
Carl : You think people would like this kind of food back home?

男性 : 全て大丈夫ですか？
カール : これは本当に美味いな。
イネズ : あなたの方が上よ。
カール : 帰って出してもウケると思うか？

場面説明

カール（ジョン・ファヴロー）は元妻イネズ（ソフィア・ベルガラ）の故郷マイアミに来ています。イネズとイネズの父親と息子と４名でキューバレストランでサンドウィッチを食べています。レストランのマネージャーと思われる男性給仕から話しかけられていますが、スペイン語だったので元妻の父親が対応しています。カールはイネズに話しかけています。

【ボキャブラリー】
by the way「ところで」、**way better**「ずっといい（wayは「とても」の意味で使われている）」

重要表現

Everything okay?
「全て大丈夫ですか？」

「何か問題はない？」「注文は全部お揃いですか？」とレストランでよく聞かれる質問です。

【例文】 A: **Everything okay?**
B: Perfect!
A: 全て大丈夫ですか？
B: 完璧です！

POINT Is everything okay? のIsが省略されています。

324

『42 ～世界を変えた男～』 *42* 2013

Jackie : Thanks.
Stanky : **For what?** You're on my team. What the hell am I supposed to do? Nice hit.

ジャッキー：ありがとう。
スタンキー：何がだ？ 同じチームだ。当然さ。ナイスヒット。

場面説明

試合中、相手チームのフィリースの監督チャップマン（アラン・テュディック）は打席に立つ黒人のジャッキー（チャドウィック・ボーズマン）に差別的発言を言い続けます。ジャッキーのチームメイトは誰も何も言いませんでしたが、いよいよスタンキー（ジェシー・ルケン）は耐えきれずにチャップマンに立ち向かいました。その後、ジャッキーはヒットを打つことができました。ベンチに戻ったジャッキーはスタンキーにお礼を言います。

【ボキャブラリー】
What the hell「一体何だ」、**be supposed to do**「本来ならば～するはずだ」

重要表現

For what?
「何のため？」

理由や目的を尋ねる際によく使われる口語表現です。

【例文】 A: I'm sorry!
B: **For what?**
A: ごめん！
B: なんで？

POINT Why? と同じ意味で使うことができますが、whyよりも柔らかな言い方になります。whyはストレートすぎて失礼になる場合もあります。似た表現にAbout what?「何について？」もあり、よく使われます。

325 / 『ジョイ・ラック・クラブ』 *The Joy Luck Club* 1993

Rich : So, how'd your mom react when you told her about the wedding?

Waverly : It never came up.

Rich : **How come?**

リッチ ：結婚についてお母さんに話した反応はどうだった？
ウェヴァリー ：無駄よ。
リッチ ：どうして？

場面説明

ウェヴァリー（タムリン・トミタ）は恋人のリッチ（クリストファー・リッチ）を両親に紹介するために、初めて実家に招きました。その帰路の車中での会話です。

【ボキャブラリー】
come up「話題に出る」

重要表現

How come?
「なぜ？」

Why? と同様に「なぜ？」「どうして？」と聞きたいときに使える表現です。

【例文】 A: Tonight is not a good time to come by.
B: **How come?**
A: Well, my mother will be having some friends over and they'll be really noisy. Maybe some other time.
A: 今夜は私の家に寄るのはよくないわ。
B: どうして？
A: えーと、母が友達を呼んでいて、すごくうるさいんだ。また今度ね。

POINT Why? は単に理由を聞いているのに対して、How come? は何か思っていたこととは違うことが起こった際、驚きながら相手に尋ねる表現です。「え？ なんで？」といったニュアンスです。

326

『幸せのレシピ』 *No Reservations* 2007

Therapist : Who ended it?
Kate : I did. He was getting way too demanding.
Therapist : **How so?**
Kate : Well, if you must know, after two years he wanted to move in together.

セラピスト：誰から別れを？
ケイト：私よ。彼がうるさくなったの。
セラピスト：それはどうして？
ケイト：どうしても知りたいなら言うわ。2年前に一緒に住もうと言い出したの。

場面説明

ケイト（キャサリン・ゼタ＝ジョーンズ）はマンハッタンのレストランで料理長を務めていますが時々客とのトラブルを起こしていました。そのため、オーナーの命令でセラピスト（ボブ・バラバン）のところに通っています。セラピストがケイトに、最後に恋人がいたのはいつだったのかを質問しています。ケイトは、4年か5年前にはいたと伝えました。その後の会話です。

【ボキャブラリー】
end「終わらせる」、**demanding**「要求が多い」

重要表現

How so?
「なぜそうなの？」

相手が言ったことに対して「なぜ、どうしてそのようなことになるのか」とさらに意見を促す表現です。

【例文】 A: He is a little strange, I think.
B: **How so?**
A: 彼ちょっと変だと思うんだけど。
B: なぜそう思うの？

POINT How is(was) it so? を省略した表現です。

327 / 『グリーンブック』 *Green Book* 2018

Lip : Lists all the places coloreds can stay down south. Like, you know, traveling while black.
Dolores : Traveling while black?
Lip : Yeah. Like if you're black but you gotta travel for some reason.
Dolores : They got a special book for that?
Lip : **I guess.**

リップ　：南部を旅する黒人が泊まれる宿が書いてある。黒人の旅用のな。
ドロレス：黒人の旅？
リップ　：ああ。連中が旅をすればの話だ。
ドロレス：そのための特別な本？
リップ　：そうらしい。

場面説明

アフリカ系アメリカ人のピアニスト、シャーリー（マハーシャラ・アリ）は、アメリカ南部へのツアーの運転手兼ボディーガードに、イタリア系アメリカ人のリップ（ヴィゴ・モーテンセン）を雇います。当時のアメリカ南部は「ジム・クロウ法」にあるように黒人差別制度が横行していました。そのため、リップは黒人専用のガイドブック「グリーンブック」を手渡されます。見送りにきた妻のドロレス（リンダ・カーデリーニ）は、その「グリーンブック」について質問しています。

【ボキャブラリー】
coloreds「有色人種の人達」、**gotta**「(=be going to)～するつもり」

重要表現

I guess.
「らしいね」

guessは「推測する、予想する」の意味があります。I think.も似たような「だと思うよ」の意味になりますが、I guess.の方が確信が弱いニュアンスがあります。

【例文】 A: Is he going to attend that meeting instead of his boss?
B: **I guess.**
A: 彼が上司の代わりにあの会議に参加するって？
B: だと思うよ。

POINT 主にアメリカで使われています。イギリスではI suppose.の方が使われます。

328

『パディントン』 *Paddington* 2014

Jonathan : Don't let him bother you. Dad's always been boring and annoying.

Mrs. Bird : Oh, I don't know about that. More to your father than meets the eye.

Jonathan : **Like what?**

Mrs. Bird : When I first met him, he was a very different man.

ジョナサン ：君の邪魔はさせないよ。パパはいつも退屈で石頭だ。
バード夫人 ：そうかしら。あなたのお父さんは見た目とは違うわよ。
ジョナサン ：どんな風に？
バード夫人 ：昔はまるっきり別人だった。

場面説明

一人でロンドンに来たクマのパディントンは偶然通りかかったブラウン一家に助けられます。しかし、父のヘンリー（ヒュー・ボネヴィル）はパディントンのことをよく思っていません。長男のジョナサン（サミュエル・ジョスリン）はそんな父が嫌いです。家政婦のバード夫人（ジュリー・ウォルターズ）がパディントンとジョナサンの会話に口を挟んでいます。

【ボキャブラリー】
let someone do「人に〜させる」、**bother**「邪魔する」、**boring**「つまらない」、**annoying**「うるさい、うっとうしい」、**more than meets the eye**「見かけ以上」

重要表現

Like what?
「例えば、どんな風に？」

ここでのlikeは「〜のような」の意味です。何か相手に具体的に例を挙げて説明してほしい際に使います。カジュアルな表現です。

【例文】 A: I haven't done any of the things I wanted to do by the time I was 31!
B: **Like what?**
A: 31歳になるまでやりたかったことを何一つしていないわ！
B: 例えば？

POINT For example? も同じ意味ですが、Like what? のほうがフレンドリーなニュアンスで使うことができます。

329 / 『ジーサンズ　はじめての強盗』 *Going in Style* 2017

Joe　: My mortgage payment tripled. Overnight.
Chuck　: You were on our teaser rate promo, which expired back in January. That's why it's called a teaser rate. Right? It doesn't last. **Make sense?**

ジョー　：ローンの支払いが３倍になった。急にだ。
チャック　：金利優遇期間が１月で終了したからです。貸付当初だけの優遇ですので。それは続きませんよ。おわかりですか？

場面説明

ジョー（マイケル・ケイン）は、退職した会社から年金の振り込みがされず、住宅ローンの支払いが遅れています。そのため銀行から届いた催告書を持って銀行に来ました。支店長のチャック（ジョシュ・パイス）と交渉しています。

【ボキャブラリー】
mortgage「担保、住宅ローン」、**payment**「支払い」、**triple**「３倍になる」、**overnight**「一晩で、急に」、**be on**「～に参加している」、**teaser rate**「当初優遇金利」、**promo**「（＝promotion）販売促進活動」、**expire**「期限が切れる」、**last**「続く、継続する」

重要表現

Make sense?
「わかりましたか？」

make senseは「道理にかなう、理にかなう、わかる」の意味になります。Does it make sense? を省略した表現です。ここでのitは、話題になっている事柄を指します。

【例文】 A: Please enter your ID number first. You can use this feature after signing in. **Make sense?**
B: Hmmm, it's difficult.
A: 初めにID番号を入力してください。ログインした後でこの機能が使えるようになります。わかりましたか？
B: んー、難しいですね。

POINT　似たような意味でDo you understand?「理解しましたか？」の表現がありますが、少し強い言い方になりますので使い方に注意が必要です。That makes sense.で「なるほどね」の意味になります。

/ 330

『ジュリー＆ジュリア』 *Julie & Julia* 2009

Julia : **Now what?**
Paul : You're a teacher.
Julia : Yeah.
Paul : You can teach.

ジュリア ：この先は？
ポール ：君は先生だろ。
ジュリア ：そうよ。
ポール ：（料理教室で）教えればいい。

場面説明

出版社からの通知が届き、レシピ本の出版が見送りになったことを知りがっかりしているジュリア（メリル・ストリープ）を夫のポール（スタンリー・トゥッチ）が励ましている場面です。

重要表現

Now what?
「さて今度は？」

「だからどうすればいいの？」「これからどうなるの？」と相手に尋ねる表現です。

【例文】 A: Can I ask one last question?
B: **Now what?**
A: 最後の質問をしてもいいかな？
B: 今度は何だよ？

POINT 物事を進める際に行き詰まったり、方向性が見えずどうしていいかわからなくなったときに使えます。

331 / 『マネーボール』 *Moneyball* 2011

Steve : You'll do better next year.
Billy : But we were close though.
Steve : We were so close.
Billy : **Right there.**

スティーブ：来年があるさ。
ビリー：あと少しでした。
スティーブ：惜しかったな。
ビリー：もうちょいだった。

場面説明

ビリー（ブラッド・ピット）が2001年のディビジョンシリーズで惜敗した報告を球団オーナーのスティーブ（ボビー・コティック）にしている場面です。

【ボキャブラリー】
though「しかし」

重要表現

Right there.
「すぐそこ」

「ちょうどそこに」、もう少しで手が届くところにある、という意味で使用します。

【例文】 A: Where's my car key?
B: **Right there.**
A: 僕の車のキーはどこ？
B:すぐそこにあるよ。

POINT 口語でよく使用されるカジュアルな表現です。

332

『悲しみよこんにちは』 *Bonjour Tristesse* 1958

Raymond : Denise is a bore.
Cecile : **So soon?**
Raymond : Well, there's no time limit on bores.

レイモンド：デニスは退屈だ。
セシル：もう？
レイモンド：飽きたものは仕方ない。

場面説明

浮気性で熱しやすく冷めやすい父親のレイモンド（デヴィッド・ニーヴン）に娘のセシル（ジーン・セバーグ）は呆れた様子で返答しています。

【ボキャブラリー】
bore「退屈なこと」

重要表現

So soon?
「そんなに早く？」

「そんなにすぐ？」の意味です。

【例文】 A: I arrived just now.
B: **So soon?**
A: いま到着しました。
B: そんなに早く？

POINT 「はやっ！」「そんなに早く？」「早くない？」「早すぎなんですけど…」など、文脈によってニュアンスが変わります。

333 / 『私を離さないで』 *Never Let Me Go* 2010

Tommy : I was thinking about it again last night, and if this rumor's true it might explain a few things.

Kathy : **Such as?**

Tommy : Well, The Gallery, for instance. We never got to the bottom of it, what The Gallery was for.

トミー : 昨晩僕もそのことを考えた。もしうわさが本当なら、いくつか謎が解ける。

キャシー : 例えば？

トミー : ギャラリーだよ、例えばね。真相を知らなかったけど、ギャラリーは何のため？

場面説明

外界から隔絶された寄宿学校ヘールシャムで育った子供たちは18歳になると社会に出ることになります。18歳になったトミー（アンドリュー・ガーフィールド）とキャシー（キャリー・マリガン）も寄宿学校を出て農場のコテージで共同生活を始めますが、18歳までの生活があまりにも世間と隔絶されていたため戸惑っています。

【ボキャブラリー】

rumor「うわさ」、**for instance**「例えば」、**get to the bottom of**「〜の真相を突き止める」

重要表現

Such as?
「例えば？」

具体的に例を挙げる際に使います。Such asの後ろに具体例の名詞を羅列することができますが、ダイアローグのように、会話の途中で「例えばどんなの？」と質問する際にも使うことができます。

【例文】 A: I love to do winter sports.
B: **Such as?**
A: ウインタースポーツをするのが大好きなんだ。
B: どんなの？

POINT For example? と同じように使うことができます。

『昼下りの情事』 *Love in the Afternoon* 1957

/ 334

Monsieur X : Is the news good or bad?
Claude : **That depends.** Is this your wife?

X氏 ：良い知らせか、それとも悪い知らせか？
クロード ：状況次第です。こちらは奥様ですか？

場面説明

妻の浮気調査の依頼をしてきたX氏（ジョン・マッギーバー）が事務所を訪ねてきました。私立探偵のクロード（モーリス・シュヴァリエ）と写真について話す場面です。

重要表現

That depends.
「状況次第」

「状況次第」「ケースバイケース」の意味です。Thatの代わりにItが使われることも多いです。またThat all depends.やIt all depends.のようにallを入れると「全て状況次第」という意味になります。

【例文】 A: Which do you like better, summer or spring?
B: **That depends.**
A: 夏と春、どちらがお好きですか？
B: 状況次第ですね。

POINT Yes, Noの断定を避けるとき、便利な表現です。

335 / 『ジュリー&ジュリア』 *Julie & Julia* 2009

Eric : Okay, all right. All right, boys. There's a new sheriff in town.

Julie : Lobster killer.

Eric : Lobster killer. **Under control.**

Julie : You are a saint. Thank you. Thank you. Thank you. Thank you.

エリック ：大丈夫だ。観念しろよ。もう逃げられないぞ。

ジュリー ：ロブスター殺し。

エリック ：ロブスター殺し。鎮圧したぞ。

ジェリー ：あなたは聖人ね。ありがとう。ありがとう。ありがとう。ありがとう。

場面説明

生きているロブスターを鍋で茹でようとしたジュリー（エイミー・アダムス）は、鍋の蓋が外れ、悲鳴を上げます。夫のエリック（クリス・メッシーナ）は、床に落ちた鍋の蓋を拾って再び鍋の蓋を閉めました。ジュリーはエリックに感謝のキスをします。

【ボキャブラリー】

sheriff「保安官」、**saint**「聖人」

重要表現

Under control.
「制御下にある」

「万事上手く行っている」「管理下にある」という意味で、事態が落ち着いた状態にあることを表すフレーズです。「心配要らないよ」と周りを安心させたいときによく使います。

【例文】 Everything is **under control.**
万事異常なし。

POINT 反対語はOut of control.「制御不能だ」です。

『シェフ 三ツ星フードトラック始めました』
Chef 2014

Molly : Who cares? Who cares?
Carl : I do, 'cause I could have done better.

モリー : ほっときゃいいのよ。ほっときゃ。
カール : 僕は気にするよ。もっと美味い料理が出せたはずさ。

場面説明

料理評論家のラムジー（オリヴァー・プラット）に酷評されたことについて、ソムリエで友人のモリー（スカーレット・ヨハンソン）とカール（ジョン・ファヴロー）が話している場面です。

【ボキャブラリー】
'cause「=because（なぜならば）」

重要表現

Who cares?
「誰も気にしない」

「誰がそんなの気にすんの？」など、仲間内で使うくだけた表現です。面白くないと思うことを言った人への返答です。

【例文】 A: I have 1,000 friends on my Facebook.
B: **Who cares?**
A: 僕はFacebookで千人の友だちがいるんだ。
B: それが何？

POINT 親しい友人と話していて、「誰がそんなの気にするの？」「構うもんか」「知ったもんか」と言いたいときに便利な表現です。これは非常に強く、やや失礼な表現になりますので、注意して使用する必要があります。

337 / 『ビリーブ　未来への大逆転』 *On the Basis of Sex* 2018

Ruth　: Come to dinner. The beans will be boiled. The chicken will be stewed. And you will be grilled... We came to Harvard to be lawyers. **Why else?**

Martin　: It was an asinine question.

ルース　：夕食に来てみてよ。豆を茹でて、鶏肉を煮込む。そして、あなたは笑いものになる……。私たちは弁護士になるためにハーバードに来たのよ。他に理由がある？

マーティン：バカな質問だ。

場面説明

ハーバード大の法科大学院に入学したルース（フェリシティ・ジョーンズ）は学部長主催の女学生たちを祝う夕食会に招かれました。しかし学部長から男性の席を奪ってまで入学した理由を述べるように言われた女学生たちは、嫌悪感を隠しながら話しました。家に帰ったルースがこの状況を夫のマーティン（アーミー・ハマー）に伝えています。

【ボキャブラリー】

bean「豆」、**boil**「茹でる」、**stew**「煮る」、**grill**「焼く（ここでは差別的な扱いをされる意味で使われている）」、**Harvard**「ハーバード大学」、**lawyer**「弁護士」、**asinine**「かなりバカな、間抜けな」

重要表現

Why else?
「他に理由がある？」

elseは「他に」を意味します。今回はwhy「理由」が他にあるのかを問いています。

【例文】 A: You came here to meet him, right? **Why else?**
B: I want you to go through this document.
A: 彼に会いにきたのよね？　他にも理由が？
B: 君にこの書類に目を通してほしいんだ。

POINT　What else?「他に何が？」、Who else?「他に誰が？」、Where else?「他にどこへ？」のように使うことができます。

『恋人たちの予感』 *When Harry Met Sally...* 1989 / 338

Harry : You realize that we could never be friends.
Sally : **Why not?**
Harry : Men and women can't be friends because the sex part always gets in the way.

ハリー ：僕たちは友人になれないことを悟るべきだ。
サリー ：なぜなれないの？
ハリー ：男女は友達にはなりえないよ。セックスが邪魔してね。

場面説明

サリー（メグ・ライアン）とハリー（ビリー・クリスタル）は長時間の車での移動中、男女の関係について意見を交わしています。

【ボキャブラリー】
in the way「道を邪魔して」

重要表現

Why not?
「そんな訳ないだろう」

相手が否定的なことを言った際、「そんな訳ないのにどうしてなの？」と理由を聞く場面に使用します。

【例文】 A: I won't go with you tonight.
B: **Why not?**
A: 今晩、あなたとは行かないわ。
B: どうして？

POINT Sure. Why not?「もちろん、いいとも」のように前向きな応答として使われます。

339 / 『アルマゲドン』 *Armageddon* 1998

Harry : Max, **you good?**
Max : Yeah. Just making a hole.
Harry : Turn it around.
Max : Frigging outer space.

ハリー ：マックス、大丈夫か？
マックス ：ああ。穴を開けるだけだよ。
ハリー ：回してみろ。
マックス ：クソ宇宙だな。

場面説明

小惑星に穴を開けようとしているところです。ハリー（ブルース・ウィルス）はチームのマックス（ケン・キャンベル）と話しながら全体の状況を把握しようとしています。

【ボキャブラリー】
Frigging「クソ（下品な強意表現）」

重要表現

You good?
「大丈夫ですか？」

相手の状態を聞くときの Are you good?「あなたは大丈夫ですか？」を省略した形です。

【例文】 A: How is everything? **You good?**
B: The meal is delicious, thanks. Could I get another cola?
A: Sure. I'll be right back.
A: 調子はどうですか？ 大丈夫？
B: 食事は美味しいよ、ありがとう。コーラのおかわりをお願いできますか？
A: もちろんです。すぐに戻ります。

POINT You cool? や Everything good? も、「大丈夫ですか？」と相手の様子を尋ねる言い方です。

『アニー・ホール』 *Annie Hall* 1977

/ 340

Alvy : A relationship, I think, is like a shark. **You know?** It has to constantly move forward or it dies. And I think what we got on our hands is a dead shark.

アルビー : （男女の）関係は鮫と同じだと思う。そうだろ？ 絶えず前進し続けないと死んでしまうんだ。僕が思うに、僕たちの関係は死んだ鮫だ。

場面説明

口論と仲直りが何度も続き、アルビー（ウディ・アレン）は、恋人のアニー（ダイアン・キートン）に対して自分たちの関係について語っています。

【ボキャブラリー】
relationship「関係」、**constantly**「常に、絶えず」

重要表現

You know?
「だよね？」

文頭や文中で使うときは「わかるよね？」「知ってるだろ？」などの確認の意味になります。文末で使用したときは「〜だよね？」「〜じゃない？」のように、同意、賛同、共感を求めるニュアンスの表現になります。

【例文】 We have to study English, **you know.**
僕たちは英語を勉強しないといけない、だよね。

POINT いろいろな場面で使えるのでとても便利な表現ですが、使いすぎるとしつこい印象を与えかねないので注意が必要です。

341 / 『マスク』 *The Mask* 1994

Stanley : You want me to throw that. I'm very tired. Okay, I'll throw it one time. I ain't gonna throw it with you attached to it. **You ready?** Get it.

スタンリー：それを投げろって？　とても疲れているんだよ。わかった、1回だけ投げるよ。離さないと投げないぞ。準備はいいか？とれ。

場面説明

嫌な思いをして帰宅したスタンリー（ジム・キャリー）は、アパートの中で愛犬にキャッチボールをせがまれています。

【ボキャブラリー】

ain't「am notの短縮形」

重要表現

You ready?
「準備はできた？」

Are you ready? の省略形です。

【例文】 A: Hey, **you ready?**
B: No. Just give me 5 more minutes.
A: Well, we're gonna be late now, you know.
A: おい、準備はできたか？
B: いや、あと5分待ってくれ。
A: えー、もう遅刻しちゃうよ。

POINT さらに短い表現で、Ready? と一語で質問することもできます。

『オズの魔法使い』 *The Wizard of Oz* 1939

342

Zeke : **You see**, Dorothy toppled in with the big…
Aunt Em : It's no place for Dorothy around the pigsty!

ジーク : ほら、ドロシーが落ちちゃって、あのでかい……。
エムおばさん：ドロシーを豚小屋には近づけないで！

場面説明

ジーク（バート・ラー）が豚を庭の柵の中に追い込んでいます。ドロシー（ジュディ・ガーランド）はその柵の上に登り、綱渡りのように歩いていたら豚の集団の中に落ちてしまいました。そこにエムおばさん（クララ・ブランディック）がやってきます。

【ボキャブラリー】
topple「つんのめる」、**no place for**「～にふさわしい場所ではない」、**pigsty**「豚小屋」

重要表現

You see.
「ほら」

「ほら」「あのね」「ご存じでしょう」の意味です。

【例文】 **You see**, math is not so difficult.
ねえ、数学はそんなに難しくないでしょ。

POINT 会話で注意を促すときなどに用いられます。Look.も同じ意味です。

343 / 『シェフ 三ツ星フードトラック始めました』 *Chef* 2014

Carl : Listen, I was... I was thinking, about what we were talking about. And it's gotta be OK with Mom. Let me just say that first.

Percy : What are you talking about?

Carl : I could really use your help on the truck. **You there?**

Percy : Yeah.

カール ：聞いてくれ、……考えてたんだ、この間の話なんだが。ママのOKが必要だ。最初に言っておくが。

パーシー ：何のこと？

カール ：屋台を手伝ってくれないか？　聞いてるか？

パーシー ：うん。

場面説明

カール（ジョン・ファヴロー）は息子のパーシー（エムジェイ・アンソニー）と夏休み中フードトラックで旅をしながらキューバサンドを売りました。パーシーはこれからも放課後や週末に手伝いたいと言いましたが、カールは断ります。自宅に戻ったカールはパーシーと過ごした時間を思い出し、電話をしています。

【ボキャブラリー】

gotta「(=have got to)～する必要がある」

重要表現

You there?
「聞いてるかい？」

Are you there? の省略形です。電話で相手が返答しなかったり、音声が途絶えて、電話の向こうに相手がまだいるかを確認するため「聞こえているか？」という意味で使用します。

【例文】 A: **You there?**
B: I'm still here.
A: まだいる？
B:いるよ。

POINT LINEなどのメッセージアプリやチャット、ネットゲームなどでは「(画面の前に)まだいる？」や「読んでる？」の意味になります。

344

『恋愛だけじゃダメかしら？』
What to Expect When You're Expecting **2012**

Janice : Wendy?
Wendy : Huh?
Janice : **Are you dead?**
Wendy : Oh.

ジャニス ：ウェンディ？
ウェンディ：え？
ジャニス ：生きてる？
ウェンディ：ああ。

場面説明

ベビー用品店でぐっすりと居眠りをしているウェンディ（エリザベス・バンクス）に少し太めの店員のジャニス（レベル・ウィルソン）が話しかけています。

重要表現

Are you dead?
「生きてる？」

直訳すると「死んじゃったの？」ですが、ぐっすり眠り込んでいる人や、へとへとに疲れている人に対して「生きているの？」と話しかける表現です。

【例文】**Are you dead?** You look very exhausted.
生きてるかい？ ものすごく疲れているみたいだね。

POINT be deadは「へとへと」「くたくた」を意味する俗語です。他には、be all in や be dead tired があります。

345 / 『恋人たちの予感』 *When Harry Met Sally...* 1989

Boy : Are you finished?
Harry : I got a stack of quarters and I was here first.

少年 ：終わりかい？
ハリー ：まだ空かないよ。（俺は山ほど25ドルセントを入れて最初にここにいるんだ）

場面説明

ハリー（ビリー・クリスタル）は、バッティングセンターのケージの中で打球を打ち終えて友人のジェス（ブルーノ・カービー）と雑談をしています。そこに、順番待ちをしている少年が話しかけてきました。

【ボキャブラリー】
a stack of「〜の山」、**quarter**「25セント硬貨（自販機や券売機でよく使用されます）」

重要表現

Are you finished?
「もう終わりましたか？」

Have you finished?「もう終わった？」とほぼ同様の意味を表しています。have finished（完了形）は「もうすでにある行動をした」という意味ですが、「be＋分詞形容詞」は状態を表すものなので「終わっている」というニュアンスになります。なお、Are you done? とも言い換えられます。

【例文】 **Are you finished** with these?
（レストランで給仕が）お下げしてもよろしいですか。

POINT 動詞finishは他動詞なので、Did you finish? は使えません。Did you finish it? のように目的語を必要とします。

『めぐり逢えたら』 *Sleepless in Seattle* 1993

Sam : He's become obsessed with some woman who wrote me.

Greg : **Are you serious?**

Sam : She wants to meet me at the top of the Empire State Building.

サム ：彼は僕に手紙をくれたある女性に取り付かれているんだ。

グレッグ ：まじで？

サム ：彼女はエンパイアステートビルの屋上で僕と会いたいんだって。

場面説明

妻を亡くしたサム（トム・ハンクス）は友人のグレッグ（ヴィクター・ガーバー）に、アニー（メグ・ライアン）から届いた手紙について話をしています。

【ボキャブラリー】

become obsessed with「～に取り付かれている」

重要表現

Are you serious?
「まじで？」

「本当に？」「まじで？」「それ、真剣に言っているの？」という意味です。「信じられないけど本当なの？」と言うニュアンスです。

【例文】 A: I'm getting married next month!
B: **Are you serious?**
A: 来月結婚するんだ！
B: まじかよ。

POINT Really? も同じ意味ですが、seriousにはそれよりもさらに大きな驚きを伴っているニュアンスがあり、オーバーな表現です。

347 / 『シェフ 三ツ星フードトラック始めました』 *Chef* 2014

Carl : All right, pal. **Here we are.** Nice to be home.
Percy : Yep.
Carl : See your turtle, see your mommy, back to your room.
Percy : I'm really gonna miss you.
Carl : I'm gonna miss you too. OK, but you'll stay with me in two weeks.

カール ：さあ、到着したぞ。家はいいぞ。
パーシー ：うん
カール ：カメもいるし、ママにも会えるし、部屋もある。
パーシー ：寂しいよ。
カール ：俺もだ。2週間後に会おう。

場面説明

長いフードトラックでの旅を終えて、カール（ジョン・ファヴロー）は息子のパーシー（エムジェイ・アンソニー）を自宅に送り届けています。

【ボキャブラリー】
pal「仲間、仲よし（呼びかけ）」

重要表現

Here we are.
「到着しました」

目的地に到着した際に、「さあ着いたよ」の意味で使われます。are に強勢があり、下降調で言います。

【例文】 **Here we are.** This is the Statue of Liberty.
到着しました。これが自由の女神像です。

POINT 探し物を見つけた時に使うと、「ここにあった」の意味になります。その際には、here を強く読み、下降調に言います。

348

『アルマゲドン』 *Armageddon* 1998

Harry : **How you feeling?**
A.J. : Uh, good, you know. I mean, considering I've never been this scared in my entire life.

ハリー : 気分はどう？
A.J. : あー、いいよ。こんなに怖くなったのは初めてだよ。

場面説明

ハリー（ブルース・ウィルス）とA.J.（ベン・アフレック）は宇宙へ行くためのロケットに乗り込もうとしています。ハリーがA.J.に気分を尋ねています。

【ボキャブラリー】
considering「〜を考慮すれば」

重要表現

How you feeling?
「気分はどう？」

How are you feeling? の短縮形です。相手の精神状態や体調を気遣うときに使います。

【例文】 A: That was a long flight. **How you feeling?**
B: Too tired to visit your grandmother?
A: 長いフライトだったね。気分はどう？
B: おばあちゃんに会いに行くには疲れすぎかな？

POINT How you doing? や How's it going? も同様に、相手の状況や体調について尋ねる表現です。

349 『ジョイ・ラック・クラブ』 *The Joy Luck Club* 1993

Man : Yes! **I told you**, man! **I told you!**

男性 ：やった！ ほらね、おい！ 言ったとおりだろ！

場面説明

男性がアメフトをTVで観戦しています。自分の応援しているチームが得点をあげて喜んでいる場面です。

重要表現

I told you. 「ほらね」	「ほら言わんこっちゃない」「ほらね、言ったとおりでしょ」「だから言ったでしょう」の意味です。良いときも悪いときも使用します。

【例文】 **I told you.** It's raining.
ほら、雨が降ってる。

POINT 予告や警告したとおりになった場合などに使用します。

『恋人たちの予感』 *When Harry Met Sally...* 1989

Harry : **It's me.** It's the holiday season and I thought I'd remind you that this is the season of charity and forgiveness.

ハリー : (電話で) 僕だよ。クリスマスだよ。許し合い、仲直りをする時期だよ。

場面説明

ハリー(ビリー・クリスタル) はサリー(メグ・ライアン) との口喧嘩の後、暫くたってから彼女の留守番電話にメッセージを残しています。

【ボキャブラリー】
remind「念押しする」、**charity**「(他人に対する)寛容」

重要表現

It's me.
「私です」(電話で)

It's me.は電話またはドアの外など顔の見えない相手に対して「私です」の意味です。

【例文】 A: Who's talking, please?
B: **It's me.**
A: どちらさまですか？
B: 私だよ。

POINT That's me.は会話で「私のことだ」の意味です。

351 / 『めぐり逢えたら』 *Sleepless in Seattle* 1993

Cliff : Are you all right?
Walter : **It's nothing.** Nothing.

クリフ : 大丈夫ですか？
ウォルター : 大丈夫です。大したことはありません。

場面説明

実家でのクリスマスパーティーでくしゃみを繰り返すウォルター（ビル・プルマン）に対して、クリフ（ケヴィン・オモリソン）が声をかけている場面です。

重要表現

It's nothing.
「大したことはない」

相手が気遣ってくれたとき「なんてことない」「大丈夫です」という意味の丁寧な返答としてよく使われる英語表現です。You're welcome. No problem. No worries. と同じ意味で使うことができます。

【例文】 A: You look pale. Are you OK?
B: **It's nothing.**
A: 顔色悪いですね。大丈夫ですか？
B: 大したことないです。

POINT 「話すほどのことではないので心配しなくてもよい」というニュアンスが含まれます。あえて深刻に取り上げる必要はないことを伝えるフレーズです。

352

『ローマの休日』 *Roman Holiday* 1953

Joe : Well. **It's you!**
Ann : Yes, Mr. Bradley.

ジョー ：あれ、君じゃない！
アン ：ええ、ブラッドレーさん。

場面説明

スペイン階段に座っているアン（オードリー・ヘップバーン）を見つけたジョー（グレゴリー・ペック）は、アン王女に偶然居合わせたふりをしている場面です。

重要表現

It's you!
「君じゃないか！」

itは普通、モノや動物を指しますが、ここでは偶然出くわしたことを装うために使用しています。

【例文】 A: Oh, **it's you.**
B: Why didn't you answer the door sooner?
A: I thought you were a salesperson.
A: ああ、君か。
B: どうしてもっと早く出てきてくれなかったの？
A: 営業マンだと思ってたんだ。

POINT 予想していない場面で使用します。

353 /『ラブ・アクチュアリー』 *Love Actually* 2003

Jamie : You learnt English?
Aurelia : Just in case.

ジェイミー：君、英語勉強したの？
オーレリア：万が一のためにね。

場面説明

ジェイミー（コリン・ファース）はオーレリア（ルシア・モニス）にプロポーズするためにマルセイユまで来ました。英語もフランス語も話せないはずのポルトガル人のオーレリアでしたが、英語でYes, of course. と応えたオーレリアに、ジェイミーが質問しています。

【ボキャブラリー】
learnt「learnの過去形（イギリス英語）」

重要表現

Just in case. 「念のため」	「念のため」「万一に備えて」という意味です。

【例文】 You should check with your boss, **just in case.**
念のため、上司に確認したほうがいいよ。

POINT Just to make sure. やJust to be sure. も同様の意味です。

354

『はじまりのうた』 *Begin Again* 2013

Dan : I think I got a meeting here. You want to wait here or you want to come?

Violet : You think you have a meeting? Do you or not?

Dan : **Let's see.**

ダン ：会議があると思うんだ。ここで待つか？ それとも一緒に行くか？

バイオレット：会議があると思うって？ あるの？ ないの？

ダン ：さあな。

場面説明

ダン（マーク・ラファロ）は離婚して離れて暮らす娘のバイオレット（ヘイリー・スタインフェルド）を車で迎えに行きました。反抗期の娘との車での会話です。

重要表現

Let's see.
「さあな、どうだかな」

すぐに答えや返事ができない時に「えーと、なんだっけ」の意味で使うことができます。この表現はLet us see.の省略です。

【例文】**Let's see,** what shall I say?
さてと、何と言おうかな？

POINT
相手からの質問や投げかけに対して、次の言葉が出てくるまでのつなぎのフレーズとして使用されます。他にも「ええと」と少し考えている様子を意味する表現は、Let me see.や Well.などがあります。

355 / 『ビリーブ　未来への大逆転』 *On the Basis of Sex* 2018

Ruth　: A great civil rights lawyer took up Hoyt's appeal. Dorothy Kenyon. **On what grounds,** Miss… Roemer?

Roemer : That Florida's juries violated the U.S. Constitution, 'cause there were only men on them. Kenyon said a jury with women on it may have convicted Hoyt of a lesser crime, like manslaughter.

ルース　：偉大な公民権弁護士が、ホイトの訴えを取り上げた。その弁護士はドロシー・ケニヨン。何を理由に？……ローマーさん？

ローマー：フロリダの陪審員は男しかいないのは憲法違反だと。ケニヨンは、女性の陪審員ならホイトの罪は軽く済んだかもしれないって。

場面説明

女性であるために弁護士事務所に就職できなかったルース（フェリシティ・ジョーンズ）は大学教授として教鞭を振るうことになります。様々な裁判の事例を考える講義の場面です。ルースが女子学生のローマー（アイザ・ンティバリクレ）に質問しています。

【ボキャブラリー】

civil rights「公民権」、**lawyer**「弁護士」、**appeal**「上訴、控訴、上告」、**jury**「陪審員」、**violate**「違反する」、**Constitution**「憲法」、**convict**「有罪と宣告する」、**lesser**「より小さい」、**crime**「罪」、**manslaughter**「殺人罪」

重要表現

On what grounds?
「何を根拠に？」

groundsには「根拠、原因、理由」の意味があります。「何の根拠を元に？」という意味になります。

【例文】 A :He must be telling a lie.
B: **On what grounds?**
A: 彼は嘘を言ってるに違いないよ。
B: 何を根拠に？

POINT　この表現は非常にフォーマルな表現で、裁判や規則などの表現で使われることが多いです。

356

『マスク』 *The Mask* 1994

Stanley : See, I have an inner-ear problem. Sometimes I can't hear anything.

Lt. Kellaway : **That a fact?**

Stanley : Eh?

スタンリー ：ほら、僕は内耳に問題があるんだ。時々、何も聞こえなくなるんだ。

ケラウェイ刑事 ：それは事実ですか？

スタンリー ：え？

場面説明

ケラウェイ刑事（ピーター・リーガート）がアパートの住人に前夜の騒動について聞いてまわっています。刑事がスタンリー（ジム・キャリー）にそのことを尋ねると、耳が悪いから何も聞こえなかったと嘘をついています。

【ボキャブラリー】

See.「ほらね」、**inner-ear**「内耳」

重要表現

That a fact?
「事実ですか？」

Is that a fact? の省略形で、直訳すると「それは事実ですか？」になります。少し古い表現です。

【例文】 A: I can't come to your party Saturday as my grandmother is coming to visit.
B: **That a fact?** Well, maybe next time then.
A: 祖母が遊びに来るので、土曜日のパーティーには行けないんです。
B: 本当？ じゃあ、また今度ね。

POINT このフレーズは、相手を疑っているような強いニュアンスがあるので、使用する際には注意が必要です。

357 / 『マスク』 *The Mask* 1994

Maggie : So could we maybe get an extra ticket for her?

Stanley : Ooh. **They're out**. They're sold out. That means there's no more.

マギー : だから、彼女のために、もしかしたらもう一枚、チケットとれる？

スタンリー : あー、もう無い。売り切れました。もはやないってことだよ。

場面説明

スタンリー（ジム・キャリー）の同僚のマギー（ジョエリー・フィッシャー）が、コンサートのチケットをもう一枚取ってきてほしいとスタンリーに頼んでいます。スタンリーはマギーと自分のために必死で２枚のチケットを手に入れたので、さらにもう１枚手に入れるのは不可能だと言っています。

【ボキャブラリー】

Ooh「あら」、**sold out**「売り切れ」

重要表現

They're out.
「もう無い」

outには「無くなった」と言う意味があります。話題になっているものが「無い、品切れ、売れ切れ」等の状態を表しています。

【例文】 A: So, where's the umbrella?
B: **They're out.** Let's try a different convenience store.
A: それで、傘はどうしたんだ？
B: 売り切れだよ。違うコンビニに行ってみよう。

POINT They're out. はカジュアルな口語です。よりフォーマルにするとThey have run out.になります。

『恋人たちの予感』 *When Harry Met Sally...* 1989

Sally : So, **what about you?**
Harry : I'm fine.

サリー ：それで、あなたのほうはどうなのよ？
ハリー ：元気でやってるよ。

場面説明

サリー（メグ・ライアン）とハリー（ビリー・クリスタル）は5年ぶりに再会しました。サリーは彼氏と別れたことを告げます。結婚したはずのハリーに近況を尋ねている場面です。

重要表現

What about you?
「あなたはどうなの？」

「～はどうするつもり？」「～はどうしますか？」と少し詰め寄るような語気の強さです。具体的な回答を求めている場合によく使われます。

【例文】I passed the final exam. **What about you?**
僕は期末試験に合格したよ。君はどうなったの？

POINT How about ～？とWhat about ～？は、ほぼ同じ意味で使われています。ただし、What about ～？は強制的なニュアンスがあるので、迷ったらHow about ～？を使った方が無難です。

359 / 『アルマゲドン』 *Armageddon* 1998

A.J.　: Bear!
Bear　: **What's up?**
A.J.　: He's shooting at me. You see Harry coming, crack him with that wrench.

A.J.　：ベア！
ベア　：どうしたんだ？
A.J.　：撃ってきたぞ。ハリーが来るのが見えたら、そのレンチで殴ってやれ。

場面説明

A.J.（ベン・アフレック）は石油採掘場で銃を持ったハリー（ブルース・ウィルス）から追いかけられています。ハリーの娘のグレース（リヴ・タイラー）と一緒にいることを見られたからです。A.J.がベア（マイケル・クラーク・ダンカン）に助けを求めています。

【ボキャブラリー】
crack「ぶん殴る」

重要表現

What's up?
「どうしたの？」

「最近どう？」「どうしたの？」「何をしているの？」と相手の近況を尋ねる表現です。また、友達同士での「やあ！」という挨拶としても使われます。万能な表現です。

【例文】 A: Hey, **what's up?** You don't look good.
B: Yeah, I was up all night studying for my Math test today. I think I overdid it.
A: やあ、どうしたんだい？ 調子悪そうだけど。
B: ああ、今日の数学のテストのために一晩中勉強していたんだ。やりすぎちゃったかな。

POINT What are you up to? を省略したカジュアルな表現です。出来事や問題のことを up で表しています。挨拶として使う場合は「何か問題があるのか」「大丈夫なのか」のニュアンスが含まれます。How is it going? やHow are you doing?、How are you? も同じような表現です。

『昼下りの情事』 *Love in the Afternoon* **1957**

Ariane : Do you have a telephone coin?
Michel : **What's wrong**, Ariane? If you're in some sort of trouble, you can tell me.
Ariane : Thanks, Michel.

アリアーヌ：電話用の小銭持ってる？
ミシェル：アリアーヌ、どうしたんだい？　何か困っていることがあれば相談にのるよ。
アリアーヌ：ありがとう、ミシェル。

場面説明

音楽院での夜間練習が終わり、友人のミシェル（ヴァン・ドード）に何度も時間を聞いたりそわそわしているアリアーヌ（オードリー・ヘップバーン）の様子です。

【ボキャブラリー】
be in trouble「困っている」

重要表現

What's wrong?
「どうしたの？」

誰かが疲れていたり困っていたりするとき、相手を気遣い「どうしたの？」と声をかける表現です。

【例文】 You look pale. **What's wrong?**
顔色悪いわね。どうしたの？

POINT 相手が明白にいつもと違う状態のときに使います。見てすぐにわかる異変、瞬間的に理解できる変化の状況に対して「どうしたの？」という意味です。

361 / 『バック・トゥ・ザ・フューチャー』
Back to the Future 1985

Mrs. Baines : Save the clock tower!
Marty : **Where were we?**
Jennifer : Right about here.

ベインズ夫人 ：時計台を守って！
マーティ ：どこまで進んだの？
ジェニファー ：ちょうどこの辺り。

場面説明

マーティ（マイケル・J・フォックス）と彼女のジェニファー（クローディア・ウエルズ）がキスをしようとしたとき、寄付を求めるベインズ夫人（フランシス・リー・マッケイン）から邪魔されている場面です。ベインズ夫人は、町の広場にある時計台を保存するための資金を集めようとしています。彼女が去った後、マーティ達はキスしようとします。

重要表現

Where were we?
「どこまで進んだ？」

やっていたことを中断した後また再開する時に、それがどこまで進んでいたかを確認したい時に使います。

【例文】 A: Sorry. My mom wanted to know where my sister went. **Where were we?**
B: You were telling me about what to study for the English test.
A: ごめん。母が妹がどこに行ったか知りたがったので。それで、どこまでやったっけ？
B: 英語のテストのために何を勉強したらいいか話していたんでしょう。

POINT Are you following me?「（私の話に）ついてこれていますか？」と同じ意味で使用されることもあります。

『めぐり逢い』 *An Affair to Remember* 1957

Nickie : Hello? Yes, this is Ferrante. **Who's calling?** Oh, put her on.

ニッキー ：もしもし？ フェランテです。どちらさまですか？ 彼女に繋いでください。

場面説明

プレイボーイで有名な二流画家のニッキー（ケーリー・グラント）はオーシャン・ライナー乗船中に婚約者からの電話を受け取っています。

重要表現

Who's calling?
「どちらさまですか？」

電話をかけてきた相手が名乗らなかった時に名前を聞くための決まり文句です。文末にplease、または文頭にMay I askを付けると丁寧になります。

【例文】 A: Hello. May I speak to Tomomi?
B: **Who's calling,** please?
A: もしもし。智美さんをお願いします。
B: どちらさまですか？

POINT Who are you? は「あんた誰？」のようなニュアンスなので、失礼になります。また目の前の相手に対して使う表現なので不適切です。

363 / 『ジョイ・ラック・クラブ』 *The Joy Luck Club* 1993

Lin Xiao: You make me sick! Clean up this mess! **You hear me?**

リン・シャオ：お前を見るだけでムカつく！ 片付けろ！ 聞いてるのか？

場面説明

インイン（フェイ・ユー）の浮気夫であるリン・シャオ（ラッセル・ウォン）が、浮気相手の女性を自宅に連れてきて赤ちゃんを抱かせようとします。暴力を振るわれ倒されたインインは思わず割った皿の破片で彼を刺そうとしますが、夫のリン・シャオはインインに罵声を浴びせます。

【ボキャブラリー】

mess「（物の状態を意味して）ゴチャゴチャ、乱雑、汚らしさ」

重要表現

You hear me?
「聞いてるのか？」

相手に自分の声が聞こえているかどうか確認をする時に使うフレーズですが「話の意味がわかるかどうか」という意味合いを含んで使われることもあります。

【例文】 The due date has passed. **You hear me?**
締切日は過ぎました。聞いてますか？

POINT Do（またはCan）you hear me? の最初の単語が省略されることで強い口調になります。

『マイ・インターン』 *The Intern* 2015

364

Ben : How do I spend the rest of my days? **You name it.** Golf, books, movies, pinochle. Tried yoga, learned to cook, bought some plants, took classes in Mandarin.

ベン ：どうやってその後過ごしてるか？　どんなことでもです。ゴルフ、読書、映画、トランプ。ヨガにも挑戦、料理教室に行き、園芸もやった、中国語のレッスンにも通った。

場面説明

ベン（ロバート・デ・ニーロ）は妻を3年前に亡くしたため、退職後一人で時間を過ごしていました。しかし心が満たされません。そこでシニア・インターンに応募することにし、自己PR動画を撮影しています。その動画の自己紹介からの抜粋です。

【ボキャブラリー】

pinochle「カードゲームの一種、トランプ」

重要表現

You name it.
「なにもかも、
どんなものでも」

話題に上っていることの具体例を述べる際に使います。文の最初でも、最後でもどちらでも使用可能です。慣用句として使われます。

【例文】 A: What kind of movies do you watch?
B: Action, Comedy, Mystery, Love Romance, Science Fiction, Horror, Musical, Thriller, **you name it!**
A: どんな映画を観るの？
B: アクション、コメディー、ミステリー、恋愛もの、SF、ホラー、ミュージカル、サスペンス、なんでもだよ！

POINT name は動詞で「明示する、指名する」という意味もあります。「それと明示できるものはあらゆるもの全て、考えつくものは全て」の意味になります。

365 / 『アルマゲドン』 *Armageddon* 1998

Harry : A.J.! A.J., are you in here? Oh, that's just perfect. In bed. Get up!
A.J. : Hey, you wanted to see me?
Harry : Yeah, I was looking for you.
A.J. : **You're pissed**. Okay, I can see that.

ハリー : A.J.! A.J.、ここにいるのか？ ああ、ちょうどいいや。ベッドか。起きろ！
A.J. : やあ お呼びですか？
ハリー : ああ、探してたんだ。
A.J. : 怒ってるんだね。なるほど、わかるよ。

場面説明

ハリー（ブルース・ウィルス）とA.J.（ベン・アフレック）は海の中の石油採掘場で働いています。上司であるハリーがA.J.を探しに部屋へやってきました。

【ボキャブラリー】
get up「起きる」、**look for**「探す」

重要表現

You're pissed.
「怒ってるね」

piss は「おしっこ」の下品な言い方ですが、「怒る」という意味でも使われるようになりました。

【例文】 A: Uh-oh. **You're pissed.** I'll come back later to talk to you.
B: No, no, I'm fine. Sorry. I just got off the phone with my ex-girlfriend.
A: あーあ。怒ってるんだね。後で話しに来るよ。
B: いいや、大丈夫。ごめん、今、元カノと電話してたんだ。

POINT piss off のように、一般的にoff と共に使われます。Don't piss me off.は「私を怒らせないように」という意味でよく使われる表現です。

索引

【編著者略歴】

鶴岡公幸（つるおか　ともゆき）神田外語大学外国語学部教授

神奈川県横浜市出身。キッコーマン(株)、(財)国際ビジネスコミュニケーション協会、KPMG あずさ監査法人、宮城大学食産業学部を経て、2014 年より現職。インディアナ大学経営大学院卒業。同校より経営学修士（MBA）取得。『イラストで覚える TOEIC® L&R TEST 英単語 1000』（J リサーチ出版）他著書多数。趣味はピアノ弾き語りシンガーソングライター工藤江里菜の応援。

佐藤千春（さとう　ちはる）株式会社 and ENGLISH 代表取締役

山形県出身。岩手大学卒業後、中学校英語教諭として長年勤務しながら、小学校英語教育にも携わる。その後、TOEIC 講師を経て現在に至る。『イラストで覚える TOEIC® L&R TEST 英単語 1000』（J リサーチ出版）編集協力。『QUICK EXERCISES FOR THE TOEIC® L&R TEST 400/500/600 Reading 編』著者。趣味は映画鑑賞、登山。

Matthew Wilson（マシュー・ウイルソン）宮城大学基盤教育群教授

カナダ、トロント出身。カナダ、韓国、日本で長年、英語教育に携わる。仙台市教育委員会英語教育アドバイザーを経て 2009 年より宮城大学事業構想学部准教授。2016 年より同教授。研究分野は日本における英語教育と学生の動機づけ。米国のシェナンドア大学大学院卒業。同校より修士号取得（TESOL）。著書は『イラストで覚える TOEIC® L&R TEST 英単語 1000』（J リサーチ出版）、『QUICK EXERCISES FOR THE TOEIC® L&R TEST 400/500/600 Reading 編』他。趣味は映画・Netflix 鑑賞。

続・映画シナリオで学ぶ英語表現365

2023年 1 月 7 日　第 1 刷発行

編著者　鶴岡 公幸
佐藤 千春
Matthew Wilson

発行者　浦 晋亮

発行所　IBC パブリッシング株式会社
〒162-0804 東京都新宿区中里町29番3号 菱秀神楽坂ビル
Tel. 03-3513-4511　Fax. 03-3513-4512
www.ibcpub.co.jp

印刷所　株式会社シナノパブリッシングプレス

ISBN978-4-7946-0745-4